HANNIG · ROTER KONTINENT AUSTRALIEN

MOUNTAIN BIKE TOUREN

CHRISTIAN E. HANNIG

Roter Kontinent Australien

Abenteuer · Tips · Routen

PIETSCH VERLAG STUTTGART

Einbandgestaltung: Siegfried Horn, unter Verwendung eines Dias von Christian E. Hannig

Alle Abbildungen von Christian E. Hannig.

ISBN 3-613-50122-8

1. Auflage 1990

Ein Unternehmen der Paul Pietsch Verlage GmbH & Co.

Druck: Gulde-Druck GmbH, 7400 Tübingen 1.
Bindung: W. Nething, 7315 Weilheim.
Printed in Germany.

Inhaltsverzeichnis

FÜR ELISABETH,
DIE MIR NACH DER RÜCKKEHR VON DIESER REISE
EINE HANDVOLL STERNE SCHENKTE.

Faszination eines Fluges

England, Frühjahr 1841. Das ehemalige Sklavenschiff ›Don Francisco‹ hat unter neuem Namen seine letzte Reise angetreten. Als ›James Matthews‹ befindet es sich nun auf dem Weg ins ferne Fremantle.
Zu den Passagieren an Bord der Brigg gehört der 24jährige Henry de Burgh. Dem Absolventen des Dubliner Trinity College hatte Irland keine Zukunft geboten. Jetzt segelte er einem unbekannten Abenteuer entgegen, dem 10000 Meilen weit entfernten Australien.
Henry de Burgh greift zum Logbuch und notiert: »Wednesday, April 7th, 1841. We lost sight of English Land!«
Auch ich befinde mich an Bord eines Schiffes, eines modernen Luftschiffes. Meine Brigg ist eine Boeing. Und mein Ziel liegt nur einen Daumensprung weit von dem der James Matthews entfernt.
»23 Uhr. Gestartete!« schreibe ich ins Tagebuch. Der Jumbo mit dem stilisierten Känguruh am Leitwerk hat abgehoben. Es war die letzte Maschine, die heute vom Rhein-Main Airport aufstieg. Nun fällt der Flughafen in einen kurzen Nachtschlaf.
An Bord befinden sich 425 Personen. Der Bauch des Fliegers ist gefüllt mit Gepäck, Fracht und mit 79000 Kilogramm Treibstoff. Drei Kilometer mußte der metallene Riesenvogel Anlauf nehmen, ehe ihn seine Flügel trugen. Auf den Kinoleinwänden erscheinen die Daten des Flugschrei-

bers: Position, Höhe, Geschwindigkeit. Immer schneller, so täuscht es, dreht sich die Erdkugel. Wieder Henry de Burgh: »13. April! Wir segeln querab Lissabon. Ich glaube der Skipper hat Angst, den Sichtkontakt zum Festland zu verlieren.«

Wir sind jetzt 954 km/h schnell. Längst liegt Salzburg hinter uns, inzwischen auch Sofia. Unter der Maschine ziehen Länder im Stundentakt vorbei. Die Stewardeß stört meine Gedanken: »Sie können zum Souper zwischen ›turkey‹ (Truthahn) und ›pork‹ (Schweinefleisch) wählen!« Auf der Speisekarte, die sie mir reicht, ist ein Koala abgebildet – der erste Gruß aus Australien. Neben mir sitzt Verbole Stefanija. Sie kommt aus Slowenien. Nein, keine Bäuerin mit Kopftuch, eher eine Weltreisende im Globetrotter-Look. Sie ist auf dem Weg zu den Fidji-Inseln.

»Aus Jugoslawien?« wundere ich mich, »und dann eine solche Reise?« Ihre Antwort spiegelt ein Stück Lebensphilosophie: »Ja reisen! Was feine Kleidung, wie angezogen, das egal! Was Auto und so!« Sie hat recht, diese Frau. »Danke!« Ich sondiere, was uns die Stewardeß gerade vorlegt: Bayerischen Brie, Butter aus Wasserburg, Kekse aus Elmhurst, Illinois, USA. Warum keine Meat Pies, Abalones oder Vegemite? Diese Fluggesellschaft verleugnet ja geradezu ihre Nationalität, denke ich still.

Was sagt der Flugschreiber? Wir sind noch schneller geworden. Formte ich jetzt aus dem Butterpapier ein Kügelchen und ließe es sich aus dem Fenster werfen, es fiele auf Damaskus. Schon vorbei! Die Nase der Boeing zeigt bereits auf Arabien. Zeitzonen werden zu Ziellinien.

Die James Matthews, schon zwei Wochen auf See, hat den Wendekreis des Krebses passiert. Am 22. April notiert Henry de Burgh: »Wir nähern uns den Kapverdischen Inseln!«

Es ist 6 Uhr morgens, als unsere Boeing auf Bahrain zwischenlandet. Der Flugschreiber zeigt nun 4500 Kilometer. Auftanken, Säubern, der übliche Check – dann geht es weiter.

Unter uns vollzieht sich ein Farbenwechsel: erst fades Gelb – Sand, jetzt blasses Blau. Die Wüste weicht Wasser. Nun geht über dem Golf von Oman die Sonne auf.
Verbole Stefanija hat ein Buch ausgepackt. Es ist ein Bildband über die Natur Sloweniens – gebundenes Heimweh. Sie reicht ihn mir: »Wollen anschaun?« Während ich darin blättere, blicke ich abwechselnd auf die Leinwand: 11280 Meter Höhe, Außentemperatur –57°C, Geschwindigkeit über Grund 1015 km/h. Die Boeing nutzt jetzt den Jetstream. Es ist, als flöge sie mit geblähten Segeln. Dabei sind wir ganz umgeben von Bläue – über uns das Weltall, unter uns Wasser. Irgendwann erfolgt ein Wechsel zu Grün. Das ist Indien! Und was aus der Höhe einer Ansammlung von Strandkörben gleicht, das ist Madras. Die vor der Hafenstadt ankernden Schiffe wirken wie Streichhölzer.
Ein neues Meer – der Golf von Bengalen. Ich mache einen Zeitvergleich. Zu Hause ist es jetzt 9 Uhr morgens. Für viele beginnt nun der Berufstrott. Verbole Stefanija ist eingeschlafen. Sie sinkt immer mehr in sich zusammen. Wäre sie nicht angeschnallt, dann rutschte sie wohl vom Sitz.
Henry de Burghs Logbuch hat sich gefüllt. Er trägt alle Geschehnisse ein. Der ›Kingston‹ war man begegnet, der Bark ›Olympe‹, dem Auswandererschiff ›Ellen‹. Den Schiffen, die sich auf dem Weg nach England befanden, hatte man Post mitgegeben.
»21. Mai, Wendekreis des Steinbocks!«
»6. Juni, Null-Meridian!«
»11. Juni, Kap Horn!«
Gut zwei Monate segelt die James Matthews nun schon auf den Meeren. Der Golf von Bengalen erscheint riesig. Ein Dutzend Länder könnte man darin versenken. Jetzt schwimmen kleine, grüne Kleckse in seinem Blau – die Andamanen, die Nikobaren. Es dunkelt bereits. Durch den Flug gegen die Erdumdrehung schwindet ein Tag wie im Zeitraffer. Unter uns verlieren sich die Farben. Die Nacht wischt sie aus. Dafür verdichtet sich nun, so scheint's,

der Sternenhimmel. Aber er hängt so seltsam schief, wird heller, wird zum Lichtermeer. Vor uns liegt Singapur. Der Flugschreiberwert? Gesamtdistanz 10750 Kilometer – die Entfernung von Pol zu Pol – kröche man durchs Erdinnere. Zwei Stunden Aufenthalt, etwas trinken, die Beine vertreten. Von Verbole Stefanija habe ich mich verabschiedet. Sie wartet auf ihren Anschlußflug. »Passengers for flight number QE 008, gate D 53, please!«, kommt es aus den Lautsprechern. Die dritte Etappe beginnt.

Flüge bei Nacht vermitteln ein seltsames Gefühl, besonders dann, wenn unten auf der Erde – durch das Fehlen menschlicher Siedlungen – keine Lichtquellen auszumachen sind. Ohne diese ›Leuchtbaken‹ schwimmt das Flugzeug in einem gänzlich schwarzen Luftmeer – ohne Horizonte, ohne Grenzen. In Gedanken ziehe ich Hilfslinien. Rechts liegt jetzt wohl Sumatra, links Borneo. Als nächstes kommen die Weihnachts-Inseln. Wir fliegen in der ›elften Zeitzone‹, Kurs Süd; und am Ende dieser langen Zielgeraden liegt Perth, unser Hafen.

Schon seit Wochen blähen Westwinde die Segel der James Matthews. Am 18. Juli notiert Henry de Burgh: »Als ich im ersten Tageslicht an Deck kam, lenkte ich die Aufmerksamkeit des wachhabenden Offiziers auf das, was ich für Land hielt. Bei Sonnenaufgang sahen wir dann ganz deutlich ›Garden Islands‹.«

Die Brigg hatte die Westküste Australiens erreicht. Am Abend des 19. Juli wirft man im ›Cocksburn Sound‹ die Anker. Die Reise der James Matthews war damit zu Ende.

Auch wir nähern uns unserem ›Hafen‹. Aber wegen der Dunkelheit vermag ich Wasser und Land noch nicht zu unterscheiden. Wo endet der Indische Ozean? Wo beginnt der australische Kontinent? Beide sind unsichtbar miteinander verzahnt. Was nun ist das?

Obwohl ich das kleine Licht voraus schon einige Sekunden sehe, leugne ich es. Zu lange flog die Maschine durchs schwarze Nichts – und plötzlich dieses Licht. Vielleicht ist es

das Feuer eines Leuchtturmes an der Küste zwischen Fremantle und Broome, versuche ich es zu deuten. Aber Leuchtfeuer blinken, und sie schicken ihre Botschaft auch nicht hinauf zu den Sternen. Ganz langsam wird das Licht größer – wie ein Buschfeuer, das es schwer hat, sich gegen den Wind auszubreiten. Jetzt zerfällt es in einzelne Flammenherde.
Noch ein paar Flugminuten und meine Sinne kommen wieder in Ordnung. Die Lichtpunkte werden zu erhellten Fenstern, zu Straßenlaternen, zu Autoscheinwerfern. Dort unten liegt die Millionenstadt Perth! Die Boeing setzt besonders weich auf. Weder Reifen noch Fahrwerk protestieren. Und dann rollt die Maschine mitten hinein in das ›Buschfeuer‹, in die Flutlichtkegel des Airports.
Perth hat noch einen zweiten Hafen, den ›Port‹ von Fremantle. Er war vor etwa 150 Jahren das Ziel der James Matthews. Für seine Reise von England nach Westaustralien brauchte das Schiff dreieinhalb Monate; unsere Boeing benötigte ganze 18 Stunden – Faszination eines Fluges! Aber wie damals für Henry de Burgh, so beginnt nun auch für mich ein noch unbekanntes Abenteuer.

Wälder, Weizen, weites Land

An den Zolldurchgängen im Flughafengebäude von Perth stauen sich die Passagiere wie Körner vor einer Trichteröffnung. Ein paar Hundertschaften möchten gleichzeitig ins Land. Mancher kehrt nur von einer Reise heim; für wohl nicht wenige ist es der erste Schritt auf einen neuen Kontinent, für einige sogar der Beginn eines neuen Lebens. Sie sind Einwanderer.

Kaum einer der Wartenden scheint sich für die Bilder und Texte zu interessieren, die auf den Fernsehschirmen neben den Durchgängen flimmern: »Bis zu 50000 Dollar Geldstrafe bei der Einfuhr von Obst, Gemüse, Fleischwaren – Samen, Erde...! Bis zu 50000 Dollar Geldstrafe...!« Die Warnung wiederholt sich.

Doch eine Gruppe Jugendlicher ist offensichtlich unangenehm überrascht. Schlecht informiert, hatten sie vorgesorgt – mit Proviant. Jetzt bleibt ihnen die Wahl: Strafe oder wegwerfen. Hilflose Blicke zu den Fernsehern, dann wieder auf den großen Abfallcontainer, der für die Aufnahme von Lebensmitteln bereitsteht. Schließlich finden sie eine Lösung. Man beginnt, das Mitgebrachte aufzuessen, und je weiter die vielleicht Achtzehnjährigen in der Warteschlange vorrücken, desto hastiger kauen sie. Spätestens wenn sie vor dem Zöllner stehen, müssen sie alles hinuntergewürgt haben. Im Bauch ist ihnen das Mitbringen der Lebensmittel erlaubt.

Für Zuschauer ist dies eine recht belustigende Szene.
Jetzt bin ich an der Reihe! Meine Gepäckstücke scheinen die Zöllner gar nicht zu interessieren, aber gleich zwei von ihnen greifen sich das Rad. Während es der eine hält, kontrolliert der andere die Zwischenräume der Reifenprofile. Dann tastet er mit den Fingern unter die Schutzbleche. Ich beruhige ihn: »Dort wirst du keinen Krümel Erde finden!« Schließlich stand das Mountain Bike vor dem Abflug im Hochdruckstrahl einer Waschanlage.
Der Beamte, der das Rad hält, gibt seinem Kollegen ein Zeichen: »It's okay!« Wenig später stehe ich, den Stempel *»Immigration«* im Paß, in der Flughafenhalle. Ich bin in Australien.
Es ist noch dunkel. Ich überprüfe das Rad, mache es startklar. Dann bleibt noch etwas Zeit für einen Kurzschlaf in einem der unbequemen Airportsessel. Draußen wird es langsam hell. Im ersten Tageslicht zeigt sich ein wolkenloser Himmel; die Luft ist sommerlich warm – eigentlich die richtige Stimmung für den Start in ein Abenteuer.
Ich kurve durch das noch morgendlich-stille Perth. Am 2. Mai 1829 hatte Kapitän Fremantle hier am Swan River die britische Flagge gehißt und so das Land für die Krone in Besitz genommen. Aus dem Settlement einer Handvoll Siedler entwickelten sich die Städte Perth und Fremantle.
Für viele ist Perth die schönste Metropole Australiens. Ich aber möchte weder surfen noch Golf spielen, weder segeln, mich beim Black Jack versuchen oder vom Nachtleben kosten, das angeblich jeden Geschmack trifft. Im Schatten der aluminiumummantelten Wolkenkratzer fände ich schwerlich das Australien, das ich suche. Also nichts wie weg! Aber diese Millionenstadt verfolgt mich – mit ihrem Verkehr, ihrer Autobahn. Doch letztlich nutze ich diese selbst, ist es doch die einzige Straße, die hinunter zur Küste führt. Wie schön! Kein Autofahrer hupt, keiner schimpft!
Fremantle.
Diese Stadt, das ist wie Liebe auf den ersten Blick. Keine

Fremantle, Fassaden wie englischer Tortenguß, Queen Victoria, lebte sie noch, hätte ihre Freude daran.

kalt spiegelnde Hochhaus-Gotik, aber dafür alte Portale, Säulen, Fassaden so verschnörkelt und bunt wie englischer Tortenguß. Queen Victoria, lebte sie noch, hätte ihre Freude daran. Und mein Fahrrad paßt ganz gut zu den roten Doppeldeckerbussen, zu den alten Trams. Als Verkehrsmittel für eine Australien-Tour wirkt es genauso antiquiert. Ich bummle durch die Straßen, schaue, staune, finde in einem Tankstellen-Restaurant den zweifelhaften Ruf der australischen Küche bestätigt (aber später bei einem Bier auch den guten der Pubs) und schlage mich dann unweit der Stadt mit meinem Zelt in die Büsche. Nach einem Flug durch zehn Zeitzonen ist mir jetzt eher nach schlafen als nach Abenteuer.

Ich benötige mehrere Tage zum Um- und Eingewöhnen. Vieles ist hier anders: Bäume, Blumen, die Tierwelt. Zu Hause war es Winter, hier ist es jetzt Sommer. Die Sonne steht mittags im Norden, und selbst der Wind geht eigene Wege. Er weht im Hoch nicht rechts- sondern linksdrehend. In der Ferne werden Berge sichtbar. Ein Trost: die Straße verläuft weiterhin eben; sie folgt der Küste des Peel Inlet, streckt sich über die Landzungen zwischen Harvey Estuary und dem Lake Cliften. Es scheint, als scheute sie den Weg ins Landesinnere. Zudem entladen sich dort Gewitter. Noch fühle ich mich vor ihnen sicher; aber später – auf menschenleerer Strecke bei Bunbary – erwischt es mich. Mir klingen die Ohren vom Rollen der Donner. Ich bekomme einen Vorgeschmack von den Naturgewalten, mit denen ich im Verlauf der Tour noch zu kämpfen haben werde.

Es gibt kein schlechtes Wetter, sagt man – sondern nur unpassende Kleidung. So fahre ich jetzt halbnackt, in kurzer Turnhose – werde ein dutzendmal naß und ebensooft wieder trocken. Westaustralische Wechselbäder!

Neben mir stoppt ein Wagen: »Du kannst deinen müden Kopf auf meiner Farm niederlegen!« So lautet – wörtlich übersetzt – das Angebot des Fahrers, und fast hätte ich es angenommen – wäre da nicht dieser Nachsatz gewesen: »Du brauchst mir nur zu folgen – dort hinten über die ›Dirt road‹!«

Dirt road, das war das Stichwort. Dahinter verbirgt sich (nach diesem Gewitterregen) nicht etwa einfacher Schmutz. Australischer ›Dirt‹, das ist roter Lehm – Lehm, so zäh wie Brotteig. Kaum fünfzig Meter würde ich auf dieser Piste schaffen, dann müßte ich die Räder mit dem Fahrtenmesser freischneiden. Ich lehne dankend ab. Dabei wäre eine Nacht auf einer Farm gar nicht so schlecht gewesen. Waren doch meine letzten Zeltplätze im Busch drittklassig – steiniger Boden, Wurzelwerk – stets bedrängt von Gestrüpp. Mußte ich doch das akzeptieren, was ich bei Sonnenuntergang gerade vorfand. Und nun entgeht mir ein weiches Bett. Schade!

Am Peel Inlet waren mir die ersten Pelikane begegnet, später Ibisse und Papageien. Inzwischen sah ich auch die

Erster Kontakt mit einer ungewöhnlichen Natur; Ibisse.

Pelikan

Wildwechsel auf australisch

beiden Wappentiere des Landes, Känguruh und Emu – ersteres als blutigen Fleischhaufen, den Emu als stinkenden Federbalg. Obwohl der Autoverkehr zwischen Bunbary und Bridgetown minimal ist, fordert er doch seinen Tribut. Auch ich muß einen Preis bezahlen. Das Sonnenschutzmittel welches ich benutze, ist – trotz des hohen Faktors – der intensiven Aussie-Sonne nicht gewachsen. An den Unterarmen, den Händen und Knöcheln wird die Haut zu Pergament, ein Problem, das ich über Wochen nicht in den Griff bekomme.

Nun stecke ich schon seit Tagen in den Bergen von Albany Range – und diese Etappen dehnen sich. Sie werden zu einem ›Intervall-Training‹ von einigen hundert Kilometern Länge. Mit einem so harten Einstieg hatte ich nicht gerechnet. Überhaupt ist diese Fahrt ein Lernprozeß – vom ersten Pedaltritt an. Und seit heute morgen weiß ich, daß es in diesem Land Ameisen gibt, die so winzig sind, daß die Tiere selbst zwischen Deckel und Unterteil einer Brotdose hindurchpassen. Nur hermetisch verpackte Lebensmittel sind vor diesen nachtaktiven Krabblern sicher. Sie haben inzwischen meinen ganzen Vorrat durchsetzt. Ich muß ihn wegwerfen.

Dabei ist der Lebensmittelkauf gar nicht so problemlos. Geschäfte, wie man sie von zu Hause kennt, gibt es hier kaum. Ein würziges Brot, eine gute Dauerwurst, ein Stück Käse – so etwas bleibt oft für Tage Fiktion.

Das Standardangebot der Tankstellen: Chips, Sandwiches und Burger, habe ich schon von einem zum anderen Ende durchprobiert. Ob nun ›plain‹ oder ›with the lot‹[1], die Enttäuschung wuchs bei jedem Bissen. Dann war ich auf Pizza umgestiegen – American and Aussie-Style. Sie seien Brot, Liebe und Phantasie, hatte ich auf einer Reklame gelesen. Zumindest sind sie ›groß‹, fast zu groß, um sie auf einmal verputzen zu können.

Auch an Vegemite und süßliche Rote Beete, die beiden Lieblingsspeisen der Australier, wagte ich mich. Vegemite! Was hatte ich mir nicht alles darunter vorgestellt. Aber ehrlich gesagt, dieses marmeladenähnliche Gemüsekonzentrat erinnert mich ein wenig an einen Nachkriegsbrotaufstrich aus Hefe. Und Rote Rüben gibts hier als Beilage, wo sie am wenigsten dazupassen. Sie färben die Salate ein, Spiegeleier werden durch sie rot marmoriert, aus den BigBurgers tropft es eine wahre Orgie aus Rote-Beete-Blut, aber die Australier mögens. So entscheide ich mich häufig für ›Fish and Chips‹, das kleinste aller Übel. Freudig überrascht mache ich eine Vollbremsung. Drüben an der Tankstelle wird auf einer Werbetafel ›Hühnersuppe mit Nudeln‹ angeboten. Als man sie mir bringt, kann ich hindurchschauen – bis auf den Schüsselgrund. Da hatte ein Huhn allenfalls drin gebadet. So bleibe ich wieder bei meinem ›Fisch mit Pommes‹. Doch genug gelästert!

Ich habe die großen Karri-Wälder erreicht. Durch sie weht noch Brandgeruch. Fast alle Stämme sind feuergeschwärzt,

In den Karriwäldern, Rast zwischen Baumriesen.

Relikt aus der Holzfäller-Ära, Einachser zum Transport von Baumstämmen.

aber aus der Asche sprießt bereits neues Leben.
Wieder so ein Notlager, diesmal auf Erde, die einem Ofenrost gleicht. Von dem Bach, der in der Nähe vorbeifließt – er nennt sich großspurig Weld River – hatte ich mir eigentlich mehr versprochen. Aber er führt nur schmutzig-braunes Wasser und ist mückenumschwärmt. Diese Quälgeister sind klein, lautlos und hinterlistig wie die Ameisen. Australien, wo bleibt deine vielgerühmte Natur? Müde – und auch ein wenig enttäuscht – krieche ich ins Zelt. Ein paar heisere Vogelstimmen begleiten mich in den Schlaf.
Hier in den Karri-Wäldern um Manjimup stehen noch viele rostige Requisiten aus der Holzfällerzeit: alte Sägen, Loks und Gerätschaften zum Transport – darunter auch die eisernen Ungetüme der ›Steam Log Hauler‹, jene dampfgetriebenen Zugmaschinen, die an kilometerlangen Stahltrossen die mächtigen Baumstämme aus den Wäldern zerrten. Sie wären ein Schmuckstück für jedes technische Museum. Das Herumstöbern beschert mir eine der köstlichsten Begegnungen dieser Reise. Ganz in der Nähe hatte ein Wagen gehalten. Ihm entsteigt ein Ehepaar mit einem kleinen Jungen. Offensichtlich möchte die Familie hier am Waldrand Picknick machen.
Nun hat der Junge mich entdeckt, und schon die Art wie er zu mir herüberschaut verrät, daß es in dem kleinen Kopf arbeitet. Jetzt handelt er!
Auf Distanz kann ich noch nicht erkennen, was er mir da bringt; aber er balanciert es so vorsichtig, als trüge er einen übervollen Suppenteller. Er zögert; seine Schritte werden kleiner. Dann faßt er wieder Mut und kommt ganz heran. Einen Meter vor mir legt er sein ›Geschenk‹ behutsam auf die Erde. Dabei schaut er mir von unten ins Gesicht; und dieser Blick sagt: »Bitte, nimm das an! Nicht wahr, du nimmst das doch?« Und nun begründet er sein Angebot mit leiser Stimme: »You must be hungry!«, du wirst Hunger haben.
Zu meinen Füßen liegt ein kleines Stück Papier – und auf

»You must be hungry!« Das »Angebot« des kleinen Raoul.

diesem drei Pommes frites mit etwas zerkrümeltem Fisch. Ich muß mir auf die Zunge beißen, um nicht laut zu lachen. Dann versuche ich es mit einem väterlich klingenden: »Danke, Kleiner! Das ist aber nett von dir; und wie heißt du?«
»Raoul!«, kommt es schüchtern zurück.
»Mein Name ist Christian!« stelle ich mich vor, »ich möchte mir dein Land ein wenig anschauen. Hältst du noch einen Augenblick still – für ein Foto?« Raoul stellt sich in Pose, aber es ist mehr die reumütige Haltung eines Sünders. Und dann rennt er zurück zu seinen Eltern. Was wird er berichten? Der arme, hungrige Fremde habe die Gabe angenommen und sich mit ›Thank you, little boy‹ bedankt! Er sähe ganz komisch aus, ein bißchen wild – mit dem langen Messer am Gürtel! Und er hieße ›Kristschen‹!
Ich bücke mich nach der kleinen Mahlzeit – alles zusammen ist gerade ein Bissen – schwinge mich aufs Rad und

Die *»One-Tree-Bridge«*, der riesige Karristamm diente einst als Brücke über einen Fluß.

winke mit dem Papier als Taschentuch zurück. Es gibt Erlebnisse, die kann man nicht buchen!

Die Berge sind wirklich ein hartes Stück Beinarbeit, um nicht zu sagen: Knochenarbeit. Ich fahre weiter nach Westen, hinüber zur ›One-tree-bridge‹ bei Glenoran. Der riesige, mit Eisenbändern armierte Karri-Stamm diente einst dem Brückenschlag über einen Fluß. Hier – und im weiter südlich gelegenen ›Gigants Valley‹ – wachsen die größten Bäume des Kontinents. Manche setzen erst in vierzig Metern Höhe die Krone an. Unter diesen Riesen komme ich mir mit meinem Zelt klein und verloren vor.

Noch immer Steigungen! Jetzt ist es wohl die Beadmore Ridge. Aber die Landschaft wird nun offener; dichter Wald weicht lockerem Busch.

Und wieder lerne ich Australien von einer seiner unangenehmen Seiten kennen. Sie kommen nicht einzeln – son-

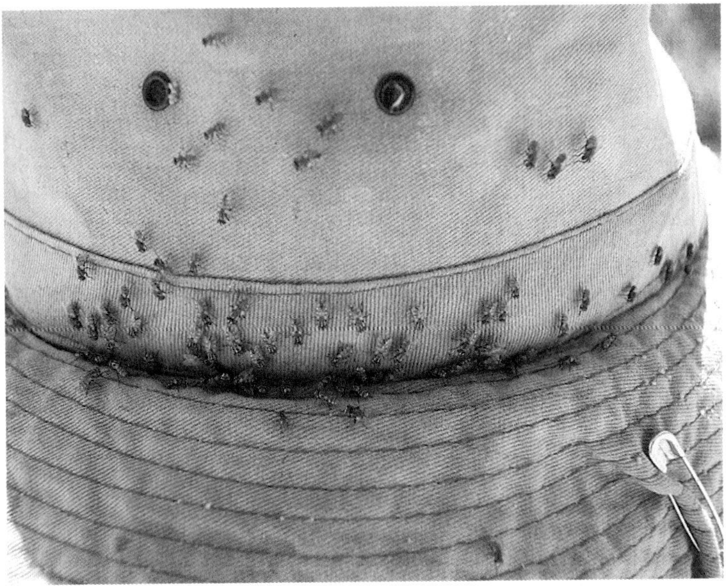

Eine biblische Plage: Buschfliegen oder die »Pestilence supremo«.

dern in Geschwadern. Ihr Ziel sind die Ohren, Augen, die Nasenlöcher und Mundwinkel. Buschfliegen! Diese Insekten reagieren auf keines der bekannten Schutzmittel. Es hilft nur eines: immer in Bewegung bleiben, dann haben sie Schwierigkeiten beim ›Landeanflug‹. Die Australier nennen sie ›die Pest‹ oder im bitteren Scherz ›Pestilence Supremo‹! Ein Farmer versucht mich zu trösten: »An die Fliegen wirst du dich gewöhnen wie der Hund an die Flöhe!« Aber diese Prophezeiung sollte sich bis zum Ende der Tour nicht bewahrheiten.

Walpole! Bin ich tatsächlich schon an der Südküste? Jetzt werden wohl die Etappen leichter. Doch diese Hoffnung trügt. An der Peaceful Bay frage ich eine Frau: »Wie sieht das mit der Strecke nach Albany aus? Geht es weiterhin ›up and down?‹« Sie nickt und macht eine Handbewegung, als ahmte sie die Luftsprünge eines Delphins nach. »Danke, das genügt!«

Am nächsten Tag erreiche ich das Wilson Inlet. Endlich mal wieder ein richtiges Lebensmittelgeschäft! Der kleine Ort heißt Denmark. Die alte Dame im ›Four-Square-Food‹ hat gerade Post bekommen, darüber vergißt sie die Kundschaft. Während sie den Brief liest, kommentiert sie ihn: »Na so etwas! Nein! Ach Gott!«
Ich stelle die Flasche Mineralwasser etwas hart auf den Tresen. »A dollar fourty, thank you!« Die Frau sagt das, als spräche sie zu dem Brief. »Das auch noch!« Ich deute auf die Dose Corned Beef. Sie senkt den Kopf und schaut mich über die Brille hinweg an. »Pioniergestell«, denke ich still, »schon sammelwürdig.«
Der Inhalt des Briefes scheint sie so überrascht zu haben, daß ihr der Preis fürs Dosenfleisch entfallen ist. Als ich dann bezahlen darf, wiederholt sie noch einmal das bereits vorweggenommene ›Thank you‹! Lies mal weiter, Mathilda![2]
Die Straße umrundet die Bucht. An einer Flußmündung lasse ich die Beine vom Brückengeländer baumeln. Während ich so vor mich hin sinniere, wundere ich mich über das viele Wasser in dem angeblich staubtrockenen Land. Aber dieser Fluß sollte dann auch für etliche tausend Kilometer der letzte wasserführende sein, den ich zu Gesicht bekomme.
Nun benutze ich ein Nebensträßchen, einen Schleichweg, hinüber in die älteste Siedlung Westaustraliens, nach Albany. Schon wieder ein ›Tante-Mathilda-Laden‹? Dieser nennt sich ›Youngs Outlet Shop‹. Eigentlich gleichen sich solche Geschäfte. Sie sind Lebensmitteldepot, Tankstelle, Bank, Postamt, Zeitungsagentur und ›Informationszentrale‹. Trotzdem hat jedes seine persönliche Note.
Was gibt es Neues in Youngs? Das Schwarze Brett neben der Tür verrät es: jemand erbietet sich, Düngemittel auszubringen und Heu zu ballieren. Unter der Telefonnummer 451098 wird Klavierunterricht angeboten. Ein Farmer hat Entenküken zu verschenken, ein anderer sucht Erdbeer-

pflücker. Ein Kleinbus vom ›Australian Courier‹ hält. Der Fahrer liefert ein Bündel Zeitungen ab. Bis sie an alle Kunden verteilt sind, dürften die Nachrichten bereits leicht verstaubt sein – genauso wie das Sonderangebot des Shops. Für die Silvesterparty habe man ›gefrorene Fleischpakete‹ vorrätig, heißt es auf einer kleinen Tafel. Silvester! Heute haben wir bereits den 17. Januar. Diese Art von Schläfrigkeit gefällt mir.

Die Straße schlenkert weiter, kreuzt die Halbinsel am Torbay Head. Eine Gruppe Radfahrer hechelt vorbei – blau und rot behelmt und im schicken Sport-Dress. Wie schäbig und plump wirke ich da – in meinem Busch-Look und mit seinem bepackten Lastesel. Es sind dies die ersten Radler, die mir begegnen, da kann eine größere Stadt nicht weit sein. Und hinter der nächsten Biegung liegt sie, Albany!

Mein Zelt steht am George Sound, einem historischen Gewässer. Anfang des letzten Jahrhunderts kreuzte hier die HMS Investigator auf. Ihr Kapitän, Matthew Flinders, gilt bei den Australiern – neben Captain Cook – als der größte Entdecker. Im Dezember 1826 ging dann die Amity vor Anker. Diese Brigg brachte die ersten Siedler für Westaustralien.

Am nächsten Morgen gehe ich über die Planken des Schiffes. Leider ist es nur ein Nachbau, der da neben dem alten Convicts-Gebäude aufgebockt steht. Die echte Amity strandete bei den Flinders Inseln.

Ich sehe mich in der geschichtsträchtigen Stadt etwas um: Earl Street, Duke Street, Princess Royal Drive – das alles klingt recht herrschaftlich; aber beim genaueren Hinsehen merkt man doch, daß es hier mehr Renovierungsbedürftiges als Repräsentatives gibt. Dazu viel Kitsch und wenig Kunst, überall laut schreiende Reklame, und das Royal George Hotel träumt von den Jahren, als noch Kutschen vor seinem Portal hielten. Jetzt lärmt der Autoverkehr vorbei. Albanys große Zeit war das Gestern!

Mein Rad ist mal wieder Anziehungspunkt. Bereits im

Museum werde ich gefragt: »Are you the cyclist? Are you on the bike?« Und dann folgt meist das so zusammengezogen klingende ›Whereareyougoing?‹.
Ich antworte stolz: »Zum ›Rock‹![3] Nach Alice! Rüber nach Queensland!«
Einer der Frager möchte wissen, wo ich den Trip begonnen habe?
»At Perth!« Ich merke selbst, wie komisch das klingt. Perth liegt erst ein Stückchen zurück, aber bis zum tropischen Regenwald sind es noch etwa 8000 Kilometer. Man stelle sich vor, ein Radler, in Offenbach nach seinem Woher und Wohin gefragt, antwortete, er habe in Mainz begonnen und möchte weiter nach Sibirien. Dies entspräche etwa meiner Antwort. Beschämt nehme ich mir vor, Fragern zukünftig nur die Richtung zu nennen, in die ich weitermöchte.
»Is that your bike?«
»Yes!«
»Whereareyougoing?«
»Heading north!«
Und nach Norden will ich jetzt wirklich. Mein nächstes Ziel heißt Southern Cross. Von der ältesten Siedlung zur ältesten Goldgräberstadt.
Nicht nur ich, sondern auch der Wind hat seine Richtung geändert. Während meiner Fahrt nach Süden drückte er mir die Hutkrempe auf die Nase. Jetzt bläst er aus Nordost. Damit habe ich ihn wieder als Gegner.
Je weiter ich mich nun von der Küste entferne, desto höher klettern die Temperaturen. Lagen sie bisher bei 30°C, so erreichen sie nun bald die 40-Grad-Marke. Der Straßenbelag beginnt den Teer auszuschwitzen. Unter dem Druck der Reifen platzen die schwarzen Bläschen, ich fahre wie über Knallerbsen. Bisher war ich von ihnen verschont geblieben. Aber nun mache ich ihre Bekanntschaft. Road-Trains! Diese Elf-Achser sind wahre Saurier. Nähert sich so ein Monster – und reißt es von beiden Straßenrändern den Staub mit, so ist dies ein Zeichen für hohe Geschwindigkeit. Dann heißt

Der Westaustralische Weizengürtel, ein »gelbes Dreieck« von 700 Kilometern Kantenlänge.

es anhalten, Kopf runter aufs Gepäck! Der aufgewirbelte Sand schmerzt im Gesicht wie Nadelstiche. Gott sei Dank bleibt es bei recht wenigen dieser Begegnungen pro Tag. Die Landschaft wird jetzt immer eintöniger. Das ist der ›Wheat belt‹, der Weizengürtel Australiens – ein gelbes Dreieck von 700 Kilometern Kantenlänge.
Und die Temperatur legt noch etwas zu. Diese Hitze lähmt Muskeln und Psyche. Ich beginne Telegrafenmasten zu zählen oder schaue nach unten auf die Straße. Durch die Laufbewegung des Rades bekommt der Asphalt ein Strichmuster. Plötzlich werden aus diesen grauen Strichen gelbliche, rote. Das Rad rumpelt über Steine. Zu spät! Ich bin von der Straße abgekommen. Aber es wird kein Sturz, eher ein Umfallen.
Ich rapple mich hoch, blicke irritiert auf das sich weiterdrehende Vorderrad. Es bewegt sich wie die Läufe eines Tieres,

eines Rehes, das durch einen Schuß niedergestreckt noch flüchten möchte. Mir kommen erste Zweifel an der Durchführbarkeit dieser Tour. Neununddreißig Grad sind es im Schatten. Da endet irgendwo der sportliche Aspekt, da wird das Abenteuer zu Masochismus.

Ich hocke mich an den Straßenrand und schaue sinnend auf die Heuschreckenflügel, mit denen der Wind spielt. Lastwagenreifen haben die Tiere an den Asphalt geheftet. Aber ich kann doch hier auf der Chester Pass Road nicht das Handtuch werfen – nach nur 800 von 8000 Kilometern! Dieser Stachel sitzt. Ich stemme mich hoch, richte das Bike auf. Bis Kamballup werde ich heute noch fahren!

Am nächsten Morgen starte ich zu einer neuen Hitze-Etappe. Die Handrücken sind geschwollen, zwischen der aufgeplatzten Haut schimmert es rosa-fleischfarben, an den Knöcheln trage ich Mullbinden. Mit Creme und Wundsalbe versuche ich, mich gegen die extreme Sonneneinstrahlung und ihre Folgen zu wehren. Nur in den frühen Morgenstunden sowie am späten Nachmittag wage ich es, ohne Hemd zu fahren. Trotzdem hatte man mich schon oft gefragt: »Are you not afraid of skin cancer?« Hautkrebs! Davor haben hier viele Angst. Das Ozonloch über der Antarktis ist nicht weit, fast ein Zehntel der Bevölkerung – so sagt man – habe bereits Hautschäden.

Aber wer kann schon im Hochsommer wie eine pharaonische Mumie eingewickelt durch dieses Land fahren? Krebs! Folge oder Vorbestimmung? So etwas wie Fatalismus schleicht sich in mein Denken.

Die Ortsnamen auf den Karten sehen alle recht vielversprechend aus. Man könnte Dörfer üblicher Größe dahinter vermuten. Aber hierzulande handelt es sich dabei oft nur um eine Tankstelle. Siedlungen sind selten. Nur manchmal verrät ein leeres Benzinfaß, eine Milchkanne, eine Holzbox (sie dienen als Briefkästen), daß irgendwo am Ende eines Sandweges eine Farm liegt. Solche Gehöfte sind wahre Einsiedeleien.

Haut wie Pergament, gegen die extreme Aussi-Sonne hilft kaum ein Schutzmittel.

Noch immer habe ich Schwierigkeiten, meinen Wasserbedarf richtig einzuschätzen. Die zunächst angenommenen sechs Liter pro Tag erweisen sich bei dieser Hitze als nicht ausreichend. Ich benötige eher zehn.

Wieder einmal knapp mit Trinkwasser, scheue ich mich, davon noch etwas fürs Waschen zu opfern. Dabei benötige ich heute – dringlicher denn je – gleich eine ganze Badewanne voll. Nach dieser Hitze-Fahrt ist die Haut salzverkrustet, das Hemd geradezu mineralisiert.

Meine Hoffnung ist die Stirling Range. Am Fuße der Berge müßte es Quellbäche geben. Aber als ich sie erreiche, erweisen sich alle Bachläufe als staubtrocken. Jeder ist ein Silberstreif, jeder wird zu einer Enttäuschung. Es dunkelt bereits – und noch immer keine Spur von Wasser. Dann entdecke ich einen Tümpel. In seiner Umgebung verschmilzt der Flugton unzähliger Insekten zu einem bösartigen Summen. Es klingt, als stünde man vor einem Hornissennest. Da ist Rückzug geboten; schließlich sind schon die Stiche der winzigen Mücken unangenehm genug. Ich radle weiter. Notfalls müßte ich eben bis zur Rangerstation am Mt. Hussel fahren.

Inzwischen ist es Nacht. Die Berge der Stirling Range haben ihre Farbe von milchigem Blau über Flaschengrün in Schwarz gewechselt. Jetzt wirken sie vor dem Nachthimmel wie ein plumper Scherenschnitt.

Zu so später Stunde gibt es auf der Chester Pass Road keinen Verkehr mehr, und da trotz der Dunkelheit der Verlauf der Straße auszumachen ist, fahre ich ohne Licht. Nur wenn ich den Schatten eines Schildes bemerke, lasse ich die Taschenlampe kurz aufblitzen.

Wieder ist es nicht die Voranzeige für die Rangerstation. Nachtkilometer sind besonders lang. Ich habe nur die Grenze des ›Shire of Gnowangerup‹[4] erreicht.

Aber dann stehe ich doch vor der Hütte! Das Wasser aus den großen Wellblechtanks ist eine Wohltat; am liebsten möchte ich die Behälter erklettern und darin eine Runde schwimmen.

Ich verdrücke mich mit meinem Zelt unter die Bäume und lausche noch etwas in die Nacht. Fledermäuse segeln als dunkle Schatten durch die Luft. Aus den Kronen der Eukalyptusbäume klingen leise Kehlkopfstimmen. Das sind Kakadu, sie murmeln sich in den Schlaf. Nach einer Weile verstummen sie.

Der Wind hat sich gelegt, und mit ihm begibt sich die hitzegeplagte Natur zur Ruhe.

Wahrscheinlich weiß der Ranger genau, was in seinem Revier vor sich geht. Deshalb fällt ihm am Morgen auch sogleich das Zelt auf, das gestern noch nicht hier stand. Er kommt zu mir herüber: »Du bist wohl bis ins Mondlicht hinein gefahren?« Ich sage ihm, daß ich seit den Nachmittagsstunden vergeblich gehofft hatte, Wasser zu finden. Schließlich sei mir nur die Nachtfahrt zu dieser Station

Die Bergkette der Sterling Range

geblieben. Nicht ohne Stolz erklärt er mir ›seine‹ Berge und ›seinen‹ Nationalpark. Diese Sterling Range muß für Naturfans ein Eldorado sein. Ich werfe noch einen Blick ins Meldebuch für ›Backpackers and Rockclimbers‹. Im letzten Jahr hatte sich dort ein T. Schindler aus ›Germany‹ eingetragen – sein Kommentar: »Great landscape!« – dann der Österreicher Bernhard Leinich und erst vor kurzem Tetsunari Goto, ›with push bike‹, wie er vermerkte. Von dem Lehrer aus Japan hatte man mir bereits erzählt. Er soll sich auf einer Jahrestour durch Australien befinden. Ein Jahr roter Kontinent, will man dann noch wieder abreisen?
Der Ranger prophezeit mir für heute einen besonders heißen Tag, die Warnmarke für die Buschfeuergefahr steht bereits auf ›Very High‹. Mit einem ›Thanks‹ und ›Good luck‹ geht es dann weiter.
Seltsam! Auf einmal habe ich nichts mehr gegen Autos. Gierig auf einen Schluck frisches Mineralwasser (das mit-

geführte schmeckt sonnenerhitzt scheußlich), sehe ich Autos nunmehr ganz anders. Ich vergleiche sie mit Tieren, die zu Wasserlöchern eilen und mir den Weg dorthin weisen. Diese Wasserlöcher entlang der Straße haben Namen: Caltex, Shell, Ampol.
Dann immer die gleiche Szene: Ich stoße die mit Fliegendraht benagelte Tür auf, lege lässig den Hut ab, ordere gleich zwei Flaschen Mineralwasser und einen Pott Tee. Auf einen der Plastikstühle plumpsend entledige ich mich des Ledergürtels – mit all seinem Ballast – und klemme mir dann die kalten Flaschen unter die Achseln. Blutbahn kühlen! Nun warten auf den Tee und die Fragen: »Whereareyougoing? Where did you start?«
So gleichen meine Tankstellenstops schon Ritualen.
Diese hier heißt Amelup. Seit Stunden schon hatte ich am Horizont ihre Funkmasten gesehen, aber die Station wollte und wollte nicht näherkommen. Die Straße windete sich durch die Landschaft, als suchte sie ein anderes Ziel. Und wieder diese höllische Hitze.
Endlich! Noch etwas Elan vortäuschend, kurve ich in die Zufahrt. Drinnen werde ich mit dem Ratschlag empfangen: »Du solltes das nicht machen!« Bei diesen Worten zeigt die Frau dorthin, wo ihr Herz sitzt – meint aber damit wohl meinen Kreislauf. Ich zucke mit den Schultern, bestelle ›Mineral water and tea‹, wische eine Heuschrecke vom Tisch und strecke die müden Beine aus.
Ein seltsames Inventar ist das! Im Holzkamin ›brennt‹ ein imitiertes Feuer. Grünlilien, Kakteen, Pilze und ein Nudelholz aus Keramik dienen als Dekoration. Das Gemälde an der Wand zeigt Lassie. Der Hund hat ein Lamm im Schnee gefunden und heult Alarm. Wie passend! Draußen schlagen Flammen vom Himmel. Um 14 Uhr zeigte mein Thermometer 42°C im Schatten. Ich lausche auf den Insektenton der Aircondition. Warum gab es für diese Erfindung nicht den Nobelpreis?
Vor der Tür halten ein Neun- und ein Elf-Achser. Das Dröh-

nen ihrer Motoren versetzt die Tankstellenbude in Schwingungen. Die Frau bringt mir den Tee: »Du müßtest etwas für deine Hände tun!« Ich krümme die Finger. Die Haut reißt noch an ein paar Stellen mehr. Sie gleicht wirklich schon Pergament. Ich höre sie einen der Fernfahrer fragen: »Wie geht es deinem Truck?« Nicht etwa, wie geht es Ann oder Mary – oder den Kids? Nein, wie geht es deinem Lkw? Der Driver antwortet mit einem Handzeichen, das so viel bedeutet wie ›top fit!‹ Die beiden bleiben nur kurz, sie wollten lediglich ihren Vorrat an ›Coke‹ auffüllen.

Inzwischen hat die Frau die hölzerne Zuckerdose gefunden. Sie reicht sie mir herüber: »Wie ist das mit den Road-Trains?« Aber bevor mein: »Kriminell!« heraus ist, ergänzt sie: »Im Norden sind die noch größer!«

Durch das Sitzen sind meine Beine steif geworden. Es ist, als sträubten sie sich gegen weitere Arbeit. Draußen empfängt mich ein heißer Windstoß – Hitze von allen Seiten, sogar von unten. Die Sonne hat die Straße zum Radiator gemacht. Ich werfe einen Blick zurück. Am südlichen Horizont sind noch die Berge der Sterling Road zu sehen. Ihre Gipfel bilden eine geschlossene Felsfront, die sich dunstblau über der Weizenebene erhebt.

Der Wind frischt auf. Er wird zum Heißluftgebläse. Aber außer seinem Säuseln und dem Laufgeräusch des Rades ist nichts zu hören. Die Natur schweigt unter der Hitze.

Wann hatte ich die letzten Wolken gesehen? Das war während der Gewitter bei Bunbary. Ich frage mich das, weil nun ganz unvermutet Schafherden über den Himmel ziehen – Schafe mit einer dicken, weißen Wolkenwolle auf dem Rükken und schmutzig-grauem Bauch – ganz so, als hätten sie im Dreck gelegen. Ich freue mich über jedes dieser ›Tiere‹, das sich eine Weile unter der Sonne ausruht. Borden hatte ich passiert, jetzt kommt eine lange Gerade. Noch immer radle ich zwischen gelben Horizonten, zähle wieder die Masten und versuche mir die Kennzeichen der Autos zu merken, die mich überholen.

Ein roter Kleinbus hält: 2 CN 182.
»You want a lift?«
Ich schüttle den Kopf: »No thanks!«
Vielleicht hätte er mich bis Hyden mitgenommen – oder gleich bis Southern Cross. Wieder einmal hatte mir mein Stolz ein Bein gestellt. Trotzig fahre ich dem Bus hinterher, der in der Ferne schnell kleiner wird.
Am Abend beginnt es im Norden zu wetterleuchten. Aber das Gewitter zerfällt. Der ersehnte Regenguß bleibt aus.
Grüne, blaue und gelbe Horizonte hatte ich bisher durchfahren; heute sehe ich zum ersten Mal die Farbe Weiß: Lake Chinokup! Lake Pingrup! Lake Grace! Ich bin im Bereich der Salzseen.
Den Spaziergang über eine dieser ›Kunsteisbahnen‹ muß ich abbrechen. Mir ist, als werde der Körper ›durchstrahlt‹. Auf dem gleißenden Weiß hat die Sonne die Wirkung eines Brennglases.
Mir kommen wieder Zweifel. Dies hier ist doch nur das Vorspiel! Du aber willst den Kontinent durchqueren: über die Nullarbor, zur Flinders Range, ins rote Zentrum. Der Blick auf die Karte ist deprimierend. Die bisher zurückgelegte Strecke kann ich mit einer Hand abdecken, fürs Durchmessen der noch vor mir liegenden bräuchte man einen Zollstock.
Als ich in den Nachmittagsstunden den Ort Grace erreiche, lege ich mich dort unter den Baum neben der Kirche.
Das konnte nicht gutgehen!
Schon kommen die ersten Frager: »Fehlt dir was?«
»Nein! Ich möchte nur ausruhn!«
»Bist du okay?«
»Ja, nur müde!«
Ein Mann erkundigt sich nach meiner Nationalität und stellt sich selbst als Ire vor: »Brauchst du Wasser?« Er zeigt auf die schlaffen Stoffbeutel am Lenkrad. Das Wort Wasser bringt mich wieder auf die Beine.
»Komm mit rüber zum Pastor, der hat das beste Trinkwas-

Weiße Horizonte, die ersten Salzseen.

ser!« So als gehöre der Garten des Kirchenvertreters ihm, führt er mich zu den Tanks. Es sind Blechbehälter, wie sie hier an jedem Haus stehen, und in alle fließt das gleiche Wasser, das Regenwasser von den Dächern. Wieso also hatte der Pastor besseres als die anderen? Es lag wohl am ›guten Draht‹ zu ›dem da oben‹! Der Mann füllt mir alle Beutel auf und wischt mein ›Thank you very much!‹ mit einer Handbewegung beiseite. Selbstverständlichkeiten bedürfen hier keines Dankes.

Kaum liege ich wieder unter meinem Schattenbaum, überbringt mir ein kleiner Junge eine Einladung. Ich solle doch rüber kommen – zu ›Mäm‹ und ›Däd‹! Mam and Dad, das sind Judy und Tedd Frazer. Tedd arbeitet gerade im Garten und hat mich von dort entdeckt. Ein Fremder in Grace – und dann auf einem Mountain Bike, da gibts was zu fragen! Ich stelle mich vor und nenne auch gleich das Woher und Wohin. Tedd lehnt die Schaufel an den Maschendraht und

des Hundezwingers: »Wollte sowieso aufhören, der Stiel wird zu heiß! Ein richtiger Sonnentag heute!«
»Warum bellt dein Hund nicht?« frage ich ihn.
»Bei der Hitze ist Sam zu faul zum Bellen – komm mit rein!«
Eine gute Stunde dauert dann drinnen das Frage- und Antwortspiel; und bevor ich, gut versorgt, wieder gehen darf, kramt Tedd noch eine Blechdose hervor. Er schüttet den Inhalt auf den Tisch – alles Münzen. Nun sucht er mir eine Serie alter Pence-und Shilling-Stücke zusammen.
»Guck mal! Da drauf sieht die Quenn noch jung aus! Auf den neuen Münzen hat man sie älter gemacht, so alt, wie sie inzwischen wirklich ist. Ein Vorteil des Commonwealth: Wir Australier dürfen die Queen von England fragen, wenn wir unser eigenes Geld herstellen möchten!« Tedd formuliert das recht lästerhaft. Damit habe ich nun mein erstes Geschenk. Bis zum Ende der Reise kommen sicherlich noch einige hinzu.

Sternstunden

Die hohen Temperaturen machen mir so schwer zu schaffen, daß ich den Entschluß fasse, es mit Nachtfahrten zu versuchen. Das wäre eine Möglichkeit, der Hitze auszuweichen.
Ist die Sonne erst einmal untergegangen, dann braucht man auf die Dunkelheit nicht lange zu warten. Die Dämmerungsphase ist kurz – etwa eine halbe Stunde. Und mit der Nacht kommt eine angenehme Kühle.
Nun radle ich gerade durch die kleine Siedlung Pingerin. Ein Hund verbellt mich. Schon schrumpfen die wenigen noch erhellten Fenster zu kleinen Lichtpunkten – werden zu Irrlichtern in der Weite Westaustraliens. Heute haben wir Vollmond, und der Sternenhimmel ist besonders klar. Während einer Rast setze ich mich auf die Straße. Das Mondlicht macht die Landschaft zu einer geisterhaften Schattenwelt. Dabei ist es so schrecklich still. Ich schlage mit der Feldflasche gegen den Rahmen des Rades: Metall auf Metall – wie laut das klingt! Wie schnell es verklingt!
Ein Blick hinauf zu den Sternen. In dem Gewölbe dort oben blinkt und glitzert es – Morsezeichen aus dem All. Wo ist das Sternbild, das schon die alten Seefahrer, die Entdecker als ›Wegweiser‹ nutzten? Obwohl das Kreuz des Südens noch tief über dem Horizont steht, fällt es mir sofort auf. Und das helle Doppelgestirn in seiner Nähe, das müßten die Centauri sein.

In Gedanken ziehe ich Linien über den Nachthimmel – Hilfslinien mit Sternen an den Endpunkten. Wie komme ich von Antares zu Zentaur? Wo liegen Skorpion, Waage und Wasserschlange? Bei diesem Durchmessen des Himmelsgewölbes treffe ich auf einen Sternenhaufen. Ist das die Magellansche Wolke? Dann hätte ich ja schon den Südpol übersprungen? Doch genug mit den Sternen gespielt!
Ich fahre weiter – vielleicht eine gute Stunde, halte dann wieder. Dort oben hat sich manches verschoben, verändert. Einige Sterne leuchten jetzt viel heller, und immer mehr rücken vom Horizont her nach. Wüßte ich nicht, daß es die Erdkugel ist, die sich dreht, ich glaubte, jemand bewege dieses Sternenbanner.
Etwa Mitternacht. Das Kreuz des Südens steht jetzt fast genau über mir. Aber vor lauter Nach-oben-Schauen bemerke ich gar nicht, was sich zu meinen Füßen tut. Nächtliches Erstaunen! Ob wohl schon viele Menschen ähnliches gesehen haben? Die Straße liegt voller Sterntaler. Da leuchtet und blinkt es, als wollte sie der Milchstraße dort oben Konkurrenz machen. Bleibe ich ganz still stehen, so erstarrt dieses Bild; fahre ich weiter, belebt es sich sofort. Dann herrrscht vor mir ein irritierendes Funkeln.
Manchmal blitzt es weiter voraus besonders hell auf. Das sind die großen ›Straßensterne‹, Spiegelbilder von Beta-Centauri, von Antares, von Kanopus. Aber knapp vor dem Rad erstirbt diese Welt – und drehe ich mich um, so ist da nur das dunkle Band des Asphalts. Was schafft dieses Wunder? Wahrscheinlich gab es bis vor kurzem hier nur eine Sandstraße. Nun hat man sie ausgebaut, und als letzte Kiesschicht verwendete man gebrochenen Granit. Seine Quarzkristalle reflektieren das Mondlicht, Millionen Bruchflächen werden so zu kleinen Spiegeln. In wenigen Monaten, wenn die Kanten der Kristalle abgenutzt und der Quarz durch den Gummiabrieb der Autoreifen geschwärzt ist, dann wird es für immer vorbei sein – mit den Sterntalern, mit der Milchstraße zwischen Pingering und Kalgarin.

Doch noch blinken sie, meine ›Straßensterne‹. Ich radle wie im Rausch. Einmal muß ich mich zu einem Karten-Check zwingen, denn an einer Kreuzung im ›dunklen Nichts‹ gilt es, die richtige Verlängerung zu erwischen. Jetzt kommt eine viele Kilometer lange Gerade; ich kann weiterträumen.

Der Mond hat es leider viel zu eilig, und mit ihm verläßt mich schließlich diese Glitzerwelt. Die ›Milchstraße‹ wird wieder zum Asphaltband. Um mich herum dunkeln die Schatten nach; nun wird es wirklich Nacht. Aber durch das Fehlen des Mondlichtes leuchten die richtigen Sterne viel heller. Jetzt zeigen sie mir den Weg.

Längst radelt hier nicht mehr der Abenteurer sondern ein Kind, ein kleiner Junge, der staunend ein riesiges Planetarium durcheilt.

Ich erlebe Sternstunden, Traumstunden.

Ganz allmählich mischt sich in die Schwärze der Nacht ein dunkles Tintenblau. Der neue Tag kündigt sich an. Noch eine Stunde, und das Blau verwässert – wird pastellfarben. Das erste Licht gibt auch der Natur alle ihre Farbtöne wieder zurück. Die Stoppelfelder leuchten erneut gelb, die Kronen der Eukalyptusbäume bestehen nicht mehr aus dunklem Filigran sondern schimmern wieder silbern, und im Wasser der Salzpfannen schwimmt das Gold der aufgehenden Sonne. Ein Fuchs erschrickt über den morgendlichen Störenfried; er schleicht zurück hinter einen Sandhügel. Vor mir möchte eine Eidechse über die Straße wechseln. Das Tier wähnt in meinem Rad einen Feind und faucht es schlangengleich an. Aus einer Buschgruppe klingen Vogelstimmen herüber – erst zaghaft, dann immer lauter. Man begrüßt den neuen Tag. Die ›Sternstunden‹ hatten mich die Mühe vergessen lassen, die eine Nachtfahrt mit sich bringt. In der Dunkelheit ein Schlagloch zu übersehen, kann den technischen k.o. bedeuten. Und zur erhöhten Konzentration kommt die Muskelarbeit für gut hundert Tret-Kilometer. Jetzt melden sich meine Beine, mahnen

ihre Ruhepause an. Doch bis zum ›Wave Rock‹, dem Wellenfelsen bei Hyden, werde ich es wohl noch schaffen.
Mit der Sonne ist auch der Wind wieder da. Er rauscht durch die Stoppelfelder, raspelt die Rinde von den Gumtrees[5] und schlägt die alten, herabhängenden Telegrafendrähte klatschend gegen die Masten. Immer stärker werden, spielt er nun mit den Windrädern auf den Schafweiden. Sie knarren in ihren rostigen Gelenken und klappern blechern mit den Flügeln. Manche von ihnen kommen gar nicht mehr in Schwung – ähnlich einem Vogel, dem bereits zu viele Federn in den Schwingen fehlen.
Inzwischen ist es völlig Tag geworden. Ich fahre, sehe, höre – und träume doch schon wieder.

Über Wellen aus Sand

Hyden Roadhouse! »Dir ist wohl das Benzin ausgegangen?« werde ich lästerhaft begrüßt. Übernächtigt und steifbeinig steige ich vom Rad: »Mein Motor braucht kein Petrol sondern ein kräftiges Frühstück!« Und dann bestelle ich einen Teller voll ›scrambled eggs‹,[6] einen Familienpott Kaffee sowie zwei Blöcke ›Mars‹. Sofort-Energie! Vielleicht stimmt es, was die Werbung verspricht.

Draußen am Rad versammeln sich einige Jugendliche – Aussie-Typen, mit der Landesflagge oder flotten Sprüchen auf den T-Shirts und der obligatorischen Coke in der Hand. Man erkennt an ihren Gesten, daß sie Rad, Tour und wohl auch den Fahrer kommentieren.

Ich hatte geglaubt, durch Nachtfahrten das Hitzeproblem lösen zu können – welch ein Irrtum!

Wieder ist es ein 40-Grad-Tag, und obwohl mein Zelt zwei Eingänge hat, reicht die Belüftung bei weitem nicht aus. In dem Stofftunnel bekommt man Erstickungsanfälle. Die Alternative, schlafen unter einem der Eukalyptusbäume, erweist sich als nicht weniger schrecklich. Ein Körper in Ruhestellung ist sofort den Attacken der Buschfliegen ausgesetzt. Hinzu kommt die Ameisenplage, diese Tiere sind allgegenwärtig.

So quäle ich mich weiter, mache das obligatorische Foto vom Wave Rock, schaffe an diesem Tag noch 56 Kilometer und versuche dann in den üblichen Rhythmus zurückzufin-

Über »Piste« ins Landesinnere

den. Ich werde wohl lernen müssen, mit dieser Hitze zu leben. Heute habe ich während der einsamen Fahrt nach Norden für ein paar Minuten Gesellschaft – ein Känguruh. Das Tier macht sich einen Spaß daraus, in dem Buschstreifen zwischen Weg und Feldern mitzuhüpfen. Wird sein Vorsprung zu groß, dann richtet es sich auf und blickt sich nach seinem ›Verfolger‹ um. Komme ich ihm zu nahe, geht das Rennen weiter – Känguruh gegen Mountain Bike. Aber irgendwann wird jedes Spiel langweilig. Jetzt verdrückt sich das ›Roo‹[7] ins Unterholz.
Längst habe ich nicht mehr Asphalt sondern roten Sand unter den Rädern. Die Piste ist abwechselnd von lockerem Busch oder steppenähnlichen Weideflächen gesäumt. Manchmal zweigen von ihr kleine Sandwege ab. Sie scheinen ins Nichts zu führen; aber die originellen Briefkästen an ihrem Beginn verraten, daß am anderen Ende Menschen wohnen – die Marshalls, die Clays, die Bishops.

Briefkasten Modell »Outback«

Holz und Wellblech, Farmhaus aus der Pionierzeit.

Ein Gecko läuft spreizbeinig im Zickzackkurs vor mir her. Er ist sich über die Fluchtrichtung unschlüssig. In Augenhöhe überholt mich ein großes Insekt – fingerlang, mit rötlichen Flügeln und einem Ton, halb Heuschrecke, halb Hornisse. Das Kriechmuster einer Schlange im Sand erinnert mich daran, daß es in diesem Land auch lautlose Gefahren gibt.

Die Natur beobachten und seinen Gedanken nachhängen – was soll man anderes machen, wenn man gegen immer neue – und sich doch gleichende Horizonte anradelt?

Außer der Sandpiste und der Hitze habe ich heute wieder einen besonders böigen Wind als Gegner. Launisch wie bei uns das Aprilwetter, ändert er seine Richtung. Jetzt bläst er aus Nordwesten.

Ich frage zwei Männer, die gerade einen Weidezaun reparieren, nach der Ursache für diese ›Windsprünge‹. Ihre Diagnose ist recht simpel. Der ältere der beiden meint, wir hätten eben ›high summer‹ und der andere ergänzt: »Bis zum Abend wird er um dich herumlaufen, dann hast du ihn wieder von vorn!« Diese Auskunft ist nicht gerade befriedigend. An der nächsten Schaftränke stülpe ich mir einen Hut voll Wasser über den Kopf. Die Erfrischung hält eine halbe Stunde lang vor, dann haben Sonne und Wind die Kleidung wieder getrocknet.

Ein Geländewagen hält. Aus dem Führerhaus streckt sich mir eine Hand entgegen – mit einem grünen Plastikbecher. Ein Schluck gekühltes Wasser; unter solchen Bedingungen ist das eine Delikatesse. Man trinkt es nicht, man kaut es, man wälzt es im Mund, als sei es zum Hinunterschlucken zu schade.

»Thanks!« Neidisch blicke ich auf die Bereifung des Nissan. ›Desert Devil Tyres‹, das sind die richtigen Boots für diesen Sand. Ein kurzes Gespräch, noch einen zweiten Becher Wasser – mit lästigem Benzingeruch in der Nase fahre ich weiter.

Das rote Band der Piste erreicht einen neuen Horizont,

dann einen zweiten, einen dritten. Durch die langgestreckten Hügelwellen gleicht die Landschaft einem Meer, bewegt von sanfter Dünung. Ich folge diesen ›Wellen‹, hole sie ein, lasse mich von ihnen wieder überrollen. Mein Rad wird zur Nußschale auf einem großen Landmeer.

Eine Farm! Das heißt frisches Wasser.

Dort hat man mich schon erwartet. Die Farmersfrau steht in der Tür und ruft mir entgegen: »My husband took you for an emu!« – »Mein Mann hielt dich für ein Emu«. Ich lächle trocken. Emu, kein schlechter Vergleich. Hier rechnete schließlich niemand mit einem Radfahrer, sagt mir die Frau, und deshalb habe ihr Mann die Gestalt auf der Piste zunächst für einen dieser großen Vögel gehalten. Erst als ich näher heran war, habe er mich als ›cyclist‹ erkannt. Um Wasser brauche ich nicht zu bitten, sie streckt schon die Hand nach den Stoffbeuteln aus. Deren Restinhalt ist warm und abgestanden wie der in einer Therme.

Nun kommen die Zusatzangebote: ein Sandwich, eine Tüte Chips, Kekse. Ob ich noch etwas Fleisch mitnehmen möchte? Zum Abschied gibt mir die Farmersfrau einen Rat: »Wenn du Wasser brauchst, denk dran: Alles was Schafe saufen, kannst du auch trinken!« Dann begleitet sie mich bis zum Holztor. Ein langes Nachwinken, der Emu ist wieder auf Strecke.

Ich rolle mit meinem Rad weiter durch Wellentäler, schiebe es bergan, auf Hügelkuppen, wo die Sandwogen sich brechen. Als die Sonne lange Schatten zeichnet, stecke ich wieder einen Claim für die Nacht ab – zwei Meter breit, zwei Meter lang. Während des Zeltaufbaus führe ich Selbstgespräche:

»Einundvierzig Grad! Das hältst du nicht durch! Dieses Land packst du nicht! Das macht dich kaputt!« Dann ein kostbarer Liter Wasser gegen Sandstaub und salzigen Schweiß – ein paar Worte ins Tagebuch, die bleischweren Beine ausstrecken, in die Einsamkeit einwickeln – eine Nacht im Busch wie viele. So ein Erschöpfungsschlaf gleicht

einer moralischen Aufrüstung. Man beginnt den neuen Tag voller Zuversicht, hofft auf ein bißchen Rückenwind, auf nicht ganz so mörderische Temperaturen, auf ein paar Schattenwölkchen. Aber schon nach wenigen Stunden wird der Selbstbetrug deutlich. Das Quecksilber malt eine neue Fieberkurve: 30 Grad, 35, 40! Und dieser Pistenabschnitt ist besonders tückisch. Der Sand ›schwimmt‹ unter den Rädern als bestünde er aus kleinen Perlen. Das Herz schlägt mir vor Anstrengung am Hals, und der Puls hämmert in den Schläfen.
Längst bin ich zu phlegmatisch, um bei lohnenden Objekten die Kamera auszupacken. Ein Stück voraus hebt von einem dürren Eukalyptus ein Adler ab. Nur wenige Flügelschläge und der Vogel hat einen Thermikschlauch erspürt. Der große ›Wedgetail‹[8] läßt sich von der Luftströmung in die Höhe tragen. Er schein auf einmal schwerelos.
Nun aber muß ich doch anhalten! Zwei Totenschädel grinsen vom Wegrand herüber. Sie dekorieren ein Schild, wie man es wohl nur hier im Outback findet. Es besteht aus einer dicken, rostigen Eisenplatte. Die Buchstaben der Orte ›Southern Cross‹ und ›Hyden‹ hatte man mit einem Schweißbrenner herausgeschmolzen – dazu auf den Pfahlenden diese sonnengebleichten Känguruhschädel.
Ich grinse zurück, sage in Gedanken »Hallo!« und hole nun doch die Kamera hervor.
Wenn auch nicht immer so originell, diese Strecke könnte durchaus besser beschildert sein. Mehr als einmal richte ich mich an Gabelungen oder bei sich kreuzenden Spuren nach der Sonne. ›Im Osten geht sie auf, im Norden nimmt sie ihren Lauf‹, eine einfache Regel – für Australien.
Nun freue ich mich über einen neugierigen Lkw-Fahrer, der neben mir anhält (auch wenn er mich erst einmal in eine rote Staubwolke einhüllt).
»Ist das noch der Track nach Southern Cross?« Ich habe Mühe, das laute Motorgeräusch zu übertönen.
»Halt dich immer links,« kommt es zurück »bis zu ’nem

gelben Schild! Dort geht's dann rechts ab. Die anderen Tracks führen alle ins Salz. Wo willst du überhaupt hin?«
»Heading north?«
»Wohin?«
»Golden mile, Nullarbor, Alice…!«
»Und wo hast du dein Ersatzbike?« Er deutet mit dem Daumen nach rückwärts: »Da hinten kommt ein Hotel – falls du was brauchst!«
Ersatzbike! Hotel! Der Scherzbold macht sich über mich lustig. Aber nun reduziert er das Hotel auf ein paar Wohncontainer. Zehn Meilen zurück hätten Straßenarbeiter ihr Camp aufgeschlagen. Noch das Siegeszeichen als Gruß, dann heult der Motor auf. Kaum ist der schwere Wagen angefahren, verschluckt ihn seine eigene Staubwolke.
»Immer links halten!« hatte er gesagt. Da waren alle Zweifel ausgeschlossen. Später passierte ich dann das Arbeitercamp, und nun wird der rote Sand unter den Rädern plötzlich schwarz. Ich fahre wie auf Seide. Das ist Asphalt – neuer, noch dampfender Asphalt!
Von Norden her hatte man damit begonnen, die Piste zu einer richtigen Straße auszubauen. Da rückte Southern Cross gleich um Meilen näher.

Gräber, Gold und Geisterstädte

Ein Truck versperrt mir den Weg. Quer zur Fahrbahn ausgerichtet, signalisierte er ganz deutlich: »Halt!«
Plötzlich ein Höllenlärm, die Erde zittert, Gesteinsbrocken fliegen durch die Luft. In der Frazer Goldmine – wenige Kilometer vor Southern Cross – wird eine Felswand gesprengt. Nun gibt der Fahrer Handzeichen, ich darf passieren. Das ist sie also, die älteste Goldgräbersiedlung, oder besser gesagt ihr schäbiger Rest. Ich fahre eine Ehrenrunde: Antari, Orion, Scorpio… Sternbilder als Straßennamen, Prospektoren-Romantik von 1888.
Der Ort wirkt wie ausgestorben. Ein heißer Wüstenwind klappert mit Holz und Wellblech. Palace Hotel! Die einstige Nobelherberge träumt von neuen Gästen. Irgendwo lese ich ein paar Info-Zettel: Der Zahnarzt käme, hieß es da (das war im November letzten Jahres), ein gebrauchtes Bügelbrett ist zu kaufen, ein Kühlschrank, ein Fernglas mit ›German Opicks‹, wie man betont (das Wort Optik ist wirklich so falsch geschrieben), und jemand hat einen kastrierten Hund zu verschenken.
Das alte Rathaus auf der anderen Straßenseite fungiert als Kino. ›Crocodile Dundee, Part II‹ steht auf dem Programm – Krokodilszenen in Känguruhland! In dem kleinen Postamt lasse ich mir einen Stempel ins Tagebuch drücken. Anders als bei uns, zeigt er keine Uhrzeit. Die meisten Uhren sind hier stehengeblieben – schon um die Jahrhundertwende.

Auf dem Weg in die älteste Goldgräbersiedlung des Landes

Das Gold, das man seinerzeit unter dem Southern Cross, dem Kreuz des Südens, entdeckt hatte, war schnell weggesammelt. Tausende schaufelten und siebten. Dann kamen die großen Funde weiter im Osten. Man kann nachlesen, was sich in jenen Tagen abspielte.

Prospektoren, Bäcker, Barkeeper, Bierbrauer. Auf Pferde- und auf Kamelrücken zogen sie los, und all das schwere Goldgräbergerät mußte man mitschleppen. Nicht immer ging es zügig voran. Nach schweren Gewitterregen schaffte man im Schlamm ganze drei Kilometer pro Tag. Und nie zuvor, heißt es, habe man im Busch ein solches Aufgebot von Fahrrädern gesehen. Damals gab es sogar eine Expreß-Postbeförderung per Rad. An trockenen Tagen schafften diese ›Treter‹ bis zu 150 Kilometer, und für den Brief gab's fünf Schilling.

Nun mache ich mich auf die Suche nach dem Friedhof. Friedhöfe sind Zeitdokumente. Ich finde ihn außerhalb der

Stadt, in der Nähe der Bahnlinie. Genau so hatte ich ihn mir vorgestellt! Hier liegen die Gräber wie vergilbte Seiten eines zerflederten Geschichtsbuches. In den vordersten Reihen herrscht noch etwas Ordnung. Dort hatte man die Gebeine – besser die Seelen – nach Kirchenzugehörigkeit gebettet: ›Catholic‹, ›United‹, ›Anglican‹.

Aber dann folgen nur noch namenlose, rotgelbe Sandhügel. Und lägen da nicht ein paar Eisenteile, eine Handvoll Muscheln, ein Quarzstein, man würde hier kaum Gräber vermuten. Die Zeit ist schon über sie hinweggegangen.

Der hintere Teil des Friedhofes ist bereits wieder Buschland. Die kleine mahnende Eisentafel ›Graves!‹ kann man leicht übersehen. Die Natur hat sich ihr Terrain zurückgeholt.

Ich beginne wieder ganz vorne, in der ersten Reihe – lese in den Grabsteinen und Kreuzen wie in einem alten Tagebuch. Da wurden in knappen Worten Schicksale festgehalten: »Harry Catley – ›killed in action‹, Richard Robin – ›death at Leviathan Mine‹.« Und ein Paul Casserly, so hieß es, ließ sein Leben, als er einen anderen Goldgräber retten wollte. Manchmal steht nur ein einziges Wort für einen ganzen Lebenslauf: »Pioneer!« Wo kamen sie her, die Prospektoren, die ersten Farmer, die Glücksritter? Schon die Namen geben Auskunft: Nicholas Unkovich, Ettore Pasini, Reghenzani von Ethel – Douglas, Chapman, O'Neill… Es gibt Gräber, vor denen muß man stehenbleiben. Das von ›Topsy Morby‹ ist mit rostigen Konservendosen befrachtet, auf einem anderen ersetzt eine runde Eisenscheibe mit Bohrloch – sicherlich Teil von einer ›Goldmaschine‹ – das Grabkreuz, und ein Stückchen weiter sitzt unter einer kleinen Glasglocke ein verblaßter Plastikvogel. Den Grabhügel hat der Wind schon eingeebnet.

Ich nehme mein Tagebuch und schreibe, schreibe.

Ob der Bahnhof von Southern Cross auch so geschichtsträchtig ist? Ich fahre noch ein Stückchen weiter, komme an das Westgleis. Aber welche Enttäuschung! Da steht eine

Grab eines Goldgräbers

Grabsteinersatz

Art ›Busstellenhäuschen‹ aus roten Ziegeln. Überall verstreut liegen Kippen und Coladosen. Das Wandbord ist voller Sprüche, Sprüche, die auf unterhalb der Gürtellinie zielen. Toiletten-Poeten haben sich hier beim Reimen versucht.
So gebe ich mit dem Friedhof zufrieden, war er doch Erlebnis genug. Es ist erst 10 Uhr morgens, und die Autofahrer decken beim Parken bereits das Lenkrad mit Zeitungen ab. Das sieht nach einem Hitzerekord aus. Gegen 14 Uhr habe ich ihn. Das Thermometer zeigt 43 Grad – im Schatten!
Um diese Jahreszeit, so heißt es, seien hier 20 Tage mit Temperaturen von über 38°C ›normaler statistischer Wert‹. Wer wollte da bei fünf Grad mehr protestieren?
Hitze aber bedeutet Fliegenplage – und da sind sie, die Geschwader von ›Pestilence Supremo‹. Ich hatte mir vor der Weiterfahrt einen zweiten Hut gekauft, einen Korkpropfenhut. Von seiner Krempe baumeln an Plastikfäden ein Dutzend Korken. Diese Erfindung soll gegen Buschfliegen helfen. Ein paar Stunden halte ich es aus, wie ein Zirkusgaul geschmückt daherzuradeln, doch dann bekomme ich Lidflimmern. Also lieber Buschfliegen im Gesicht, als immerwährend baumelnde Flaschenkorken vor den Augen. Ich schneide sie ab. Nützlicher dagegen ist ein zweiter Einkauf, ein Paar weiße Socken. Ich nutze sie als Sonnenschutz für die Filmtaschen am Ledergürtel. Bei Temperaturen, bei denen man sich an den Metallteilen des Rades die Finger verbrennt, sind Hitzeschäden an Filmen nicht ausgeschlossen.
Jetzt mache ich auch wieder die Bekanntschaft der Road-Trains. Diese motorisierten Monster wischen einen Radler glatt von der Straße. Mehrfach räume ich sie freiwillig. Bis zum Abend zähle ich dann fünfzehn tote Känguruhs, zwei Emubälge und einen zerflederten Wedgetail-Adler am Straßenrand. Diese großen Vögel aasen an den Kadavern, sind recht schwerfällig beim Auffliegen und werden so ebenfalls von den Road-Trains erwischt.

»Windmaschine«: In Ermangelung von Wasser siebte man das Gestein und überließ es dem Wind, den Goldstaub auszusortieren.

Altes Mahlwerk zum Zerkleinern goldhaltigen Gesteins

Böse Zungen behaupten, daß diese Truckfahrer überhaupt nur anhielten, um zu tanken, und um das Blut vom ›Bullbar‹, vom Rammgitter, abzuspritzen. Yellodine – Boorabbin – Bullabulling. Alles nur Tankstellen entlang des Great Eastern Highway, den ich nun befahre. Und jede ist eine Tagesetappe – oder mehr – von der nächsten entfernt.
Am Straßenrand mehren sich die Zeugen aus der Zeit des Goldrausches: Gerätschaften, alte Autos (teilweise noch mit hölzernen Nummernschildern) und viel rostiges Wellblech. Die Lebensader für das Goldzentrum um Kalgoorlie, die Wasserpipeline aus dem Reservoir bei Perth, folgt dem Highway. Wasser! Es ist hier noch wertvoller als Gold. Wenn früher der mitgeführte Vorrat aufgebraucht war, dann bildeten sich Menschenknäuel an den Ausgabestellen. Wer diese nicht mehr erreichte, starb im Busch. Es war kein schöner Tod; die Männer verendeten wie Vieh auf dem Weg zu einem zu weit entfernten Wasserloch. Und waren – was nicht selten vorkam – selbst die Tanks in den Siedlungen leer, dann gab es gar kein Wasser mehr – weder für Gold, Geld noch für Liebe.
Ich habe Boorabbin erreicht, eine Buschbar mit Zapfsäule. »Hannan's, the beer that made the goldfields famous!« Diese Reklame klingt verführerisch, besonders dann, wenn man den ganzen Tag unter einer Hitzeglocke geradelt ist. In der Flaschenwand steht so ziemlich alles, was durstige Kehlen kitzeln könnte – vom Cinzano Dry bis zum Vat 69. Außer mir lümmelt noch ein Gast am Tresen. Doch was er zu mir sagt, das verstehe ich nicht. Der Mann ist wohl kein Australier, sein Englisch klingt so breit, als sei es unter die Räder eines Road-Trains geraten.
Ein Blick auf die Speisekartentafel: »Pizza Roll, Hot Dog Roll, Chicken Roll!« Das Angebot ist wie in Gedichtform geschrieben. Ich bestelle etwas – irgendwas. Die Antwort bekomme ich mit dem Zeigefinger, denn der Barkeeper deutet nur stumm auf die Uhr. Es ist kurz nach acht, aber die Buschbarküche hat wohl noch geschlossen. Jetzt

Seit dem großen Goldrausch auf Ewigkeit geparkt: Oldtimer.

bewegt sich der Stoff der Vorhangtür. Die Bardame kommt -oder das, was einmal eine Frau war.
Sie hält, schief nach unten geneigt, die kalte Zigarette im Mund und sucht nun nach einer Streichholzschachtel. Das Anreißen des Hölzchens gelingt ihr zwar noch, aber dann findet sie mit der Flamme die Zigarettenspitze nicht. Ihre Hand beschreibt kleine Kreise, bis das Streichholz so weit abgebrannt ist, daß es ihr die Finger versengt. Jetzt läßt sie es fallen, schaut, stiert geradeaus – mit einem Blick stumpf wie rostiges Wellblech. »Ausgelebt!« denke ich still, »verlebt, am Leben vorbeigelebt!«
Mir stumm mit dem Zeigefinger zu antworten, war eigentlich schon unhöflich genug, aber nun setzt der Barkeeper noch eins drauf. Er beginnt, die Hocker auf den Tresen zu stellen – den ersten rechts von mir, den nächsten zwischen mich und den anderen Gast, dann die Reihe entlang.
Jetzt komme ich mir vor wie ein Rind in der Box. Das

Hannan, das Bier, das angeblich die Goldfelder so berühmt machte, als sei ES das Gold gewesen, schmeckt mir plötzlich nicht mehr. Ich stecke das Wechselgeld ein und gehe grußlos. Den Hunger im Bauch nehme ich wieder mit in den Busch. Boorabbin, eine Insel der Unhöflichkeit im sonst so freundlichen Australien!

Inzwischen ist es Nacht geworden. Ich fahre noch ein Stück und suche mir dann im Schein der Taschenlampe ein Plätzchen. Hunger macht liederlich. Ich verzichte aufs Waschen und auf den Zeltaufbau, rolle mich einfach in den Sand. Selbst der Sternenhimmel ist mir heute egal.

Etwa 200 Kilometer östlich von Southern Cross liegt Coolgardie. Der Ort rühmt sich, die Keimzelle des größten Goldrausches gewesen zu sein. Manche behaupten, es habe mit dem ›Little Hero‹ begonne. Little Hero, ein Goldklumpen von etwa zehn Kilogramm Gewicht, hatte lange Zeit unbeachtet am Wegrand gelegen. Er muß nicht gerade geglänzt haben, denn viele gingen achtlos daran vorüber. Sie hielten ihn für ein Stück Eisenerz. Aber der, der ihn schließlich doch aufhob, hielt 333 Unzen Gold in der Hand. Fast ebenso schön ist die Story vom Goldfund des Iren Patrick Hannan. Sein Pferd hatte ein Eisen verloren, das zwang den Reiter zum Absteigen – just dort, wo die Nuggets nur so herumlagen.

Je älter solche Geschichten werden, desto mehr glänzen sie. Richtig ist wohl zumindest, daß zwei Prospektoren, Bayley und Fjord, hier im ›Fly Flat‹ Gold fanden – zu einer Zeit, als man nur ›in die Sonne‹ gehen und sich dann nach allem zu bücken brauchte, was funkelte. Diluviales Gold[9] lag hier nur so herum. Was damals noch niemand ahnte, war daß wenige Kilometer weiter östlich noch Millionen Unzen darauf warteten, entdeckt zu werden. Aber von Coolgardie und seiner Geschichte zu reden, das bedingt in der Vergangenheitsform zu sprechen.

Diese Stadt hatte einst 15000 Einwohner, weitere 25000 campierten im umliegenden Busch. Es gab 23 Hotels, sechs

Ortsschild der Geisterstadt Coolgardie

Coolgardie. Die Straßenschilder geben Auskunft über die bewegte Geschichte der Stadt.

Glanz und Glorie der Vergangenheit, das Wunder-Hotel.

Und das Grau der Gegenwart – seine Rückseite

Wo einst die eine Hälfte der Einwohner die andere Hälfte begrub, Blick in eine Seitenstraße.

Banken, drei Brauereien, mehrere Tages- und Wochenzeitungen. Und was ist davon übriggeblieben? Nachdem die eine Hälfte der Einwohner die andere Hälfte begraben hatte – damals grassierte Typhus – und das Gold weniger wurde, begann der große Exodus. Rostige Wellblechbuden, eingestürzte Zäune, vernagelte Fenster sind seine Zeugen. Das Postamt, das Rathaus und die Prunkfassade des Marvel Hotel spiegeln noch etwas den Reichtum jener Zeit. Das ist wie ein letzter Schimmer auf altem Parkett. Nur ein paar hundert Menschen harren heute hier noch aus, sie sind es, die diese Geisterstadt am Leben erhalten. Ich schlendere die Bayley Street entlang – stöbere ein bißchen in der Vergangenheit.

Die Straße hat die Dimension einer Rollbahn. Selbst Road-Trains können auf ihr wenden – ohne zurückzusetzen. Im Goldfields Traveller lese ich, daß die Kamelkarawanen[10]

Straßen von dieser Breite benötigten.
Sicherlich gleicht auch der Friedhof dieser Stadt einem Geschichtsbuch. Aber ich begnüge mich damit, das Grab eines Ghans[11] ausfindig zu machen. Diese Männer, Kameltreiber, waren angesehene Personen. Die reichverzierten Kopfsteine aus Marmor belegen das. Dann werfe ich noch einen Blick ins Melderegister, man kann es im Rathaus einsehen. Seitenweise klaffen darin Lücken, und kleine Kreuzchen ohne Datum besagen: »Irgendwann verstorben!« Müde und verstaubt, die Temperatur pendelt noch immer um die 40-Grad-Marke, setze ich mich ins ›Premier Café‹. Herrlich, schon die Fassade der Holzbude widerlegt den hochtrabenden Namen. Die weinroten, plastikbezogenen Sitzbänke sehen aus, als stammten sie aus alten Bussen. Der Linoleum-Fußbodenbelag, ehemals uni, hat ein Brandlöchermuster von den weggeworfenen Zigarettenkippen. Ich bestelle ›Chicken and Chips‹. Erstaunlich, weder an der Größe der Portion noch an der Zubereitung gibt es etwas auszusetzen. Lediglich die Schmeißfliege, die den Tellerrand umkreist, stört mich.
Ein paar Jugendliche betreten das ›Premier‹. Bei dem ältesten von ihnen setzt sich die Provokation seiner Tätowierungen auf dem T-Shirt fort: »Catch it! Do it!«
Nicht lange, und es wird unter der Tischplatte wo sie sitzen turbulent. Eines der Mädchen zischt: »Fuck off!« Der, dem das galt, schnauzt zurück. Wohl weil er das Beinhakeln nicht nachläßt, rächt sich das Mädchen; es zündet ihm die Zigarettenpackung an.
»Shit! Fucken!« Die Komplimente fliegen nur so. Dann löscht er den Tischbrand mit einem Schuß Cola.
Jetzt kommen drei ›Blacks‹ herein – Kinder. Es sind dies die ersten Aborigines die ich sehe – dünnbeinig, großfüßig, rosahäutig an Fußsohlen und Handinnenflächen. Der größte von ihnen zeigt auf die Eistafel. Schon die Namen der angebotenen Sorten klingen verführerisch: ›Bila Bong‹, ›Bubble O'Bill‹, ›Ghost Busters‹. Da könnte unsere Werbein-

dustrustrie noch etwas lernen. Nun haben die drei mich entdeckt. Für sie ist dieser Fremde der Exote. Sie wickeln die Zungen um das Eis und starren mich an. Und weil es ihnen beim Rausgehen die Köpfe verdreht, stolpern sie.

Ich möchte noch einmal hinüber zum Marvel Hotel. Es hatte mir besonders gefallen.

Korinthische Säulen, schwulstiger Barock, etwas Klassizismus – wer Kunst studiert hat, dem müßte beim Anblick dieses Stilgemenges grausen. Dann der Kontrast: Im Erdgeschoß vernagelte Fenster und eine nackte bröckelnde Rückfront aus roten Ziegeln. Von einem bestimmten Standpunkt aus, kann man diagonal durchs Marvel Hotel hindurchschauen – Richtung Himmel. Marvel heißt schließlich Wunder.

Der Goldrausch schuf sie, diese Prachtbauten, die Zeit läßt sie wieder sterben. Die ›Leichen‹ in und um Coolgardie mehren sich.

Ich fahre weiter nach Osten – vorbei am Fly Flat, der legendären Fundstätte – und den neu abgesteckten Projekten. In Coolgardie hatte man sich zuversichtlich gegeben. Man flüsterte etwas von einem neuen ›Goldboom‹.

Mein nächstes Etappenziel heißt Kalgoorlie. Die Stadt ist das Zentrum des ›Gold Rush Country‹. Als einzige hat sie sich so in die Gegenwart gerettet, wie man sie vor der Jahrhundertwende erbaute. Da kommen Liebhaber von schönen Fassaden und von Filigranarbeiten aus Gußeisen auf ihre Kosten. Kalgoorlie hat noch heute das Flair einer geschäftigen Goldgräberstadt. Zwar findet man hier nicht mehr so Brocken wie den ›Golden Eagle‹ – als man damals das Riesen-Nugget auf die Waage legte, fehlte es an äquivalenten Gewichten, man versuchte es mit einem Sack Zukker, aber auch der unterlag im Vergleich – doch Gold wird auch jetzt noch tonnenweise gewonnen. Man holt es nun aus tieferen Gesteinsschichten.

Ich niste mich auf dem ›Prospector's Caravan Park‹ ein. Mein Zelt wirkt dort zwar etwas verloren, aber es ist das

erste Mal, daß ich Rasen unter dem Boden habe. Dann hole ich mir beim Besitzer einige Informationen: Was lohnt sich? Wo lügen die Touristen-Prospekte?
Natürlich: die Hannah Street mit ihren Prachtbauten, die ›Golden Mile‹ mit der Hainault Mine, vielleicht die ›Royal Flying Doctor Base‹, die ›Ghost towns‹ an der Straße nach Leonora... Hier könnte man schon etwas herumstöbern. Und letztlich bekomme ich auch den Tip, wo ich – bei Bedarf – ›Lovely girls‹ fände. Bei diesen Worten malt mir der Mann vier Kringel in den Stadtplan von Kalgoorlie – drei an die Südseite der Hay Street (etwa dort wo die ›Lionel‹ einmündet) und einen weiteren gegenüber.
Nun, jede Goldmeile braucht ihre Sündenmeile!
Am nächsten Tag mache ich einen ersten Rundgang: Goldfeld-Immobilien! Goldrausch-Gemüse! Bäckerei zur Goldenen Meile! Gibt es hier etwas, was nicht mit dem gelben Metall plattiert ist? Sogar die Sonne gleicht am Abend einem Riesennugget – rund, sattgelb, ein Eidotter aus purem Gold. Während des Herumschnüffelns komme ich in alle möglichen Winkel – sogar bis in einen Sitzungssaal im Obergeschoß des Rathauses. Ich sehe aber auch das Elend der Aborigines. Sie hängen vor den Pubs und den Bottle-Shops herum. Nach 200 Jahren weißer Erfolgsherrschaft, sind von einer 40000jährigen Kultur nur Trümmer übriggeblieben.
Am nördlichen Stadtrand spricht mich eine Eingeborene an, eine alte Frau. Mit den Worten: »Stones! Bush!«, hält sie mir ihr verknotetes Taschentuch entgegen. Als ich verwundert stehenbleibe, löst sie die Zipfel. ›Steine‹ und ›Busch‹, darin scheint sich ihr englischer Sprachschatz zu erschöpfen. Das Tuch ist voller Mineralien, sogar ein Opal befindet sich darunter. Schon weil diese Art eines Kaufes so ungewöhnlich ist, möchte ich gerne ein Stück erstehen. Es reizt mich auch, von diesen ›anbietenden‹ Händen mit dem Taschentuch ein Foto zu machen. Doch als ich auf die Kameratasche deute, schüttelt sie unwillig den Kopf. Es

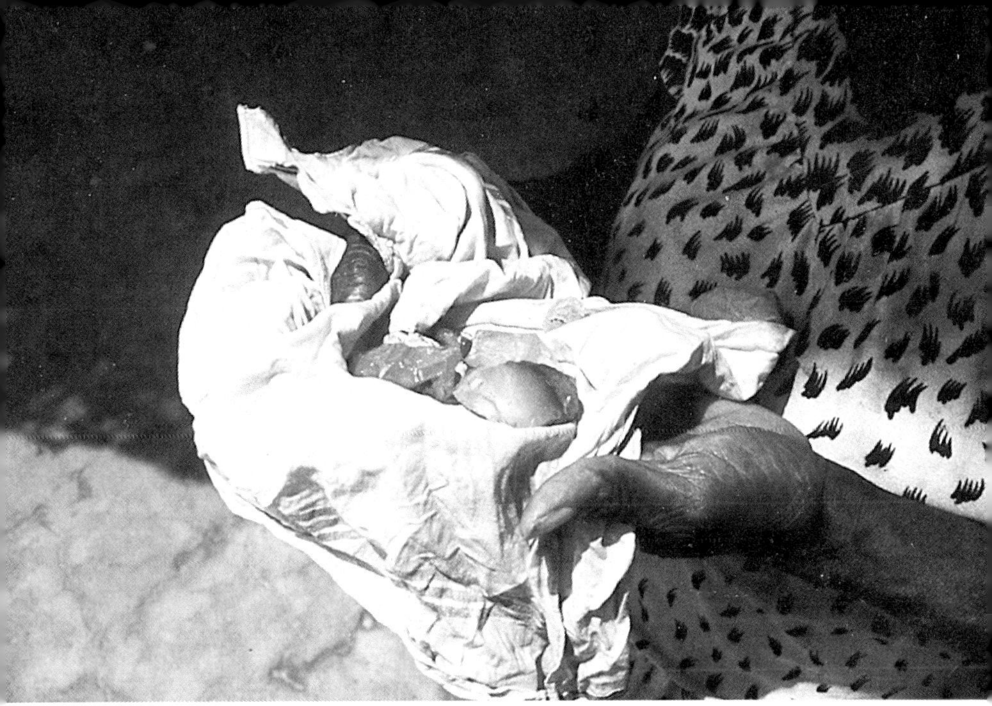

Mineralien und Halbedelsteine, Angebot einer Eingeborenen.

dauert eine ganze Weile, bis ich der Frau durch Gesten verständlich machen kann, daß ich doch nur ihre Hände und die ›stones‹ meine. Jetzt willigt sie ein – mit einem Nicken. Schließlich kaufe ich ihr ein Mineral ab – irgendein Silikat; und weil sie über den Preis gar nichts sagt, setze ich ihn fest – auf drei Dollar.

Als ich ihr dann die beiden Messingmünzen in die Handlege, prüft sie bedächtig deren Durchmesser (die australischen Zwei-Dollar-Münze ist etwas kleiner als das Ein-Dollar-Stück). Nun nickt sie. Ich habe ein Geschäft getätigt, zu dem man nicht alle Tage Gelegenheit hat.

Von vielen Wanderkilometern erschlagen, erreiche ich in den Abendstunden wieder den Campingplatz. Auch dieser Tag hat sich gelohnt.

Für heute habe ich mir die Hainault Goldmine als Ziel ausgesucht. Schon in den frühen Vormittagsstunden stehe ich am Eingang. Die Führung macht Bob, ein alter Miner.

Zusammen mit einigen anderen Neugierigen steige ich behelmt in den Schachtkorb. Dann geht es hinunter auf die 61-Meter-Sohle.

Die Hainault Mine soll das einzige Goldbergwerk sein, das der Öffentlichkeit zugänglich ist, ein Angebot, welches sich man doch nicht entgehen lassen kann! Unten, im Halbdunkel der Stollengänge, ist es schaurig schön. Die Eisenschlangen der Gleise glänzen matt, der Blick um Ecken und in Nischen hat etwas von einer Gruselbahnfahrt. Bob erklärt uns den Abbauvorgang, läßt das Belüftungsgebläse aufheulen, bohrt sogar ein Sprengloch – mit modernstem Gerät, wie er betont. Daneben steht ein ›Witwenmacher‹, eine jener alter Bohrmaschinen, die dem Arbeiter den Tod durch Staublunge brachten.

Während Bob uns weiterführt betont er, daß heute hier unten alles schon ›recht komfortabel‹ sei; früher mangelte es an der Belüftung, und die Miner arbeiteten bei Kerzenlicht. Jeder bekam beim Einfahren in den Schacht zwei Kerzen, die brannten zusammen acht Stunden. Verlöschte die letzte, dann war die Schicht zu Ende.

Wir kommen an einen großen, abgrundtief gähnenden Spalt. Trotz der Absicherung hat man beim Hineinschauen ein beklemmendes Gefühl. »Da stand mal 'ne Goldader – senkrecht!«, erklärt Bob. Uns allen liegt die Frage auf den Lippen: »Wie tief ist dieses Loche?« Der Miner, der längst weiß, daß alle, die hier entlanggeführt werden, diesbezüglich neugierig sind, hat vorgesorgt. Er hat eine leere Coladose bei sich, und als Antwort wirft er sie in den schwarzen Schlund.

Nach ein paar Sekunden freien Falls trifft das Blech auf Fels. Das war's – zwanzig, vielleicht dreißig Meter. Wir blicken wieder auf Bob: Ob er noch mehr zu berichten weiß? Aber der Miner bleibt vorerst stumm.

Und da hören wir sie wieder! Dünn und fein klingt es aus der Tiefe herauf. Die Dose war wieder an einen Felsvorsprung angeeckt. Sie fiel noch immer! Einige der Besucher

Konservierter Kolonialismus, Stadtbild von Fremantle.

Eine Welle aus Fels, der Wave Rock, das markanteste Erosionsbild Westaustraliens.

Makabre Begegnung am Pistenrand, Wegweiser mit Totenköpfen.

Das Grab eines Kameltreibers. Die prunkvolle Ausschmückung des Steins zeigt, welch hohes Ansehen diese ›Ghans‹ genossen.

Den australischen Kontinent zu durchqueren, das heißt, Horizonte aus Sand…

…und Salz zu erradeln.

Durch Restauration in die Gegenwart gerettet, ein Pionier-Hotel aus der Zeit des großen Goldrausches.

Kontraste: die Wellblechbude eines Prospektors.

Der australische Busch, farbig wie eine Malerpalette.

Wo alle Horizonte sich gleichen, Nullarbor, die Ebene ohne Baum.

Wellen aus weißem Sand, die Dünen von Eucla.

Romantik in der Einsamkeit, Morgenstimmung über einer Salzpfanne.

Hier endet der australische Kontinent. Jenseits dieser ›größten Klippenfront der Erde‹ liegt als nächstes Festland die Antarktis.

treten erschrocken zurück. Sie fürchten wohl, der Stollenboden auf dem sie stehen könnte kippen und mitsamt ihnen der Blechdose folgen.
Bob hat noch eine Überraschung auf Lager. »Nun habt ihr hier schon allerhand gesehen,« beginnt er, »nur kein Gold. Ihr habt wohl gedacht, in so 'ner Mine lägen dicke, gelbe Adern von dem Zeug im Gestein, in Wirklichkeit ist's fein verteilt. Das macht die Sache teuer – bohren, sprengen, zerkleinern – und die Chemie brauchen wir auch. Aber manchmal glitzerts hier!« Und bei diesen Worten richtet er den Strahl seiner Lampe auf die gegenüberliegende Felswand. Kein Wunder, daß er ›trifft‹! Schließlich zielt er seit Jahren bei jeder Führung auf diese Stelle.
Wirklich! Von dort blinkt es gelb zurück. Da funkeln Stücke pures Gold im Gestein. Bob genießt das ehrfurchtsvolle Schweigen, und als dann jemand wissen möchte, warum man ›bei so vielen Dollars in der Wand‹ den Fels nicht abbaute, da hebt der Miner die Stimme: »Der Boß hat's verboten! Aber ich soll's allen zeigen! Damit die Leute geil werden nach Gold, wer Gold kauft, der hält den Preis hoch!« Diese Erklärung macht Sinn.
Kein Ende einer Führung ohne Story. Und auf dem Rückweg zum Schachtkorb beginnt Bob wieder:
»Also! Hier war einmal unter Tage eine Kontrolle, da fand man die Miner besoffen. Überall lagen leere Bierflaschen herum. Klar, daß das Bier nicht durch den Schacht heruntergekommen war – also suchten die Inspektoren nach dem Schleichweg. Sie fanden natürlich den Geheimgang, krochen hinein, und, wer hätte was anderes erwartet, kamen im Hinterraum eines Pubs wieder raus. Damals erzählten sich die Leute, durch diesen Gang sei – bis man ihn entdeckte – nicht nur Bier sondern in umgekehrter Richtung mehr Gold gegangen als über den Förderschacht.
Und dann war da die Sache mit dem Nachtpott. Klauen ist hier eigentlich nicht möglich. Die Miner, die aus dem Schacht kommen, müssen unter Kontrolle die Klamotten

ablegen und sich dann ihr Alltagszeug anziehen. Aber einem von ihnen wars doch gelungen, so ein 1000-Dollar-Ding beiseite zu schaffen. Er wurde verpfiffen. Als dann die Inspektoren sein Haus auf den Kopf stellten, fanden sie nichts. Sie durchsuchten jeden Winkel, nur den Inhalt des Nachttopfes vergaßen sie umzurühren. Dort drin lag das Gold! Die Frau des Miners hatte die beiden Männer kommen sehen und es in dem Pott versenkt!«

Schade! Wir sind am Schachtausgang angekommen. Der alte Bob hätte sicherlich noch mehr ›goldige Geschichten‹ auf Lager.

Wieder über Tage, durchstreifte ich das alte Minengelände. Es ist ein einziges Freilichtmuseum. Generationen von ›Goldmaschinen‹ rosten hier still vor sich hin. Auch der deutsche Stahl-Adel ist vertreten – mit einem alten Krupp-Hammerwerk.

Dieses Mal hatte ich das Rad mitgenommen. Für Fußmärsche durchs Gebiet der Goldenen Meile ist das Gelände doch zu weiträumig. Noch ein Foto von der ›Hainault‹, dann lasse ich das Rad hinunter nach Boulder rollen.

Diese Schwesterstadt Kalgoorlies nennt sich stolz ›Gold Capital of the World‹. Aber die Zeit, als hier noch 60 Dampflokzüge pro Tag hielten, ist Vergangenheit. Am ›Trafalgar Station‹, heißt es, habe seit 50 Jahren kein Personenzug mehr gestoppt. Boulder, so nahe bei den großen Goldminen gelegen, hat wohl den Anschluß an die Gegenwart verpaßt.

Weil mir das Premier Café in Southern Cross so gut gefallen hatte, suche ich hier nach einem Pendant. Und ich finde es; es nennt sich ›Diamond Café‹. Welch schöne Hochstapelei! In dem fast leeren, hallenartigen Raum könnte man ganz gut Obst versteigern, oder Fisch, oder Möbel darin lagern. Natürlich hat man im ›Diamond Café‹ keinen Kuchen, aber dafür gibt's Fish and Chips – und die esse ich mit den Fingern – mangels Besteck.

Ich bin der einzige Gast, zwei weitere fänden noch Platz, dann wären alle Stühle belegt – an den restlichen Tischen

stehen keine.
Royal George Hotel, Marvel Hotel – Premier Café und Diamond Café: Glanz, Glorie – goldenes Gestern und graue Gegenwart.
Ich bummle den Tag zu Ende. Nachdem die Sonne untergegangen ist, lege ich mich neben das Zelt. Ich möchte noch ein wenig zum Kreuz des Südens hinauf träumen. Aber auch die Sterne sind heute alles Nuggets. Ich glaube, ich habe das Goldfieber!
Irgendwann fröstelt es mich. Die Temperatur ist von 38 auf 15 Grad heruntergepurzelt – ich krieche in meine Stoffhütte.
Die ›Royal Flying Doctor Base‹ schenke ich mir. Wie's funktioniert, das hatte ich gelesen: SOS-Funkruf aus dem Busch, von einer Bohrstelle, von irgendeiner Farm – schon startete der ›Fliegende Arzt‹. Sprechstunden gibt's auch – auf Hunderte von Meilen Distanz – per Funkt natürlich!
So schwinge ich mich aufs Bike und nehme mir die ›Straße der Geisterstädte‹ zum Ziel.
Ghost-towns gibt es in dieser Gegend, dagegen waren ja Southern Cross oder Coolgardie quicklebendig. Kookynie hatte einst 1500 Einwohner, heute – wenn überhaupt – noch zehn. Kanowna existierte nur ganze 20 Jahre und brachte es in dieser kurzen Zeit von 12000 Einwohnern auf null. In Bulong lebt nur noch die über 80jährige Hilda Jarvist mit ihrem Sohn; und nach Broad Arrow, so heißt es, seien kürzlich Alex Pike und Jean zugezogen; damite hätten sie die dortige Einwohnerzahl um 30% erhöht. Broad Arrow! Einer der vielen Namen im Gold Rush Country, die ihre kleine Geschichte haben: Als hier vor gut hundert Jahren ein Prospektor auf Goldsuche ging, zeichnete er große breite Pfeile (broad arrows) in den Sand, um seinem Kompanion – der ihm später folgen wollte – den Weg zu weisen. In Gedanken folge ich nun auch diesen Pfeilen – über Asphalt. Unterwegs weiche ich immer wieder von der Straße ab, fahre quer durch den offenen Busch. Hatte ich

Im »Gold Rush Country« ist der Busch voller Buddelstellen – vom handgeschaufelten Loch...

...bis zum riesiegen Krater.

Wo man vor hundert Jahren nach einem Regen nur alles aufzusammeln brauchte, was glänzte: Stumme Zeugen in den Spuren der Goldsucher – Blechkoffer, Pfanne.

Skeletteile eines Pferdes

bisher Zweifel, daß – wie in den alten Berichten geschildert – einst ›Geschwader von Radlern‹ hier kreuzten, so glaube ich es jetzt.
Der Sand ist fest wie auf einem Tennis-Court. Manchmal sieht es aus, als seien unzählige kleine Meteoriten niedergegangen, aber bei den braunschwarzen Kügelchen handelt es sich um ein irdisches Naturprodukt: Granulat aus Eisenoxiden. Und über diese fährt man wie auf feinem Kies – kein Problem für ein Mountain Bike.
Diese Gegend ist voller Buddelstellen. Manche der Löcher sind enorm tief – und dabei alle ungesichert. Bei einer nächtlichen Fahrt durch den Busch hätte man gute Chancen, hier in einer dieser ›Fallgruben‹ auf Nimmerwiedersehen zu verschwinden. Während ich so herumstöbere, stoße ich auf allerlei Zeugen aus der Zeit des Goldrausches: Wellblech, alte Fässer, die Reste eines Eisenkoffers, einer Bratpfanne. Wieviel ›Damper‹[12], wieviel ›Tinned Dog‹[13] mag sich der ehemalige Besitzer darin gebacken, gebraten haben? Aber vergeblich hoffe ich, eine der alten Bierflaschen zu finden – eine aus manganhaltigem Glas, das sich über die Jahrzehnte durch das Sonnenlicht blau färbt. Nicht einmal so einen ›Wüsten-Amethysten‹, eine Scherbe davon, entdecke ich. Während der Rückfahrt zur Straße scheuche ich einen Emu auf. Das Tier macht einen erschrockenen Luftsprung und rennt los wie von Dingos gehetzt, dabei wippt sein Federkleid, als sei es nur lose umgehängt.
Ich passiere die ›Golden Kilometer Mine‹, die ›Lady Bountiful‹ und die ›Black Flag Mine‹. Bis zu 11 Gramm Gold ruhen hier pro Gesteinstonne im Boden; es liegt einem buchstäblich zu Füßen.
Und zwei die es suchen, das sind Denise Flanagan mit ihrem Boy. Ich war einem knatternden Geräusch gefolgt und treffe die beiden an ihrem Bohrgerät. Sie machen das ganz professionell: einen Meter tief bohren, das Gesteinsmehl analysieren – der nächste Meter. Denise hat Geologie studiert, sie weiß, wovon sie spricht, wenn sie sagt: »Wir

Hoffen auf das große Glück, moderne Goldsucher bei der Arbeit.

finden's!« Ein weiteres Bohrgestänge muß angekoppelt werden, jetzt kommt man auf 15 Meter Tiefe. Der Bursche nimmt eine Handvoll Gesteinsmehl und zerreibt es an einem Eisenträger der Bohrvorrichtung. Bleibt eine goldschimmernde Spur zurück? Nein! Noch immer nicht.
»Darf ich ein Foto machen?«, frage ich Denise.
»Sure!«
Zwei moderne Prospektoren – live!
Ich wünsche den beiden Glück (oder sollte ich ›Gold!‹ sagen?) und radle weiter. Schon über 50 Kilometer habe ich ›verbummelt‹ und darüber ganz vergessen, daß ich den Weg wieder zurück muß.
Wo ist nun Broad Arrow? Ja, fast wäre ich daran vorbeigefahren. Von der ehemaligen 2400-Mann-Siedlung ist nicht mehr viel zu sehen. Aber ein ›Hotel‹, es gab hier mal acht, steht noch. Sein Baumaterial: Blech, Wellblech pur – außen grün und rostig, innen grün und mit flotten Sprüchen

bemalt. Wendete man das Gebäude, man hätte wieder ein gleiches Innen.
Ein halbes Dutzend harte Barhocker, ein Pool-Billard, das ist das ganze Inventar. Zwei Gäste sind anwesend, sie erkennen in mir den neugierigen Fremden und geben sich reserviert. »Rumgeschnüffelt wird hier nicht!« Das ist es wohl, was ihre Mienen ausdrücken.
Das Mädchen hinter der ›Durchreiche‹ ist viel zu jung für diesen Job, aber die richtige Bardame kommt noch. Barmaid Skimpi sei mittwochs bis freitags ab 16 Uhr ›im Dienst‹, das hatte ich auf einem Schild an der Außentür gelesen. Mir fallen wieder die ›Lovely girls‹ ein. Aber Skimpi ist sicherlich eine anständige Bardame!
Ich trinke ein Pflichtbier und kurve dann weiter, hinüber zu der alten Wellblechbude eines Goldgräbers.
An dieser Behausung kann man nicht vorüberfahren, die muß man fotografieren, die sollte man malen. Wie viele Nuggets, wieviel Goldstaub mögen da drinnen auf dem Tisch schon geglänzt haben? Wieviel Flaschen Hannan's wurden wohl an ihm geleert – vor Freude, oder voller Enttäuschung?
Es reizt mich, einen Stein gegen diese Bude zu werfen; ich möchte sie ›klingen‹ hören.
In der Gegenrichtung liegt ein großer, ovaler Krater. Dort hat man der Erde sicherlich eine Menge Gold entrissen. Und wo wohnen die acht Einwohner von Braod Arrow? Da stehen noch vier Häuser, vier von vielleicht vierhundert. Wenn die Männer am Abend aus den Goldminen zurückkommen, dann wird sich der Ort beleben, dann wird bei ›Skimpi‹ Hochbetrieb herrschen.
Es war heute wieder ein besonders heißer Tag, drückend und windstill. Auf der Straße schwimmen noch jetzt Pfützen aus erhitzter Luft. Eigentlich möchte ich ›über Piste‹ weiter nach Ora Banda. ›Band aus Gold‹, schon der Name glitzerte. Aber nach einigen Kilometern werde ich stutzig. War das eine Sprengung oder Gewittergrollen? Im Südosten tut sich

was am Himmel! Nichts wie zurück! Ein Regenguß und die Piste würde unpassierbar. Das Risiko, im roten Lehm stekkenzubleiben möchte ich nicht eingehen. Außerdem: Habe ich mein Tagessoll an Erlebnissen nicht längst erfüllt?
Am nächsten Morgen riecht die Erde – nein, sie duftet. Nach vielen Staubtagen, war dies der erste Regen. Das Gewitter hatte auch die Hitzewelle gebrochen. Noch einmal Gold Country? Die alte Hilda in Bulong könnte ich besuchen, die Geisterstadt Kanowna oder die Kurrawang Mission. Aber zu all diesen Stätten führen nur Sand-Lehmpisten, da bliebe ich jetzt stecken, und abenteuerlich war es bisher genug. Hatte diese Reise doch gerade erst richtig begonnen.
So mache ich einen Rad-Check, gönne der Kette ein paar Tropfen Öl – und nehme Kurs auf die Nullarbor-Ebene, völlig ahnungslos, was mich dort erwartet.

Der 1000-Kilometer-Windkanal

Von Boulder zieht die Straße nach Süden, einem Horizont aus rotem Sand entgegen. Noch immer zeigt die Landschaft Spuren der Goldsucher. Auf einer der Abraumhalden blinkt es verführerisch. Aber was da im grauen Gestein glitzert, das sind wohl Pyritkristalle. Mein Goldrausch ist schnell verflogen. Weiter geht es, das schwarze Asphaltband mahnt. Wieder säumen verlassene Gebäude die Straße. Der Kadaver eines Emus verbreitet einen bestialischen Gestank. Dann Unfallspuren: eingetrocknetes Blut – und mit grüner Kreide auf dem Teerbelag nachgezeichnet – die Umrisse eines Menschen. Ich scheue mich, das ›Bild‹ des Toten zu durchfahren, mache einen Schlenker. Die folgenden Kilometer radle ich still in mich hineinhorchend. Was ist auf der Zeitskala schon ein Menschenleben? Das Wellblech, das hier im Busch vor sich hinrostet, hat schon Generationen überdauert; das Quarzgestein, aus dem man das Gold herausmahlt, ist fast drei Milliarden Jahre alt.
Kambalda! Eine kleine Pizzeria. *»No Credit, o.k.!«*, mahnt ein Schild aus der Blickrichtung. Vielleicht gibt es in dieser Gegend Leute, die ihr Essen erst nach dem nächsten Goldfund bezahlen können? Die Kleine hinter dem Tresen blickt mich kritisch an: Sehe ich schon nach ›No Credit‹ aus? Nach einigen Wochen Buschleben kann man eben keinen Gentlemen-Look erwarten. Aber im Gespräch kommen wir uns dann etwas näher.

Warnung! Auf 1200 Kilometer Wassermangel.

»Du siehst wie eine Italienerin aus!«
»No! Aussi!«
»Trotzdem! In Italien haben die Mädchen so dunkle Augen und so schwarzes Haar wie Du.«
Mit ein paar Mogelkomplimenten erschwindle ich mir ein Fünkchen Sympathie und letztlich sogar die Milch, die sie mir zur hutgroßen Napolitana auf den Tisch stellt.
Fast hätte ich dann zum Abschied ›Arrivederci!‹ gesagt.
Hinter Kambalda wird der Horizont zur weißen Parabel. Das ist Lake Lefroy. Jenseits des Südufers durchläuft der Coolgardie Esperance-Highway wieder Buschland. Doch nur eine Etappe, und ich stehe vor dem nächsten ›erstarrten‹ See. Über der Salzlinse spiegelt die Landschaft ihr Bild in der Luft. Der Berg, den ich gerade passiere, heißt Mt. Thirsty. Kein Wunder! In einer Gegend mit viel Sand, Salz und wenig Wasser hatten selbst die Berge Durst.
Nun spüre ich ganz deutlich, daß in mir so etwas wie ein

Verdrängungsprozeß abläuft. Denn nur ein Stückchen weiter östlich beginnt jener Tourenabschnitt, auf dem mir später ein Polizist sagen sollte, was man von meinem Unternehmen zu halten habe. Sein Urteil: »It's the most crazy thing to cross Nullarbor during high summer!« – »Es ist das verrückteste Unternehmen, die Nullarbor-Ebene im Hochsommer zu durchfahren.«

Gegen das flaue Gefühl, das sich im Bauch breitmacht, betreibe ich Ablenkungs-Therapie, sammle Salzkristalle, Moosachate und Isolatoren von einer alten Telegrafenleitung. Als ich bei Norseman noch einmal in historisches Goldland komme, gelingt es mir sogar, das Unternehmen Nullarbor vorübergehend zu vergessen. Es mangelt hier nicht an Zeugen aus der Zeit des ›Großen Fiebers‹. Gold für über 150 Millionen Dollar hatte man in diesem Gebiet gefunden; und aus dem ›Open Cut‹ oder der ›Regent‹ holte man es noch immer herauf. Es war wohl diese Goldförderung, die das Leben Norsemans am Flackern hielt.

Aber nun wird es ernst!

»Limited water supply between Horseman and Ceduna!« Diese Warnung auf einem Schild am Ortsrand ist deutlich genug. Ceduna! Es liegt an der Smoky Bay, mehr als 1200 Kilometer weit im Osten. Ich frage einen Fahrer, der aus dieser Richtung kommt und gerade anhält, um zu tanken.

»Wie schaut das auf der Nullarbor aus? Wie ist die Straße? Wie ist das mit der Wasserversorgung?«

Der Mann schaut erst mich an und blickt dann nachdenklich auf das Rad: »Der Highway ist okay – ein paar Detours[14], die längste 30 oder 40 Kilometer, vielleicht auch fünfzig!«

»Und Wasser?«

Er schüttelt den Kopf: »Du hättest vor ein paar Monaten fahren sollen, nicht jetzt. Die Sammelbecken sind ausgetrocknet, und aus den Tanks trinkt keiner – keiner von uns. Da faulen vielleicht Geckos drin!«

»Und an den Roadhouses?«

Er antwortet erst nach einer kleinen Denkpause: »Eigent-

Australische Dimensionen: 190 Kilometer bis zur nächsten Tankstelle, 712 bis zum nächsten Dorf, 1979 bis zur nächsten City.

Da werden Straßenschilder zum Tagebuch der Tramper

lich brauchen die Leute das Wasser selber, aber mit Dir wird man wohl Mitleid haben!« Er deutet auf das Rad: »*Damit* über die Nullarbor? Paß nur gut auf!«
Leere Sammelbecken, faulende Geckos, Detours. Ich bin nicht sicher, ob ich dem Mann alles glauben soll. Gegenüber der Tankstelle steht ein Wegweiser. Die Zahlen darauf sprechen für sich. Bis zum nächsten Roadhouse sind es 190 Kilometer, bis zu der winzigen Siedlung Eucla 712 und bis nach Adelaide gar 1979.
Das Schild ist so etwas wie ein ›Tagebuch der Tramper‹. Unter der Überschrift: »Hours waited!« finden sich ganze Strichkolonnen. Wer hier auf einen Lift wartete, der sollte vielleicht seine Uhr ablegen, denn der Blick aufs Zifferblatt – Stunde um Stunde – das mußte deprimieren. Irgendwann flippen sie dann aus, die ›Blechnotizen‹ belegen die Psyche: Einer träumte von Cola, ein anderer von Drugs, den dritten packte die Wut. Er haderte ganz schlimm mit dem anderen Geschlecht. Durchs überlange Warten aufgewiegelt, nannte er ein Mädchen namens ›Alice‹ das ›Public animal no. nine‹ (Öffentliches Schwein Nr. 9). Ich stehe an dieser ›beredten Startlinie‹ – zweifelnd und unschlüssig. Doch vor fast 150 Jahren hatte bereits ein gewisser John Eyre die Nullarbore-Ebene durchquert, teils zu Pferd, teils zu Fuß. Bis zu 160 Meilen mußten die Tiere ohne Wasser auskommen. Und nachdem man an einer Quelle fünf Gallonen gesammelt hatte ging es weiter – über eine Durststrecke von einhundert Meilen. Namen wie ›Mt. Deception‹ (Berg der Täuschung), ›Mt. Hopeless‹ (Berg der Hoffnungslosigkeit) gaben Auskunft über die Härte dieser Expedition.
Da sollte ich mich schämen! Mein Drahtesel war ein Superding. Er begnügt sich mit ein paar Tropfen Öl. Und der Eyre-Highway ist inzwischen fast durchgehend asphaltiert. Käme ich wirklich in Schwierigkeiten, dann bräuchte ich nur dem nächsten Truckfahrer Signal zu geben – ein Zukkerlecken im Vergleich zu dem, was Edward John Eyre und sein Begleiter leisteten.

Wasser ist Leben, bedeutet überleben: Bike mit »Tanks« – Zuladung 14,5 Liter.

Selbstkritisch nörgele ich mit mir herum. Nun organisiere ich ›Zusatztanks‹, große Plastikflaschen. Diese – und die Wassersäcke – fassen zusammen mehr als 14 Liter. Jetzt lasten mit Ausrüstung und Verpflegung fast 50 Kilogramm auf den beiden Gepäckträgern. So um 90 Kilo wiegt das blanke Rad nebst Fahrer. Kein Wunder, daß die Speichen stöhnen. Noch 4,5 Atmosphären Druck in die Schläuche, dann ein schwerfälliges Anfahren. Ich habe die Nullarbor-Route unter den Rädern! Ein Zurück wird es schwerlich geben!

Es ist wohl der Umstand, daß ich heute den Wind zum Verbündeten habe, weshalb ich so locker im Sattel sitze. Im Sichtfenster des Radcomputers rotieren die Zahlen: 2066, …72, …84 Kilometer. Ich staune, wie schnell sich die Distanzen addieren.

Ein Wasserschild!

Das etwa 20 auf 20 Meter große Sammelbecken erweist sich als ausgetrocknet. Auf seinem Grund wächst Gras. Also hatte der Mann wohl doch Recht. Im Busch pfeift ein Vogel. Es klingt mir lausbubenhaft, schadenfroh. Nachdenklich gehe ich zum Rad zurück. Vierzehn Liter Wasser, bei dieser Anstrengung reichten sie etwa für anderthalb Tage. Ich werde haushalten müssen.
In weiten Bögen schlenkert der Eyre-Highway durch schütteren Eukalyptuswald, streckt sich zum nächsten Horizont, zu einem zweiten, dritten. Dann überwindet er in langen Welllen mehrere Hügelketten. Wieder diese Dünung aus rotem Sand und graugrünem Busch. Ich kenne diese Landschaft von den Etappen nach Southern Cross. Es folgt eine schier endlose Gerade. Auf ihr werde ich wohl den Rest des Tages verbringen.
Eigentlich lohnte der Blick ins zweite Wasserreservoir nicht. Es kann nur leer sein. Trotzdem halte ich und gehe hinüber. Der Boden des Erdbeckens ist mit rotem Schlamm bedeckt. Vor mir mußte schon ein anderer Interessent einen Blick über den Wall geworfen haben. Er hinterließ ein kleines Pappschild: *»Wet Paint!«*. Nasse Farbe, mit was sonst könnte man den Schlamm vergleichen. Nach 110 Kilometern erreiche ich das erste Telefon, eine Notrufsäule im Nichts. *»You are here!«* Ein Pfeil markiert auf der beigestellten Kartentafel die Position des Betrachters. Aber wer könnte sich auf dem Eyre-Highway schon verirren – 1000 Kilometer ohne Abzweigung, ohne Kreuzung.
An das Wasser in den Wellblechtanks wage ich mich nicht. Auch meinem Filter möchte ich es nicht zumuten. Ist da doch die Assoziation von faulenden Geckoleichen, allerlei Kleintierkadavern und Typhusgefahr.
Ein Blick auf die Karte: Balladonia, Caiguna, Cocklebiddy – keine Orte sondern lediglich Tankstellen. Fast 200 Kilometer, so das Schild bei Norseman, waren es bis zur ersten, weitere 182 bis zur nächsten, dazwischen nur staubtrockenes Buschland. Weiter geht es – noch immer windgetrieben.

Auf der Nullarbor-Route – Nottelefon im »Nichts«.

Ein »Gummibaum« – der Preis, den die Autofahrer auf der Strecke mit den »längsten Straßengeraden der Erde« zahlen müssen.

Das dritte Wasserloch. Auf der Straße davor liegen zwei tote Känguruhs. Hätte sie nicht ein Truck erwischt, sie wären womöglich verdurstet, denn auch dieses Reservoir ist leer. Im Norden schimmert es weiß. Die nächsten 1000 Kilometer werde ich durch eine ›versalzene‹ Natur radeln.
Der nächste Morgen beginnt mit einer unangenehmen Überraschung. Als ich aus dem Zelt krieche, fliegt mir Sandstaub ins Gesicht – von Osten her. Während der Nacht war der Wind umgeschlagen. Später sollte ich aus einer Zeitung den Grund für den plötzlichen Wechsel erfahren. Ein Antarktik-Hoch hatte seinen Einfluß auf das südliche Australien ausgedehnt. Dies bedeutet nun wochenlang Ostwinde. Damit beginnt für mich jener ›Leidensweg‹, den man mit Worten schlecht beschreiben kann. Ich muß ein halbes Dutzend Gänge zurückschalten, radle gebeugt oder versuche durch eine leichte Drehung des Oberkörpers dem Wind eine geringere Angriffsfläche zu bieten. Die ersten Stunden ›besiege‹ ich mit Trotz und Verbissenheit; denn am Ende dieser langen Geraden liegt die Station Balladonia. Und ein Ziel, das spornt an!
Endlich! Spreizbeinig wie ein Gecko steige ich vom Rad. Die Beinmuskeln vibrieren. Aber an eine lange Rast ist nicht zu denken. Totenstarre kröche mir in die Glieder. Ich esse etwas, kaufe Mineralwasser zum Preis von Wein, fülle damit meine Tanks auf, und schon hat mich die Straße wieder.
Etwa 30 Kilometer östlich von Balladonia liegt abseits des Highways eine alte Telegrafenstation. Schon der Abwechslung wegen mache ich mich auf den Weg. An dem Drahtzaun vor den Gebäuden warnt ein Schild: »Danger! High Voltage!« Lachhaft! Hochspannung und nicht einmal Isolatoren an den Pfosten. Ich spreize die Drähte und schlüpfe hindurch. An der Hauswand die zweite Warnung: *»Attention! Resting man killed by Dogs!«* – »Achtung! Hier wurde ein Ruhender von Hunden getötet!« Vorsichtshalber lockere ich mein Finnenmesser und bewaffne mich mit einem Eisen-

Fahrt wie gegen ein Fließband, nach zwei Tagen die erste angedeutete Kurve. Diese Gerade war 146 Kilometer lang.

rohr. Aber in den Räumen der Station und zwischen den Trümmern bleibt es still – keine verwilderten Hunde, kein Wegelagerer, nicht einmal ein Schlange.

Es sieht hier nach Plünderung aus. Nur noch Reste der Einrichtung sind vorhanden. Ein originelles Souvernir von diesem ›Außenposten der Zivilisation‹ – etwa einen alten Morseapparat – finde ich leider nicht. Da waren wohl schon andere Sammler hier.

Mehr als 100 Kilometer war der Eyre-Highway geradeaus gelaufen. Nun macht er einen kleinen, kaum angedeuteten Schlenker. Es folgt die nächste Gerade. Dieses Stück straffgespannter Asphaltschnur will nicht enden. Nach zwei Tagen weiß ich, dieses Mal waren es fast 150 Kilometer.

Linien von dieser Länge verwirren die Sinne. Bald fragt man sich, ob es nun das Rad ist, das vorwärtsrollt, oder ob sich etwa – gleich einem Fließband – die Straße bewegt.

Und gäbe es nicht die Sonne als Anhaltspunkt, schon nach wenigen Stunden wäre man unsicher, ob man überhaupt noch in die richtige Richtung fährt.
Während ich gegen diese Endlosigkeit und gegen den Wind antrete, hadere ich mit mir selbst. Wutausbrüche wechseln mit depressiven Phasen. Ich schimpfe den Highway eine alte Asphaltschlange, den Wind Weltenfurz und drohe den Keilschwanz-Adlern, die hoch über mir Kreise ziehen, mit der Faust: »Verdammte Aasgeier!«
Zum Schluß werde ich wieder vernünftig. Was sagt die Karte? Noch 912 Kilometer bis Ceduna, eine Zahl, die ernüchtert. Inzwischen hat man mich etliche Male auf Film gebannt und als Dankeschön mitleidig beschenkt – mit einer Cola, einer Sprite, einem Forster Lager.[15] Das Zeug löschte zwar für eine Weile den Durst, erzeugte dann aber einen noch größeren. Ich halte. Vor mir auf der Straße liegt ein Wedgetail-Eagle. Mit seinen ausgebreiteten Flügeln sieht es aus, als habe der Adler eine Bauchlandung gemacht – ein Road-Train-Opfer! Nach meiner Karte müßte ich inzwischen eine Zeitzone durchfahren haben. Aber das Hinweisschild am Straßenrand fehlt. Überhaupt deuten immer wieder Pfosten mit Schraubenlöchern darauf, daß über die Nullarbor-Route ›Sammler‹ unterwegs sind. Caiguna! Das Roadhouse kommt mir fast wie ein Geschenk vor. Wasser, Essen, Beine ausstrecken, bedienen lassen. Und der Reklamespot: »I have been to Caiguna the Hub of the Universal!« – »Ich war in Caiguna, dem Mittelpunkt des Universums«, findet in der Euphorie meine Zustimmung.
Etwa ein Viertel des Windkanals ist geschafft. Die Temperatur hatte während der letzten Tage wieder zugelegt. In den frühen Nachmittagsstunden erreicht die Quecksilbersäule fast die 40-Grad-Marke, ein Grund mehr, alle Wasserbehälter randvoll zu füllen und mir vor der Weiterfahrt noch einen Vorrat anzutrinken. Als ich wieder auf den Eyre-Highway kurve, fällt mir ein kleines Holzkreuz auf. Es lehnt an einem Straßenschild. Da hatte wohl ein Hitchhiker mit

Hilfe zweier Latten Truckfahrer um Erbarmen gebeten. Wen nun könnte ich bitten, daß sich dieser schreckliche Ostwind legt oder wenigstens etwas abschwächt?
Der Baumbewuchs wird jetzt immer spärlicher. In dem salzigen Boden gedeiht kaum höhere Vegetation. Mit ihren dürrenden Ästen greifen die Stämme klagend in den Himmel. Die Baumleichen mehren sich.
Längst habe ich es aufgegeben, gegen den Wind anzustänkern. Aus einer Einsicht heraus, versuche ich, mich mit ihm zu arrangieren. Wird er allzu stark, so fahre ich in einem der oberen Berggänge. Manchmal laufe ich sogar ein Stück. Ich radle den zurückweichenden Horizonten nach, nehme mir die Erdkrümmung zum Ziel, als sei es eine Deichkrone bei Husum. Jede Radumdrehung, so sage ich mir, sind gut zwei Meter – häufig genug addiert, ergäbe das irgendwann auch die noch fehlenden 870 Kilometer bis Ceduna.
Heute ist es so heiß, daß die wenigen hier noch wachsenden Bäume stammlos über der Ebene schweben, und nur auf den ersten Metern vor dem Rad besteht die Straße noch aus Asphalt. Weiter zurück täuschen die zusammenlaufenden Pfützen aus heißer Luft einen Fluß vor. Hitze und Gegenwind! In einem Anflug bitteren Scherzes nenne ich den Eyre-Highway ›Hot Salt-Water River‹.
Cocklebiddy, die dritte Tankstelle!
Über den herzlichen Empfang, den man mir in dieser Station bereitet, bin ich wirklich überrascht. Weintrauben, Granatäpfel und Zitronentee als Gastgeschenk – und das ohne Mitleidsgeste! Die Besitzerin, ein noch anwesendes Ehepaar und ich – wir rücken zur kleinen Plauderrunde zusammen. Einmal nicht nur ›Where did you start? Whereareyougoing?‹. Wir reden über die Natur und kommen letztlich vom Eyre Bird Observatory auf ›Bavarian Beer‹ zu sprechen. Dann plötzlich die Frage: »Was machst Du eigentlich, wenn Dich auf dieser einsamen Strecke ein Unwetter ›überfiele‹?« »Halten, an den Straßenrand hocken und warten bis es vorüber ist!«

Meine Antwort sollte recht lässig klingen, aber in der Stimme schwang es deutlich mit: »Hoffentlich bleibe ich von so etwas verschont!«
»Lies mal, was da drüben steht!« Bei diesen Worten zeigt die Besitzerin in Richtung Bar. Ich stehe auf und gehe hinüber. An der Türfüllung ist die Zeitung vom 4. Dezember 1988 befestigt. Im Leitartikel ist die Rede von Flut, Orkan und schwieriger Rettung. Alles Nähere erzählt mir die Frau.
Es hatte mit einem violettfarbenen Himmel begonnen. Diesen Anblick vergäße sie nie. Kaum eine Viertelstunde später herrschte über Cocklebiddy Weltuntergangsstimmung. Tennisballgroße Hagelkörner zertrümmerten die Fenster, unter der Eislast knickte das Dach ein. Es folgte sintflutartiger Regen. In der Ebene wußten diese Wassermassen nicht wohin sie fließen sollten, bald reichte die rote Brühe in den Räumen bis zu den Steckdosen. Es gabe eine Serie von Kurzschlüssen, das Stromaggregat fiel aus und damit die Funkverbindung. So konnte man keinen Notruf mehr absetzen. Und mit dem Regen kam der Sturm. Später schätzte man die Windgeschwindigkeit auf mehr als 200 km/h. Selbst die schwere Telefonzelle vor der Station flog weg.
»Und Du willst Dich an den Straßenrand setzen? Du wärest mausetot!«
Ich kaue auf der Unterlippe. Wie oft mögen solche Naturkatastrophen ohne Vorwarnung über das Land hereinbrechen? Einen Monat später weiß ich es: Sicher ist man vor ihnen hier nie. Denn dann sollte ich schutzsuchend in einer Betonröhre liegen – verängstigt wie ein kleines Kind.
Wir vergleichen noch etwas diesen großen roten Kontinent mit dem kleinen Old Germany, dann breite ich die Tourenkarte aus und stecke die nächsten Etappen ab: *Medura, Munderabilla, Eucla* – alles wieder nur Tankstellen im ›Nichts‹ der Nullarbor. Aber vielleicht schaffe ich es, jede in einer Tagestour zu erreichen; dann bräuchte ich die Trinkwasserschlucke nicht mehr abzuzählen und könnte abends die Ein-Dollar-Salzwasserduschen nutzen.

Wie lange bin ich heute schon unterwegs? Wie viele Kilometer liegen noch vor mir? Lohnt es überhaupt, die Karte zu entfalten; ich stecke noch immer in der ersten Hälfte dieser Durststrecke!
Das Vorwärtskommen wird immer beschwerlicher. Ein Versuch, den Wind auszutricksen, mißlingt. Selbst der Aufbruch im Morgengrauen verschafft mir nur einen kleinen Vorsprung. Spätestens bei Sonnenaufgang säuselt er wieder über die Ebene. Und längst weiß ich, daß er noch vor Mittag zum Südoststurm angewachsen sein wird. Denn dann hat die Sonne die weiter nördlich gelegene Große Viktoria Wüste aufgeheizt; der dadurch entstehende Sog läßt den Wind zum ›Feuersturm‹ werden.
Ich fahre mit enggeknotetem Kinnband. Am Brillengestell singt der Luftstrom wie an Telegrafendrähten, und in den Ohren klingt es wie über leere Flaschenhälsen. Ich bekomme Kopfschmerzen. Letztlich helfen gegen dieses ›Tönen‹ nur noch Wattepfropfen. Eine kleine Abwechslung. Bisher hatte ich Horizonte zum Ziel, jetzt bieten sich neue Fixpunkte an: Richtfunkmasten. Die Stahlgittertürme liegen in Sichtweite der Straße. Sie haben die Telegrafisten abgelöst, die einst in so einsam gelegenen Stationen wie der bei Balladonia Dienst taten. Und sie haben sogar Namen. Der am schönsten klingende: *Diamond Bore Tower.* So fahre ich nun von Parabolspiegel zu Parabolspiegel. Zwei Richtfunkstrecken schaffe ich pro Tag; sie entsprechen zwanzig Horizonten.
Wieder einmal bekomme ich ein Angebot. Der Fahrer eines abseits parkenden Wohnmobils winkt mich herüber.
»What about a cup of tea?«
»Thanks, not bad!«
Den Tee und die Kekse muß ich dann allerdings mit vielen Erklärungen und Antworten auf viele Fragen ›bezahlen‹.
»Germany?«
Während die Frau mir nachschenkt beginnt der Mann zu kramen. Was er sucht und schließlich auch findet, ist ein

Prospekt. »That could be of interest to you!« – »Das könnte dich interessieren«. Er reißt eine Seite heraus und reicht sie mir. Es handelt sich um einen Artikel über den Ort Bethany im Barossa Tal. Der abgebildete Grabstein stünde, so die Erklärung, auf dem Friedhof der deutschen Pioniere. In altertümlicher Schrift ist darauf zu lesen: »Hier ruht in Gott unsere geliebte Mutter Dorothea Elisabeth Ellenberg, geborene Fiedler, gestorben am 4. Januar 1886 im Alter von 96 Jahren, 4 Monaten und 13 Tagen…« Wegen des groben Druckrasters kann ich nicht alles entziffern, aber diese Kolonie sollte eines meiner späteren Ziele sein. Und da Friedhöfe für mich doch ›Geschichtsbücher‹ sind, würde ich diesen sicherlich nicht verpassen.

Plötzlich springt der Mann auf und schlägt die Wagentür zu. Wenig später hört es sich an, als werfe jemand Kiesel gegen das Gefährt. Es beginnt in der Federung zu wippen. Vor den kleinen Fenstern wird es dunkel – ein lautes Rauschen, vorbei ist der Spuk.

Das war ein ›Willy-Willy‹, wie die Australieer diese Sandwirbel nennen. Der Mann hatte ihn gerade noch rechtzeitig gesehen. Mich hatten solche ›rotierenden Saugrüssel‹ bisher verschont; doch später – in der Nähe von Penong – sollte ich sie hautnah kennenlernen.

Mit einem Dankeschön für Tee und Kekse geht es weiter.

Im Streckenabschnitt der Hampton Tablelands wird er Eyre-Highway noch ausgebaut. Ich staune nicht schlecht, als ich bemerke, daß der Pistenrand mit Fossilien übersät ist. Turmschnecken, Armfüßler, Seeigel – und zwar in solchen Massen, daß man einen Lkw damit beladen könnte. Offensichtlich holt man sich das Material für den Straßenbau von den weiter südlich gelegenen Klippen. Millionen Tonnen Kalkgestein werden herangefahren, Teile eines Urmeeres, mit all seiner – inzwischen versteinerten – Tierwelt.

Meine Sammelleidenschaft bricht durch. Zwei oder drei Kilogramm Fossilien verstaue ich in den Packtaschen, dann

siegt die Vernunft. Ist das Rad nicht schon schwer genug beladen?
Nun wird der Highway völlig zur Buschpiste. Schilder warnen: »Gravel! Loose stones! Avoid breaking windscren!« Rumpelt ein Roadtrain heran, so heißt es für mich die Flucht ergreifen. Solche Monster benötigen die volle Breite der Detour, und die Staubschlange, die sie hinter sich herziehen, weht minutenlang übers Land.
Es liegt an solchen Hindernissen, daß ich das mir für heute gesteckte Ziel nicht erreiche. So steht bei Einbruch der Nacht mein Zelt wieder zwischen kniehohen Salzwasserbüschen. Vom Duschen an der nächsten Tankstelle hatte ich geträumt. Nun nehme ich ein Vollbad mit einem halben Liter Trinkwasser. Die Nullarbor-Ebene setzt nicht nur Maßstäbe, sie macht auch bescheiden.
Noch ein Blick hinauf zum Kreuz des Südens; dann umarmt mich die Einsamkeit. Ein neuer Tag, die nächste Station.
Es ist Mundrabilla. Wenig Roadhouse, dafür viel Bar. Doch letztlich ist mir dies egal. Mein Wunschwelt ist klein geworden: Wasserfassen, Duschen, was zum Beißen.
Das Paar hinter dem Tresen hält Zwiegespräch: Rost beef könnte ich haben, Chips und auch etwas Gemüse. Verglichen mit den üblichen Sandwiches ist das ja geradezu ein Superangebot.
Vor der Station parken einige ›Macks‹, und der Gast neben mir gehört wahrscheinlich zu den Fahrern. Obwohl der offensichtlich schon eine Menge EMU-Export getrunken hat, hakt seine Stimme noch immer. Selbst der Alkohol vermag das Stottern nicht zu glätten. Das macht die Unterhaltung mit ihm recht schwierig. Wie könnte ich ihm begreiflich machen, daß da draußen ein ›Bike‹ steht, kein Motorbike, sondern ein simples Pushbike? Ich dagegen komme lange nicht darauf, was er, als wir über den lästigen Wind sprechen, mit ›Day-train‹ and ›Night-train‹ meint.
Schließlich kapiere ich: Es geht um das, was die Meteorologen als ›on-shore‹ und ›off-shore‹-Effekt[16] bezeichnen. Was

der Mann den ›Nachtzug‹ nennt, das ist der zu nächtlicher Stunde aus der Victoria Wüste in Richtung Küste zurückfließende Wind.

»Hw-how aa-about...?«

Mit dieser abgebrochenen Stolperfrage meint er wohl, wie ich mit dem Bike gegen den Day-train, den Tagzug, ankomme.

»It's eighteen speed!«, antworte ich lässig. Aber wenn er nur wüßte, welche Wut, welcher Phlegmatismus notwendig sind, um die Nullarbor bei Gegenwind zu bezwingen.

Er nickt, als zählte er in Gedanken bis achtzehn:

»E-eight-tee-en gears?«

»Yes!« Das sind in der Tat ein paar Gänge mehr als sein *Mack* hat. Er hält den Styroporbecher mit der leeren Flasche in Richtung Bedienung. Noch ein Bier? Der wird sich doch nachher nicht etwa an das Steuer seines Elf-Achsers setzen, geht es mir durch den Kopf. Mein ›Good bye‹ beantwortet er mit einem Murmeln.

Der Highway nähert sich nun immer mehr der Küste, und der Wind hat auf Südost gedreht. Jetzt kommt er ungebremst von der Arktik-See. Damit trifft er mich von halbrechts, drückt mich aus der Spur, so daß ich Schlangenlinien fahre. Vergeblich versuche ich die harten Böen auszubalancieren. Dieses ›Kreuzen‹ ist kräftezehrender als stures Gegen-den-Wind-Antreten. Etwa 30 Kilometer vor Eucla gebe ich den ungleichen Kampf auf. Es erscheint mir vernünftiger, das Rad zu schieben.

Die Schatten einiger Wolken jagen mir entgegen. Deutet sich etwa ein Wetterumschwung, ein Wechsel der Windrichtung an? Doch kaum eine Stunde später hat der Wind den Himmel wieder freigeblasen. Die Nullarbor-Ebene dörrt weiterhin unter einer unbarmherzigen Hochsommersonne. Ich hatte mir in den Kopf gesetzt, heute unter allen Umständen Eucla zu erreichen, selbst wenn dafür ein Nachtmarsch notwendig würde. Und durch den in den Abendstunden nachlassenden Wind gelingt es mir auch. Aber sicherlich

Wanderdünen begraben die alte Telegrafenstation von Eucla. Hier tat einst der »einsamste Mensch Australiens« Dienst.

half mir dabei das Licht der Station. Von der Klippe des Tafellandes herab war es weithin sichtbar. Und ein Licht in der Dunkelheit, das mobilisiert Kräfte. Ich zögere lange, ehe ich mich am nächsten Tag dazu entschließe, einen Abstecher zur Küste zu machen. Die Piste ist miserabel, geradezu ein Steinacker. Aber dort im Süden liegt zwischen weißen Sanddünen die Telegrafenstation, in der einst der ›einsamste Mensch Australiens‹ Dienst tat. Nur fensterlose Wände und der Schornstein sind von dem Gebäude übriggeblieben. Und auch diese werden nun langsam von den Wanderdünen verschluckt. Während ich durch den Sand stapfe, stelle ich mir vor, wie dieser Mann, der nur von See her versorgt werden konnte, an der Morsetaste saß und auf Antwort hoffend funkte: ».... .. . .-. / . .-.. -.. . – / ... .. -.-. .... / . ..- .-.- .-.. .-!«[17]

Ich bereue diesen Abstecher nicht. Allein die Wanderung durch die fast schneeweißen, formenreichen Dünen hatte sich schon gelohnt. Unweit von Eucla liegt ›Border Village‹. Das klingt zwar nach ›Dorf‹, aber es ist nur die Grenzstation zwischen West- und Südaustralien. Damit habe ich eine weitere Zeitzone durchfahren.

Was für ein Spektakel! Vor der Station macht ein Gips-Känguruh von der Größe eines Brontosaurus[18] Reklame für Coca Cola. Drinnen gibt es allerlei Geistloses zu kaufen: Plüsch-Koalas als Baumeltiere fürs Autofenster, Löffelchen mit Emailbildchen, Miniatur-Straßenschilder aus Plastik. Zwischen all dem Kitsch steht ein Paket *Omo.* Das Waschpulver wartet auf schmutzige Camperwäsche, aber was nützt es ohne Wasser? Nichts wie zurück in die Einsamkeit der Nullarbor!

An der Auffahrt zum Highway nennt ein Wegweiser zwei Dutzend Entfernungen: Berlin 16025 Kilometer, Südpol 6619 Kilometer, Paris, Rom… Das Eis der Antarktis liegt näher als Europa.

Die Straße mach ein paar Schlenker, findet dann ihre Richtung. Für mich schon ein gewohnter Anblick: Die ›Leine‹ aus grauem Asphalt verbindet die Horizonte. Hinter vielen Erdkrümmungen liegen die drei nächsten Einödposten: *Nullarbor, Yalata, Nundroo.* Erst nach 190 Kilometern kann ich wieder frisches Wasser fassen und duschen.

Wann hatte ich den letzten Baum gesehen? Kann eine trostlose Natur noch trostloser werden, eine Ebene flacher als flach? Sie können! Vier Himmelsrichtungen – vier gleiche Landschaftsbilder. Die Vegetation besteht hier nur noch aus niedrigen Salzwasserbüschen. So gleichen die Horizonte Ufern eines graugrünen Meeres. In dieser schütteren, windgestutzen Natur scheinen nur ein paar erdfarbene Vögel auszuharren; und die haben das Singen verlernt. Durch den einsamen Radler gestört, fliegen sie lautlos auf – fallen ebenso still wieder ein. Kein Trillern, kein Lausbubenpfeifen, nicht einmal ein klägliches Fiepen. Schon seit

Wo alle Horizonte sich gleichen: die Nullarbor – Übersetzung aus der Sprache der Aborigines: »Ebene ohne Baum«.

Stunden sehe ich am östlichen Horizont den Stahlfinger eines Richtfunkturmes. Ich fahre auf ihn zu mit einem Gefühl, als träte ich gegen ein Fließband an. Statt näherzukommen, scheint er zurückzuweichen.
Der Wind zerrt am Staubschutz des Gepäcks, singt in den Speichen. Ich führe bissige Selbstgespräche, schweige. Um mich abzulenken, beginne ich, mir die Namen der Roadtrains zu merken. Eigentlich müßten die Fahrer die Trucks doch nach ihren Girls benennen; aber auf der Blechstirn der Laster oder auf dem Plexiglas-Spoiler über der Motorhaube leuchten klangvolle Namen: *Inspiration, Fantasie, Crystel Dream!*
Endlich eine richtige Abwechslung. In diesem Streckenabschnitt des Eyre-Highways gibt es vier ›Turn-outs‹. Sie führen hinüber zu den Klippen an der Großen Australischen Buch. Da stehe ich dann – und staune.

Das Tafelland der Nullarbor Ebene fällt hier jäh zum Meer hin ab. Eine ganze Flotte ›Felsenschiffe‹ schieb ihren Bug in die See. Diese Kette spitzer Kaps löst sich im Dunst der Ferne auf. Es ist die größte Klippenfront der Erde. Angesichts dieser Dimensionen wird der Mensch zum Staubkorn. Wieder auf der Straße, komme ich mir winzig vor.
Die Schatten werden länger. Ist dieser Tag schon zu Ende? Die letzten Sonnenstrahlen treffen eine hochfliegende Zirruswolke, malen ein langes Band aus Gold. Der Wind erstirbt. In ein paar Stunden würde er als ›Nachtzug‹ aus Richtung Wüste zurückkommen. Mir fällt ein, daß heute zu Hause jemand Geburtstag hat. Später werde ich ihm in Gedanken einen Gruß schicken und dafür die Sterne als Satelliten nutzen.
Morgenröte löst die Nachtschwärze ab. Ich lockere die Heringe. Mein Zelt haucht die Luft aus. Ich weiß, dieser Tag wird sich kaum von den anderen unterscheiden. Vor mir eine Straße, die sich am Horizont zum Punkt verengt; beim Blick zurück das gleiche Bild. Vielleicht sehe ich ein paar Adler, mit Sicherheit begegnet mir ein Dutzend Trucks und wohl auch ein Autofahrer, dem ich als Gegengabe für eine Cola in die Kamere lächeln soll. Aber später ist mir, als hätte ich heute Geburtstag. Die Mitleidsgaben häufen sich: Getränke, Kekse, Obst.
Dann stoppt einer, der nur ein bißchen lästern will. Aus Richtung Perth – mit etwa 1000 Kilometer Abstand – folge mir ein Japaner – auf 'nem Skatebord. Der möchte ins ›Buch der Weltrekorde‹. – »Two crazy men on the Nullarbor!« Ich frage mich, wie der Japaner das mit der Wasserversorgung macht. Noch langsamer als ein Radler, bräuchte er mehr als drei Tage von einer Tankstelle bis zur nächsten. Sollte er etwa die dafür benötigten 30 bis 40 Liter Trinkwasser auf dem Rücken tragen? Sicherlich folgt ihm ein Service-Wagen. In den Nachmittagsstunden begegnet mir eine Polizeistreife. Einer der Beamten gibt aus dem Seitenfenster Handzeichen: »Stop!«

Zunächst sieht alles sehr dienstlich aus. Ich werde auf eine Art befragt, daß ganz deutlich das Verdachtsmoment ›Drugs‹ herauszuhören ist. Vielleicht müßte man im Normalfall auch wirklich ›high‹ sein, um ein solches Unternehmen per Rad anzugehen.

»Wir möchten Dich nur statistisch erfassen«, schwächt einer der Polizisten das Verhör ab. Dann schüttelt er den Kopf und zeigt auf das Rad: »It's the most crazy thing to cross Nullarbor during high summer!« Mit diesem ›Kompliment‹ endet der offizielle Teil unserer Bekanntschaft.

»Dürfen wir ein Foto machen?«

Ich willige durch Schulterzucken ein. Der Frager stellt sich neben mich und legt jovial den Arm um meine Schulter. Dann fällt ihm noch etwas ein. Er gibt seinem Kollegen ein Zeichen: »Moment!«, geht zum Wagen zurück und setzt sich seinen beigefarbenen Diensthut auf. Jetzt sieht er als Beamter vollkommener aus.

Posititonswechsel! Nun der andere.

In dem Fahrzeug befand sich noch eine weitere Person, eine Frau. Auch sie ist inzwischen ausgestiegen.

»Hallo!«

»Hällou!«, kopiere ich ihren Gruß. Sie möchte ebenfalls mit ins Bild. Dann stellt sie noch ein paar dummlich-neugierige Fragen:

»Wo schläfst Du?«

»Im Zelt!«

»Hast Du Schlangen gesehen?«

»Braune, graue, schwarze!«

»H-Whou!« Sie stellt sich auf die Zehenspitzen.

»Hat Dein Bike einen Namen?«

»Ja, ich nenne es ›Baby‹ und bin mit ihm verheiratet!« Die Angst vor den Schlangen verfliegt. Sie lacht. Dann das übliche ›Thanks‹ und ›Good luck‹. Ich bin wieder allein.

WESTERN END OF TREELESS PLAIN!

Die Blechtafel hat die Größe eines bundesdeutschen Autobahnschildes. Dabei ist es überflüssig und sein Text falsch. Denn Bäume gab es schon viele Kilometer weiter westlich keine mehr. Daß sie in dieser Landschaft fehlen, das sieht doch jeder. Da könnte man am Rande der Sahara auch das Schild aufstellen: »Sand! Entering Desert!«
Die Station Nullarbor! Die letzten Meter schiebe ich das Rad. Meine Beine scheinen bleigefüllt und die Schultern hängen als ginge ich unter einem Joch. Seit mehr als einer Woche habe ich nun schon den Wind als Gegenspieler. Als Edward John Eyre sich auf dem langen Nullarbor-Marsch befand, schrieb er in sein Tagebuch: »Painful and bitter were the thoughts that occupied my mind as I constrasted the circumstances of my departure with my position now!« – »Bitter und schmerzlich waren die Gedanken, die von mir Besitz ergriffen, als ich die Umstände des Reisebeginns mit meiner augenblicklichen Lage verglich.« Auch ich ziehe einen Vergleich: Mit welchem Optimismus hatte ich mich am Flughafen von Perth auf den Sattel meines Rades geschwungen? Jetzt, nach nunmehr 2700 Kilometern, radle ich am Rande der Resignation. Und noch mehr als 5000 Kilometer liegen vor mir. Da bleibt mir nur die Hoffnung, daß diesem Windkanal nicht noch weitere folgen.
Aber irgendwo keimt da auch ein Fünkchen Stolz. Denn gut zwei Drittel der Nullarbor liegen nun bereits hinter mir. Langsam wird das Ende dieser ›Windröhre‹ sichtbar. Mit Erreichen der Eyre-Halbinsel ändern sich vermutlich die Bedingungen. Hügel und Berge brechen dann den Wind, verwirbeln ihn. Die Landschaft wäre keine offene Arena mehr.
Nach viel Wasser, Mineralsalztabletten und magerer Kost ist mir jetzt nach einem richtigen Essen. Ich bestelle, nein ordre ›*The Special of the day*‹. Das ist Onion soup, Savoury beef with noodels, Apricot wedge. Wenig später löffle ich

musikberieselt Zwiebelsuppe, gable ›Rindermett auf schmackhaft‹ und ›Nudeln à la Nullarbor‹. Dann schiebe ich die Aprikosenschnitte nach. In meine graue Radlerwelt kommt wieder etwas Farbe. Die menschliche Psyche ist ein Wunderding.
Draußen gleitet der Wind am Fenster ab. Ich grinse. Für eine Weile wird er sich einen anderen Spielgefährten suchen müssen. Als man mir die Rechnung bringt, muß ich unwillkürlich lächeln. Auf dem Rand steht: »Thank you, for dining with us!« ›Dinieren‹ auf der Nullarbor, das ist so stilecht, wie ein Barbecue in der Taiga.
Die Stationen entlang des Eyre-Highway bieten den Fahrern von Wohnmobilen genug Parkraum. Nur mit einem Plätzchen zum Aufstellen eines Zeltes hapert es. Da ist nur Schotter oder steiniger Boden – oft mit Glasscherben gespickt. So gehe ich mit meiner Stoffhütte etwas auf Distanz.
Ein voller Bauch macht zufrieden, die Müdigkeit addiert sich hinzu. Heute Nacht könnte man micht, ohne daß ich es merkte, samt Zelt davontragen.
Die Morgensonne wirft goldene Pfeile über die Ebene. Manche von ihnen bleiben an den Zweigspitzen der Salzwasserbusche hangen. Ein Stimmungsbild das trügt. Denn mit der Sonne kommt der Wind. Dieser Tag wird genau so hart werden wie die vorangegangenen.
An der Station herrscht schon reges Treiben. Ein Greyhound-Bus spuckt seine Fahrgastfracht aus. Truckfahrer lassen die Motoren warmlaufen. Auch die Polizeistreife ist wieder da. Man erkennt mich sofort. The most crazy…
»Du hast das gestern noch bis hier geschafft?«
»Geradeso!«
Der, der mich auf dem Highway fürs Erinnerungsfoto ›umarmt‹ hatte, reißt ein Stück von einer Art Logbuch ab. Unter der Rubrik: ›Date-Time-Speedo‹ schreibt er dann: »Chief Inspector Barry Willoughby, 086822100.« Er reicht mir das Papier:

»Falls Du mal auf Deinem Trip in Schwierigkeiten kommen solltest!«
Eine nette Geste!
Drinnen im Roadhouse bekomme ich eine zweite Telefonnummer. Die junge Frau sitzt mir beim Frühstück gegenüber. Es ist kein Mogel- und kein Anbandelkompliment. Sie hat wirklich verdammt schöne Augen – ganz dunkle, wie Moorwasser. Und ich sage ihr das. Sie schaut mich an – ein bißchen zu lange, sagt dann aber etwas ganz Abwegiges:
»Was ist mit Deiner Haut?«
Ich spreize die Finger: »Aussie-Sonne! Ein paar Schichten sind weggebrannt – vielleicht fünf. Aber der Mensch hat doch sieben Häute!« Wieder dieser Moorwasserblick – und dann gedehnt:
»Ein Mann hat neun Leben, acht davon darf er verlieren! Kommst Du zufällig mal nach Port Augusta?«
»Vielleicht! Aber das kann dauern, ich bin mit einem Bike unterwegs.«
»Sagtest Du *Bike?«*
»Ja!«
»Hast Du was zum Schreiben?«
Ich reiche ihr meinen Kuli und den Zettel von Inspektor Willoughby. Als sie den Polizeititel liest, stutzt sie einen Augenblick. Dann schreibt sie darunter: »Carole 082936151!« So schnell, denke ich, kann man sein neuntes und damit sein letztes Leben verlieren.
Die nächste Wind-Etappe!
Der Eyre-Highway krümmt sich nun nach Südosten. Er läuft in eine Kurve von 140 Kilometer Länge. Fünf überfahrene Lizards[19], einige verschreckt flüchtende Geckos und hoch am Himmel zwei kreisende Keilschwanz-Adler – das ist die Erlebnisausbeute der ersten Stunden.
Nach 60 Kilometer Fahrt passiere ich den *Dick Plain Tower.* Damit habe ich die erste Richtfunkstrecke durchradelt, vielleicht schaffe ich heute noch eine zweite. Dann die erste Begegnung.

Der Wagen hält ein Stück voraus, und die beiden Männer, die nun auf meine Straßenseite herüberkommen, können weder Farmer noch Touristen sein. Dafür ist der Zwirn, den sie tragen, viel zu fein.
Ein verhaltenes, höfliches Handzeichen: »Stoppst Du mal?« Der ältere der beiden grüßt und sagt etwas von Tourismus, TV und Regierung. Dann stellt er sich vor: »Athol Thomas, Media Consultant!« Er wiederholt, was sein Handzeichen schon angedeutet hatte: Ob ich ein paar Minuten für ein Gespräch hätte?
»Wir möchten auch gerne eine Filmaufnahme machen!«, ergänzt der andere. Kaum habe ich eingewilligt, beginnt schon das Ausfragen. Die beiden scheint alles zu interessieren: Tourenverlauf, Ausrüstung, technische oder sonstige Probleme. Auch Persönliches möchte man wissen: Alter, Beruf, Hobbys. Der ›Assistent‹ holt die Filmausrüstung aus dem Wagen. Nun werde ich studiomäßig abgelichtet. »Fährst Du noch einmal auf uns zu? Können wir das noch mal bei Gegenlicht aufnehmen?«
Schließlich notiert man sich meine Anschrift, und mit einem ›Many thanks‹ und dem Versprechen, später etwas von sich hören zu lassen, verabschieden sich die beiden. Straße und Einsamkeit haben mich wieder.

YALATTA ABORIGINAL RESERVE

Das Eingeborenen-Reservat hatte ich mir als besonderes Ziel markiert. Aber was für eine Enttäuschung! Meine Hoffnung, hier Kontakt zu den ›ersten Australiern‹ zu bekommen, zerfällt schon beim Erreichen der Station.
Das Tankstellengeschäft ist zwar von Aborigines umlagert, aber es bedarf gar keines abweisenden Wortes, um mir die Vorbehalte, die die ›Blacks‹ gegenüber den Weißen haben, zu verdeutlichen. Ein paar neugierige Blicke, dann sehe ich nur noch Rücken.

Forschend umrunde ich das Gebäude. Im Vergleich zu den anderen Nullarbor-Stationen sieht diese hier heruntergekommen aus. An der Ostseite sind Gruppen von Erwachsenen gerade damit beschäftigt, Kinder zu lausen. Die Männer haben sich der Jungen angenommen, die Frauen durchsuchen die Haarschöpfe der Mädchen. Ich versuche möglichst desinteressiert zu wirken, mogle mich zwischen den Sitzenden hindurch und deute hie und da einen Gruß an, den dann sogar zwei der Männer durch Handheben erwidern.

Das Innere des Shops kann man mit einem Blick erfassen, aber es ließe sich wohl nur seitenfüllend genauer beschreiben. An der Wand hinter dem Verkaufstresen werben Reklameschilder: *»Coke! Catch the wave! Enjoy Coca Cola! Coke is it!«* Amerikanismen für Aborigines! Eine Gruppe Männer kauft gerade ein. Sie haben dafür einen Sprecher vorgeschickt. Auf dem Fußboden krabbeln Kleinkinder – unbekleidet. Ein etwa dreijähriges Mädchen beugt sich über das jüngere Brüderchen, ›klappt‹ ihm die Ohren um und beginnt dann – Zentimeter für Zentimeter – sein Haar zu teilen. Lausen als Spiel oder schon geübte Aufgabe? Ich betrachte mir die ausgestellten ›Kunstgegenstände› etwas näher. Sie sind durchweg grob gearbeitet: hölzerne Schlangen, Echsen, Speere. Und wohl keiner der unebenen, verzogenen Bumerangs dürfte – einmal geworfen – wieder zurückpendeln. Kitsch ›Made in Australia‹ ergänzt das Angebot: der kupferfarbene, tausende Male gepreßte Plastikkopf ›Aboriginal‹, Keramik-Koalas als Zahnstocherbehälter, schwarz-gelbe Schilder mit der Aufschrift: »Bis zum nächsten Klo 500 Kilometer!«

In einer Ecke des Raumes stehen Spielgeräte. Das Kippenmeer und die plattgetretenen Getränkedosen unter den Hockern zeigen, womit sich die Eingeborenen hier im Busch die Langeweile vertreiben.

Ich blicke einer Aborigines, die mit verbissener Miene die Bedienungsknöpfe eines der Geräte drückt, über die Schul-

ter. Die Frau flippt Flugzeuge vom Bildschirmhimmel. Nun hämmert sie mit den Fäusten gegen das Gehäuse. Vergeblich! *Game over!* Fordernd blinkt der Schriftzug: *»Insert Coin! Insert Coin!«* Nackte, sich gegenseitig lausende Kinder, Computerspiel-Mütter, Coca-Konsumenten – meine Stimme klingt belegt, als ich mich bei der Verkäuferin, einer Weißen, nach der Möglichkeit für einen Besuch der *Yalata Community* erkundige. Das Dorf liegt etwa fünf Kilometer abseits der Straße. Die Antwort, die ich erhalte, ist eindeutig: Ohne vorherige, schriftliche Genehmigung hätte ich da keine Chance!
Ich wußte zwar um diese Vorschrift, hatte aber doch mit der Möglichkeit einer Ausnahme gerechnet. Schade.
Als ich später die Abzweigung erreiche, finde ich den Wegweiser im Busch liegend – neben einem alten Kühlschrank und anderem Schrott. Gedanklich mit all den negativen Eindrücken behaftet, radle ich weiter.
Was hatte ich mir von einem Besuch in diesem Reservat alles versprochen!
Begegnet war ich lediglich einer kaputten Kultur. Was sich über einen Zeitraum von mehr als 40000 Jahren entwickelt hatte, war unter dem Einfluß weißer Siedler in wenigen Generationen zerfallen. Die Eskimos in Alaska, die Indianer in Arizona, die Aborigines in Australien: ihre Schicksale gleichen sich. Eigentlich hatte ich vor, hier im Busch mein Camp aufzuschlagen – nicht zuletzt wegen der in diesem Gebiet lebenden Kamele und Wombats[20]. Doch für einen ›Touristen‹ ist das Reservat Yalata kein Ort zum Bleiben. Schon die geplünderten, oft ausgebrannten Autowracks am Straßenrand sind Warnung genug. Da rät eine innere Stimme: »Fahr bloß weiter!«
So radle ich in die Nacht hinein, ringe dem Wind noch mehr Kilometer ab, bis endlich am Horizont ein heller Schein sichtbar wird. Der ›Mond‹, der dort aufsteigt, das sind die Lichter Nundroos. Wieder bin ich dem Ende des Windkanals ein gutes Stück nähergekommen.

Erst am nächsten Morgen fällt mir der Landschaftswechsel auf. In der weiten Grassteppe stehen – gleich Bohrtürmen – große Windräder. Endlich Wasser? Doch wo ist das typische Australien? Wo sind die riesigen Schafherden, die man in einer solchen Landschaft vermutet?
Eine Windböe gibt mir die Antwort. Unter ihrem Sog fliegt mehlfeiner Staub auf, ausgetrocknete, zerfallene Bodenkrume. Sie wirbelt empor und verweht.
Dieses Land mußte unter einer biblischen Dürre leiden. Wie lange mag es im Gebiet von Nundroo nicht mehr geregnet haben? Kein einziger grüner Halm ist zu sehen, und an den Weidepfählen haben sich – ähnlich Schneeverwehungen – kleine Dünen aus ehemals fruchtbarem Boden gebildet. Immer wieder verschwindet die Landschaft hinter gelbbraunen Staubvorhängen. Die Thermik bildet rotierende Saugrüssel, die unangenehmen ›Willy-Willies‹. Sie reißen in ihrem Tanz alles mit, was nicht fest verankert ist. Sogar trockene Salzwasserbüsche drehen sie aus dem Erdreich. Nähert sich ein solcher ›Rotor‹ der Straße, dann versuche ich ihm auszuweichen. Nicht immer gelingt mir das. Größere Willy-Willies drücken selbst schwere Wagen um Meter aus der Spur, für einen Radler endet eine solche Begegnung fast immer ›jenseits‹ des Straßenrandes. Dort wird er dann mit ›Staubtüchern‹ zugedeckt.
Ein Kleinbus überholt mich, stoppt. Aus dem Beifahrerfenster streckt sich mir eine Hand entgegen. Bei dem ›Angebot‹ handelt es sich um ein Päckchen *Vita Wheat Crisp Bread,* eine Art Knäckebrot. Rundum eine Staublandschaft, eine staubgetränkte Luft und dann gepreßter Mehlstaub als Geschenk. Wie sinnig! Da fehlte nur noch etwas Trockenobst als Zugabe. Schon wird das Fenster wieder hochgekurbelt. Man möchte die windgetriebene Erde nicht im Wagen haben.
Staubspuckend radle ich weiter. Der Bus vor mir verschwindet in den Schwaden wie in dichtem Nebel.
Inmitten dieser verdursteten, vertrockneten Landschaft

liegt eine kleine Siedlung – Penong. Ich halte vor dem Lebensmittelgeschäft – dem ersten nach mehr als 1000 Kilometern. Das Einkaufsverlangen wird zur Gier! Ich möchte einen Präsentkorb füllen! Und vielleicht ergibt sich auch die Möglichkeit zu duschen – denn ich bin verstaubt wie ein Arbeiter in einem Steinbruch. Doch das Pappschild im Fenster dämpft meine Erwartung. Der Text spricht für sich: *»Please don't ask for water! The reason being we havn't any either!«* »Bitte frage nicht nach Wasser! Der Grund, wir haben selber keines!«

So bleibt es nach dem Einkauf bei einer Kopfwäsche mit Mineralwasser. Auf der anderen Seite liegt die Polizeidienststelle. Zwei Männer, die von dort herüberkommen, machen plötzlich kehrt und hetzen zurück. Sekunden später erkenne ich warum. Ich reiße die Kamera hoch, drücke den Auslöser und suche dann selbst Deckung. Der Staubwirbel mag 30 Meter Durchmesser haben. Er rast heran, ein Klappern, Rauschen, Winseln – langsam taucht die Häuserzeile wieder auf. Später sagt mir einer der Männer: »Bei so etwas fliegen die Gartenstühle 100 Meter hoch, und man muß sie sich auf anderen Grundstücken wieder zusammensuchen!« Nun erfahre ich, daß es im Gebiet Nundroo-Penong seit fünf Jahren nicht mehr geregnet hat. Selbst ehemals reiche Farmer seien inzwischen verarmt, arbeiteten als Tagelöhner. Sie mußten ihre Schafherde verkaufen oder notschlachten, nur ein paar Zuchttiere behielt man zurück – für einen Neubeginn. Hier galt die Regel, daß einem fetten Jahr drei magere Jahre folgen durften, jetzt ging es bereits ins sechste. Die australische Natur spielt eigenwillig!

Im Osten ziehen Wolken auf. Aber sie zerfallen wieder und mit ihnen die Hoffnung auf Regen. Nur der Staubsturm bleibt. »Das sieht nicht gut aus!« meint die Verkäuferin zu mir, »Du wirst hier noch warten müssen!«

Sie und die anderen Bewohner von Penong sind auf die Regierung nicht gut zu sprechen. Die Leute warten seit

Aufkommender Sandsturm bei Penong

Rotationsgeschwindigkeit über 100 km/h, ein Sandwirbel (Willy-Willy).

Wer Früchte schmuggelt ist ein »Bandit« – Warnschild und Hinweis auf eine Kontrollstelle.

Jahren vergeblich auf den Bau einer Pipeline, auf eine gesicherte Trinkwasserversorgung. Jemand formuliert es ganz kraß: »Hier leben Menschen, die Wasser brauchen! Dafür hat man kein Geld! Aber in Sydney schmeißen sie Millionen Dollar für öffentliche Popkonzerte hin!« Auch der Polizist, der mich zu einer Tasse Kaffee einlädt, gehört zu den Kritikern. Sein Revier erstreckt sich bis hinüber nach Eucla, das sind 400 Kilometer. Passiere dort ein Unfall, dann müßte er einen Kran aus der anderen Richtung, aus Ceduna, anfordern. Der bräuchte einen ganzen Tag bis zur Unfallstelle. Auf dem Highway ginge dann nichts mehr. Und wie sollte er das Rauschgift- und das Alkoholproblem in den Griff bekommen – in einem solchen Gebiet? Dazu das ›Sorgenkind‹ Yalata. Sonntagsdienst sei für ihn ›ganz normal‹! Ich nicke verständnisvoll.

Weil die Straße durch den Staubsturm noch immer blockiert

ist, drücke ich mich noch ein paar Stunden in Penong herum und starte dann zur letzten Nullarbor-Etappe. In mir keimt Siegesstimmung!
Als ich den ›Agriculture Departement Check Point‹[21] erreiche, ist es bereits Nacht. Der Kontrollbeamte glaubt mir aufs Wort, daß ich keine verbotenen Obstsorten mitführe. Wer per Rad über den Eyre-Highway kommt, der schleppt sich wohl kaum mit Orangen oder Pampelmusen ab – und überhaupt, wo sollte er sie kaufen?
Wenig später erreiche ich die ersten Häuser von Ceduna. Mir ist, als zerrisse ich ein Zielband. Ich habe die Nullarbor, diesen schrecklichen Windkanal, durchfahren. Am Eyre-Highway zeigt jetzt ein Schild nach Westen: *»Limited water supply until Norseman!«* – »Begrenzte Wasserversorgung bis Norseman1« Die alte Goldgräbersiedlung liegt 1200 Kilometer weit zurück. Bei ihr hatte dieser schreckliche Tourenabschnitt begonnen.

Fahrt in die falsche Richtung

Zwei verdiente Ruhetage, Rad-Check, Putz- und Flickstunde, Verschicken der im Busch und am Straßenrand gesammelten Souvernirs. Dann eine Wanderung entlang der Küste. Muscheln suchen – für ein paar Stunden werde ich zum Kind. Als Belohnung für die harten Nullarbor-Etappen habe ich einen Besuch auf *Kangaroo Island* eingeplant. Die vor der Südküste Australien gelegene Insel soll *das* Naturparadies sein. Im Info-Center erkundige ich mich nach den Fährverbindungen. »Kangaroo Island?« säuselt die Frau, »Yes, that's something special!« Und das nächste Schiff, so sagt sie mir, ginge am kommenden Mittwoch – ab Port Lincoln.

Somit hatte ich sechs Tage Zeit, für eine Strecke von ›nur‹ 400 Kilometern. Ich konnte bummeln!

Die zur Südspitze der Eyre Halbinsel führende Straße nennt sich ›Highway‹ und ist auf der Karte als dicke, rote Linie markiert. Doch in Wirklichkeit handelt es sich um ein Landsträßchen. Und nicht nur den unangenehmen Schwerlastverkehr bin ich damit los – der erste Truck begegnet mir erst in den Nachmittagsstunden – sondern auch den Wind. Wie erwartet, verfing dieser sich nun im Bergland. Auch die Temperatur normalisierte sich. So radle ich, verwöhnt von einer angenehm wärmenden Sommersonne, gen Süden – völlig ahnungslos, daß ich in die verkehrte Richtung fahre. Laura Bay, Smoky Bay, Streaky Bay. Die Landschaftsbilder wechseln. Weideland, Weizenfelder, dann wieder die haus-

hohen Wellen weißsandiger Wanderdünen. Eine Gruppe Gahlas schimpft mich aus. Der krächzende Schrei der Kakadus lockt immer mehr Artgenossen an. Bald begleitet mich ein Schwarm von gut 200 Vögeln. Endlich drehen sie ab. Der Lärmangriff ist beendet.
Über eine Holperpiste fahre ich hinunter zur ›Perlubic Beach‹. Wieder Muscheln sammeln – und in einem Anflug von Übermut lege ich meine Fußspuren in den unberührten Sand, so als sei hier ein Schiffbrüchiger an Land gegangen. Und ähnlich fühle ich mich auch, als ich später im lockeren Busch mein ›Zelthaus‹ errichte.
Heute durchläuft die Straße wieder Farmland. Sie zieht vorbei an großen Weizensilos, die wie Abschußrampen wirken. Weit verstreut liegende Gehöfte werden sichtbar. Dann erneut viele Meilen Busch – Känguruh-Revier. Süßer, klebriger Duft weht zur Straße herüber. Es ist die Blütezeit der Honigsträucher. Er scheint an der Bekleidung haften zu bleiben.
Ich habe Port Kenny, an der Venus Bay, erreicht. Port, wie das klingt. Unwillkürlich denkt man dabei an Hafenstädte wie Hamburg, Rotterdam, Marseille. Aber dieses Kenny läßt sich eher mit einem nordfriesischem Fischerdorf vergleichen.
Hunde bellen. Ein Junge umkreist mich neugierig auf seinem Rad. Wie klapprig, wie verrostet das ist! Bei jedem Tritt in die Pedale antwortet die Kette mit einem lauten Quietschen. Jetzt wiegt er davon, um die Kunde zu verbreiten, daß ein Fremder angekommen ist – auf einem ›Super-Bike‹.
Ich gehe hinunter zum Hafen. Von einem alten Stück Mauerwerk tönt es in schwarzer Schrift: *»Vote Labor!«* Auf Wäscheleinen bläht der Wind Arbeitshemden und -Hosen. So prall luftgefüllt wirken sie, als steckten noch die Arme und Beine der Fischer darin. Ein Pelikan schielt zu mir herüber. Er übt balancieren. Weiter draußen bettelt eine ganze Gruppe dieser Vögel an den Fischerbooten um Abfälle.

Von der Wüste bis zum Regenwald, fast überall anzutreffen: die Wappentiere des Landes »Roos« und Emus.

Der Kotstrahl einer Möwe klatscht auf meinen Hut und auf die Kameratasche. Doch warum schimpfen? Auf diese Art ›beschissen‹ zu werden, bringt bekanntlich Glück.
Vor der Weiterfahrt fülle ich in dem kleinen Tante-Emma-Laden meinen Verpflegungs- und Wasservorrat auf. Eine Frau läßt gerade anschreiben. Neugierige Blicke treffen mich. Was macht *der* hier? Kein Gespräch – nur ein knappes ›Bye!‹. Über den Kinderspielplatz – einer Wildwiese, dekoriert mit einem Satz Autoreifen und einem alten, bunt bemalten Traktor – radle ich zurück zum Flinders Highway. Dieser führt mich nun immer weiter hinein in ein Stück verschlafenes Australien. Die Fahrt gleicht zunehmend dem Blick in ein vergilbtes Bilderbuch.
Sandwege zweigen von der Straße ab. Von den Häusern, zu denen sie führen, ist nichts zu sehen. Aber kleine Hinweisschilder verraten, daß sie an den Farmen der Thompsons, der Cormicks, der Comollys enden.
Das 1876 gegründete Colton habe ich passiert. Laut Karte ein Dorf, in Wirklichkeit ein Haufen Ruinenreste. Die Grabkreuze auf dem Friedhof haben die Wohnhäuser überlebt. Ein Keltenkreuz ist darunter. Es verrät das Herkunftsland des frühen Einwanderers.
Die Straße zieht in weiten Kehren durch eine verkarstete Landschaft. Niedrige Steinmauern teilen diese in Quadrate und Rechtecke. Schafe mit dicken Wollkragen glotzen zum dem rollenden Etwas herübern. Merinos! Ein Fahrrad ist den Tieren sicherlich fremd.
Von keiner Uhr gehetzt, von nichts gestört bummle ich weiter. Ich registriere Details. Eine verwilderte Katze verschwindet wieselgleich in dem von ihr besetzten Karnickelbau. Schade! Ein Fuchs war nicht schlau genug, die Straße zu überqueren. Die Evolution hatte Autoräder noch nicht in ihrem Programm. Flechten malen Farbkleckse aufs Kalkgestein, Grashüpfer zeigen beim Sprung ihre gelben Unterflügel, und tote Baumstämme – von der Sonne aschefarben gebleicht – reizten jeden Maler.

Alte Herberge am Straßenrand

Was von einer frühen Siedlerstätte übrigblieb: Pflug und Gedenkstein.

Ein Salzsee! Ich wage den Gang über das ›Kunsteis‹ und breche ein Stück heraus – das erste Souvernir von der Eyre-Halbinsel.
Die Sonne hat es sich überlegt, sie zeigt wieder Hochsommerformat. Fast sprunghaft steigt die Temperatur – aus angenehmer Wärme wird ermüdende Hitze. Über der Steinlandschaft beginnen Trugbilder zu flimmern.
Sheringa! Was für ein Kaff! Hier sind selbst die Hunde zu faul zum Bellen. Im Tankstellengeschäft halten gerade ein paar Farmersfrauen Kaffeeklatsch. Am Beginn eines Sandweges hatte ich – als Zeichen, daß er zu einem Anwesen führt – zwei schräggestellte Wagenräder gesehen. Von dort dürfte die eine Frau kommen. Aus *Nowhere Else,* Nirgendwo sonst, das Schild steht am linken Straßenrand, die zweit. Die dritte vielleicht aus Warralilliyala. Man mußte diesen Namen in ein halbes Dutzend Silben zerlegen, um ihn aussprechen zu können.
Als die Frauen erfahren, daß ich aus Germany bin, holt die Besitzerin des Ladens eine Karte hervor: Die habe mal ein Deutscher geschickt, der hatte hier gegessen und getankt; nun könnte sie endlich erfahren, was draufstünde. Die Karte stammt aus Berlin. Sie zeigt das Brandenburger Tor, und ihr Text ist preußisch knapp: »Kalte Grüße aus dem Norden Deutschlands!«, das war's! Man wärmt mir noch zwei dieser seltsamen ›Pies‹[22] auf und gibt mir dann ein vierstimmiges ›Good Bye!‹ mit auf die Weiterfahrt.
Die Sonne hat sich endlich müde gestrahlt. Tief über dem Horizont stehend, hinterlegt sie die Büsche mit Blattgold. Die Landschaft wird zum Scherenschnitt, zu einem romantischen Traumbild. Beim Zeltaufbau verschrecke ich ein Känguruh. Es flieht in weiten Sprüngen. Das trommelnde Geräusch jagt andere Tiere auf. Ungewollt werde ich zum Störenfried.
Ein neuer ›Bilderbuch-Tag‹ beginnt, wieder ein paar vergilbte Seiten Australien. Die Kakadus fangen an zu lärmen. Mir unbekannte Vogelstimmen klingen durch den Busch.

Die Temperatur steigt. Von der sich entwickelnden Thermik läßt sich ein Adlerpaar in die Höhe tragen.
Das erste Stückchen Zivisilation – ein alter Friedhof. Aber weit und breit ist keine Siedlung, keine Farm zu sehen, der man ihn zuordnen könnte. Ich steige über den rostigen Drahtzaun. Der letzte, den man hier begrub, hieß Ernest Edwart. Das war 1948. Seither stirbt man im Gebiet um Mt. Hope nicht mehr. Weißes Salz hatte ich schon auf Flächen von der Größe kleiner Meere gesehen, auch gelbliches oder roséfarbenes. Schwarzes war mir noch nie begegnet. Diese Salzpfanne müßte eigentlich ›Lake Black‹ heißen. Aber niemand kann mir später erklären, was die Ursache für diese ungewohnte Farbgebung ist.
Eigentlich wollte ich ja auf der Hauptstraße bleiben, nun mache ich doch einen kleinen Schlenker – und der sollte sich lohnen! Das Häuschen, zu dem der Weg führt, ist weißgekalkt, wellblechgedeckt und pitoresk bis ins Detail – ein Tante-Emma-Laden der Einödsorte. Und wie das Schild ›For Sale‹ im Fenster verriet, hat ihn der Besitzer innerlich schon aufgegeben.
Unter dem Dachüberstand quellen Grashalme und Kakadufedern hervor. Dort hat sich eine Kolonie Spatzen eingenistet. An der linken Hausecke steht ein rotlackierter Briefkasten mit einem handgeschriebenen Zettel am Einwurf: »Only use P.O. Box on Thue. till 1.p.m.!« »Post nur dienstags bis 13 Uhr einwerfen« – Mit anderen Worten: Leerung wöchentlich.
Auch ein zweiter Zettel – an der Hauswand über einem wassergefüllten Plastiknapf angebracht – verleitet zum Schmunzeln. »Your dog must be thirsty!«, hieß es darauf. »Dein Hund wird Durst haben!« Tierliebe auf australisch. Neben der Tür befindet sich das ›Notice-Bord‹. Es ist gespickt mit rostigen Reißbrettstifen. Ich versuche, einige der alten, noch haftenden Anschläge zu entziffern. Auf einem inzwischen vergilbten Stück Zeitungsrand bietet jemand einen Traktor an. Ein gewisser Bob Dobbins sam-

melt und sucht altes Werkzeug und Zubehör aus der ›Zeit des Zäunespannens‹. Ein schwarzer Hund wird vermißt. Er soll auf den Namen ›Puppy‹ hören. Als ich die graue Fliegenschutztür aufziehe, löse ich Alarm aus. Eine Glocke, durch ein Zugkettchen geschüttelt, bimmelt los. Drinnen werde ich schon erwartet, wer könnte sich diesem Laden auch unbemerkt nähern?
Noch bevor ich aus dem spärlichen Lebensmittelangebot wähle, frage ich die Frau, warum sie dieses ›schöne Geschäft‹ aufgeben möchte?
»The climate«, jammert sie los. Die Sommerhitze sei hier einfach nicht mehr auszuhalten. Sie wolle nach Tasmanien gehen. Ihre Stimme wird weich: Tasmanien, das sei eine ganz andere Welt, halb Kanada, halb Schottland – schlicht »menschenwürdig«.
Als ich mehr nach einem Verlegenheits- als nach einem Zweckeinkauf den Laden wieder verlasse, reiche ich der Frau das mir mit auf den Weg gegebene ›Good luck‹ wieder zurück – für ihre Zukunft in Tasmanien.
Trotzdem schade. Mit diesem Laden stürbe erneut ein Stück Pioniergeschichte.
In den Nachmittagsstunden durchforsche ich noch das Buschland. Hier in diesem Gebiet stehen uralte Eukalyptusbäume, knorrige, verwunden gewachsene Gestalten, die den Eichen auf den Bildern Ludwig Richters ähneln. Aufspringende Känguruhs erschrecken mich. Plötzlich streckt sich vor mir eine gelbbraun gezeichnete Schlange. Das ist wie eine Mahnung: »Du solltes vorsichtiger sein!« Dieses unübersichtliche Gelände ist nichts für einen arglosen Spaziergang. Trotz des Bummelns bin ich viel schneller als erwartet vorwärtsgekommen. Ohne die hemmende Kraft des Windes radelt es sich geradezu leichtfüßig. Noch heute Abend könnte ich Port Lincoln erreichen.
Das Land wird fruchtbarer. Die Name der Farmen belegen es – Sunny Side, Best West, Green Valley. Hinter dem Big Swamp biege ich auf ein noch kleineres Sträßchen ab. Aber

wohin führt mich dieses? Wildrosensträucher am Wegrand, Apfelbäume, Pferde, Gänse, ein Hahn inmitten seines Harems. Befinde ich mich noch in Australien?
Dann kommen die Serpentinen hinauf zum ›Winter Hill Lookout‹. Sie sind ein Stück Knochenarbeit. An den Zahnkränzen knirscht die Kette. Doch oben angekommen, werde ich mit einem herrlichen Ausblick belohnt. Tief unten, ein Stück voraus, liegt Port Lincoln – eingerahmt vom Blau der Boston Bay. Weiter zurück ist die bizarr geformte Jussieu Halbinsel sichtbar; dahinter das Meer, der Spencer Golf.
Ich sause mit dem Rad den Berg hinab: Häuser, Industrieanlagen, Verkehr – eine richtige Stadt! Ich kann das Bilderbuch vom verschlafenen Australien wieder zuschlagen.
Ich bin überrascht. Für einen so quicklebendigen ›Port‹ ist diese Hafenstadt einfach viel zu sauber – und offensichtlich auch zu anständig. Mit Einbruch der Nacht wird es in den Straßen totenstill. Selbst Restaurants schließen. Nachtschwärmer lästerten wohl: »Tote Hose!« Das Werbeschild an einer Art Gaststätte verleitet zum Lächeln: *»Open during night until 7 p.m.!«* Bis 19 Uhr nachts geöffnet, ein geradezu puritanisches Zeitmaß.
Gut zwei Tage Zeit blieben mir noch bis zum Auslaufen der Fähre, damit konnte man etwas anfangen. Ich entscheide mich für eine Tour entlang des *›Whalers Way‹*.
Die junge Frau im Touristenbüro hatte ich eigentlich nach gar nichts anderem gefragt. Aber sie sprudelt gleich los mit ihren Angeboten und greift dabei mit schlafwandlerischer Sicherheit in die Prospektfächer. »Lady Tape-Recorder«, lästerte ich still, denn sie spricht wirklich, als spulte in ihrem Mund eine Kassette ab. Doch am Ende habe ich das, was ich wollte, den ›Permit‹[23], der mir mit der dafür zu zahlenden 10-Dollar-Gebühr allerdings reichlich teuer vorkommt.
Auf meinem weiteren Weg durch die Stadt fällt mir ein alter Kübelwagen auf – bemalt mit der Landkarte Australiens

und allen möglichen Tracks. Der Besitzer muß den Kontinent wie seine Westentasche kennen. Kaum habe ich die Kamera ausgepackt, um ein Foto zu schießen, da wird im Hintergrund eine Haustür geöffnet. Man hatte den Fremden wohl beobachtet.
Etwas verlegen verbinde ich meinen Gruß mit der Frage, ob man mit diesem Wagen all die aufgemalten Strecken gefahren sei? Die Antwort ist eine Einladung. Er hieße Jeff, kommt es zurück, sei Mineraliensammler, und ich solle doch hereinkommen. Nicht ohne Stolz führt mich der vielleicht 70jährige durch sein Museum, dabei erteilt er mir Nachhilfeunterricht in Mineralogie. Außer mir gibt es noch einen weiteren Zuhörer, den Kakadu George. Der Vogel ist Jeffs Hündchen. Er folgt uns mit kleinen Trippelschritten durch die Räume und hält dabei den Kopf schief, als lausche er den Erklärungen seines Herrn.
»He doesn't like cats«, kommt Jeff von Achaten auf den Kakadu zu sprechen. Und mit: »Where ist the cat, where is the cat?«, bringt er den Vogel in Rage. Sein gelber Federkamm öffnet sich wie ein Fächer und laut krächzend gibt er Ton, als habe man ›faß!‹ oder ›beiß!‹ gerufen.
Als ich dann nach gut zwei Stunden Jeffs Museum wieder verlassen kann, gibt mir der Sammler einen Auftrag mit: Sollte ich später die Minenstadt Coober Pedy passieren, so müßte ich dort unbedingt einen Opal-Händler namens Robert ausfindig machen und diesem Grüße vom alten Jeff überbringen – und plante ich den Kauf von Opalen, so sein Tip, dann sollte ich sie nur bei Robert kaufen. *Er* sei der einzige ehrliche Miner in Coober Pedy.
Nun gut, dieser Ort liegt auf meiner Route, da macht es wohl kaum Mühe, den Auftrag auszuführen. Jeff begleitet mich bis zur Ausfahrt. Und als ich mich bei ihm mit einem ›Dankeschön für die Führung‹ verabschiede, schnarrt George, als hätte ich »Where is the cat?« gesagt.
Recht verspätet kann ich mich endlich auf den Weg zum *Whalers Way* machen.

Eine pittoreske Bekanntschaft: der Mineraliensammler »Jeff« mit seinem Kakadu »George«.

Was für ein Parcours! Diese Piste besteht aus starken Steigungen, Holperabfahrten und grundlosen Sandpartien. Da kann die Belohnung dafur nicht weit sein!
Sperm Whale Cliff, Pioneer Lookout, Mainsail Break…
Am Ende der gut zwei Dutzend landschaftlichen Höhepunkte liegen die *Redbanks,* die roten Klippen. Dort sitze ich dann auf einer Naturbank aus 1,3 Millarden Jahre altem Gestein und träume in die Wellen. Unermüdlich rollen sie gegen die ›Festung aus Felsen‹ an, belecken sie. Aber was so spielerisch aussieht, ist in Wirklichkeit ein Kampf. Und die gerundete Stirn der Steine belegt, daß die See daraus als Sieger hervorgehen wird.
Als ich mein Zelt auf dem Campingplatz von Port Lincoln wieder erreiche, ist es bereits Nacht. Trotz der physischen Anstrengungen liegt ein Tag voller Naturgenuß hinter mir. Am nächsten Morgen bringe ich den Schlüssel (das Tor zum

›Whalers Way‹ ist abgeschlossen, und man erhält zusammen mit dem Erlaubnisschein einen Leihschlüssel) zurück in die Touristen-Information. Bei dieser Gelegenheit erkundige ich mich nach dem Kai und der genauen Auslaufzeit des Schiffes. Lady Tape-Recorder stutzt: Nach Kangaroo Island? Da existiere von Port Lincoln aus gar keine Fährverbindung. Die mit der M. V. Troubridge sei schon vor Monaten eingestellt worden. Ich müßte hinüber ans andere Ufer, zum Cape Jervis, von dort ginge die ›Philanderer‹!

Ich muß dumm dreinschauen, dumm und erschrocken zugleich.

»Aber in Ceduna sagte man mir…«

Doch mein Gegenargument zieht nicht. Die Sachlage ist klar. Die Dame in Ceduna war nicht auf dem neuesten Stand. Vor etwa sechs Monaten hatte die südaustralische Regierung die Fährverbindung Port Lincoln-Kingscote verboten, aus Sicherheitsgründen, wie ich jetzt erfahre. Somit war ich mehr als 400 Kilometer weit in die falsche Richtung gefahren! Meine gute Laune ist wie weggeblasen.

»Anderes Ufer«, hatte Lady Tape-Recorder gesagt. Das klang, als blicke man bei Brunsbüttel über die Elbe hinüber nach Cuxhaven. Und wenn ich, wie mir die Frau jetzt vorschlägt, den Nacht-Bus nähme, dann erreichte ich noch rechtzeitig die Fähre bei Cape Jervis.

Am nächsten Morgen weiß ich, was ›anderes Ufer‹ – übersetzt in australische Dimensionen – bedeutet.

Der Bus war zunächst 350 Kilometer zurück nach Norden gefahren – über Cowell, Whyalla nach Port Augusta – dann entlang des Ostufers des Spencer Golfes wieder nach Süden; 400 weitere Kilometer, Umsteigen in Adelaide, Fahrt über die Fleurie Halbinsel.

Zwölf Stunden Motorgedröhne! Völlig übernächtigt schiebe ich das Rad auf die bereits wartende Fähre. Noch eine Stunde auf schwankendem Deck, mit müden Knochen noch ein Stückchen Inselpiste, dann baue ich bei der Siedlung Amercan River mein Zelt auf.

Am »Weg der Walfänger«, die zerklüftete Küste der Eyre-Halbinsel.

400 Kilometer weit in die falsche Richtung gefahren! Aber trotz der Wut im Bauch schlafe ich ein. Die Natur verlangt ihr Recht.

Naturparadies mit höllischen Straßen

Schon am nächsten Morgen klart mein Gemüt auf. Ich lache über eine Gruppe Pelikane, die in der Haltung und mit dem Gang von Professoren durch den Ufersand gehen.
»Cyclists are frequently disillusioned with the state of some roads!« – »Radler sind gelegentlich vom Zustand einiger Straßen desillusioniert«, heißt es in einer Publikation über die Insel. Und was sich auf Kangaroo Island alles Straße nennt, das ist in der Tat ›australisches Wellblech‹ übelster Sorte.
Ein Laster kommt mir entgegen. Die Staubfahne, die er im Schlepp hat, ist so riesig, als nähere sich ein ganzer Konvoi. Als der Wagen vorüberrumpelt, erkennt ich den Grund. Er zieht an Ketten ein halbes Dutzend Autoreifen hinter sich her. Sie sollen das Riffelmuster der Piste etwas einebnen. ›Straßeninstandhaltung‹ nennt man das hier.
Unter diesen Bedingungen wird meine Radtour mehr und mehr zu einer ›Schleichfahrt mit Staubschlucken‹, zu einem ›Stop-and-Go‹. Manchmal bockt das Rad wie ein Gaul vor einem Wassergraben, und beim Anblick des Make-ups aus Staub und Schweiß, das ich trage, lästerte wohl so mancher Bekannter: »Du solltest mal Deinen Maskenbildner wechseln!«
Eine Weggabelung! Doch wie geht es weiter? Laut Karte müßte der Track nach Südwesten führen, aber das Hinweisschild weist nach Norden. Eine Ahnung sagt mir: »Das hat

Wellig, sandig, widerlich – Buschpiste auf Kangaroo Island.

Paradiesische Zustände: Seelöwen ohne Menschenscheu.

der Sturm verdreht!« und ich verlasse mich auf meinen Instinkt. Doch an der nächsten Farm möchte ich mich vergewissern. Den 400 Kilometern in die falsche Richtung sollten nicht noch weitere folgen.

Vielleicht ist man in dieser einsamen Gegend besonders mißtrauisch, vielleicht sehe ich inzwischen wirklich schon recht wild aus, jedenfalls fertigt man mich durch die geschlossen bleibende Tür ab. Immerhin weiß ich jetzt, daß diese ›road‹ hinunter zur Küste führt.

Auf halben Weg biege ich Richtung ›Seal Bay‹ ab. Unweit von Kap Gantheaume lebt eine große Kolonie Australischer Seelöwen. Die Tiere haben den Menschen nie als Feind kennengelernt. Zwischen ihnen spazieren zu gehen, ohne damit eine Fluchtreaktion auszulösen, das ist ein Naturerlebnis, wie man es Außenstehenden schlecht vermitteln kann.

In den Abendstunden erreiche ich die Vionne-Bucht. Dort okkupiere ich für die Nacht ein Stück Buschland, genieße das Bad im warmen Wasser der Bay und hoffe beim Einschlafen darauf, daß diese Insel noch weitere solcher paradiesischer Fleckchen für mich bereithält.

Der Einödladen heißt *Vivonne Store.* Aber statt gleich bedient zu werden, fragt mich der Verkäufer erst einmal aus. Er tut das ganz unverblümt, wieder dieses Mißtrauen. Der Mann führt den Zeigefinger zur Nasenspitze und übersetzt diese Geste: »Ich möchte meine Nase nicht in Deine Angelegenheitn stecken, aber wir leben hier auf einer einsamen Insel. Da ist es gut zu wissen, wo ein Fremder hinwill!« Das sollte wohl ein bißchen fürsorglich klingen. Aber da war die Angst ums Eigentum und um das der Nachbarn deutlich herauszuhören. Ich versuche seine Bedenken zu zerstreuen, bin jedoch beim Verlassen des Geschäftes nicht sicher, ob der Mann jetzt nicht zum Telefon greift: »Hallo Frank! Hallo Simon! Da kommt ein ganz wild aussehender Typ auf ’nem Bike über die South Coast Road – mit ’nem langen Messer am Gürtel!«

Weiter geht es über Wellblech. Die Piste ist teils grobsteinig, teils locker sandig. Da dehnt sich der Kilometer zur Seemeile.

Endlich habe ich die ›Kelly Caves‹ erreicht. Diese Tropfsteinhöhlen zählen zu den besonderen Attraktionen auf Kangaroo Island. Ein geländegängiger Kleinbus hat weitere sechs Interessenten herangekarrt. Der Ranger, der die Führung macht, ist ein Profi – und nicht nur in Sachen Geologie. In der halbdunklen Unterwelt herrscht jene leise Gruselstimmung, die den Puls um ein paar Schläge beschleunigt. Er weiß natürlich um die Beklemmung, und da macht sich seine Erklärung gut, daß vor einiger Zeit durch ein Loch in der Höhlendecke eine ›Tiger Snake‹ hereingefallen sei. Man habe die Schlange bisher nicht entdecken können, sie halte sich zwischen den Stalagmiten versteckt. Deshalb lasse er uns auch den Vortritt. Dort oben sei auch das Pferd Kelly, von ihm habe das Höhlensystem seinen Namen, eingebrochen und hinabgestürzt. Der Gaul wurde nie gefunden, aber manchmal höre man ihn in den dunklen Gängen wiehern.

Als wir einen großen Saal erreichen, verteilt der Ranger Kerzen: »Zündet die mal an!«

Ein paar Feuerzeuge flammen auf. Ein paar Kerzenflämmchen züngeln. Ganz unvermutet legt er den Hauptschalter um. Im gesamten Höhlensystem wird es dunkel.

»Nun pustet mal Eure Kerzen aus!«

Die Leute gehorchen, wenn auch zögernd. Jetzt herrscht hier unten jene Nachtschwärze, in der man nicht die Hand vor dem Gesicht erkennen kann. Grabesstille, unruhiges Füßescharren, verlegenes Hüsteln. Das ist ein Psycho-Test. »Wer von Euch fände jetzt den Ausgang?«, kommt es aus der Dunkelheit. »Keiner!« gibt sich der Ranger selbst die Antwort. »In der Situation, in der Ihr Euch jetzt befindet, befanden sich auch die ersten Höhlenforscher – wenn ihnen das Petroleum ausging, die Lampe umfiel oder ein Luftzug die Kerze ausblies!« Schweigen. Stille.

Das elektrische Licht flammt auf – Test beendet. Drei Minuten Streß durch Dunkelheit und schon macht sich die Psyche Luft. Die Leute reden, viel zu hektisch, viel zu laut als daß man es als normal bezeichnen könnte.
Nach der Führung komme ich mit dem Ranger ins Gespräch. Er zeigt mir ein Blatt aus dem Seismographen. »Kleines Erdbeben – weit im Norden, bei Darwin«, erklärt er mir die Zackenlinie. Und dann erfahre ich, daß die Höhlendecke nicht die stabilste sei. Bei stärkeren Erschütterungen könnte sie einstürzen – deshalb also das Meßgerät. Aha, denke ich, das also war die Gefahr und nicht die erfundene Tigerschlange.
Kangaroo Island ist etwa 150 Kilometer lang. Auf der letzten Etappe über die Insel muß ich das Rad meist schieben. Da ist nur noch loser Sand. Zu meiner Verwunderung finde ich den Campingplatz im ›Flinders Chase National Park‹ fast leer vor. Es herrscht Hochsommerpause.
Dafür bekomme ich schon während des Zeltaufbaus ungewöhnlichen Besuch. EinEmu schreitet halswiegend heran und beäugt mich, dann inspiziert er das Rad. Das metallische Klingen, das der Vogel mit seinen Schnabelhieben gegen den Rahmen erzeugt, scheint ihm Spaß zu machen.
Die erste Nacht im Nationalpark ist eine wahre Geisterstunde. Sie ist erfüllt von Geräuschen, die sich nicht alle deuten lassen.
Mit Beginn der Dunkelheit schwillt das Flöten der Magpies[24] zum Konzert an – unterlegt von den Trompetenstößen der Cape Barren Gänse.
Dazwischen hört man ein dumpfklingendes Domm-Domm, Domm-Domm – der Kehlkopfton der Emus. Plötzlich lautes Pfeifen, vielstimmig und schrill. Es erstirbt genau so schnell, wie es anschwoll. Was war das? Und hoch oben in einem der großen Eukalyptusbäume muß ein Psychopath sitzen. Mit einem Ruf halb Kuckuck, halb Eule, teilt der Vogel die Minuten in Zehntel, die Stunden in Dreihundertsechzigstel. Man könnte glauben, dort oben liefe ein Uhr-

Ein Emu inspiziert Rad und Zelt

werk ab. Nun ganz in der Nähe Schreie und Katzenfauchen. Ein Tier, wohl von einem anderen gejagt, stolpert über eine Abspannleine des Zeltes. Verdutztes Schweigen, weiter geht die Hetzjagd.
Bei dieser Geräuschkulisse halte ich es im Zelt nicht aus. Ich schlüpfe hinaus. Draußen trifft der Lichtstrahl meiner Taschenlampe einen Dieb. Das Opossum macht sich gerade an den Gepäcktaschen zu schaffen, die noch am Rad befestigt sind. Wahrscheinlich riecht es das Brot darin. Ich klatsche in die Hände. Nur widerwillig läßt das Tier von der Beute ab.
Was für eine Stimmung. Das Mondlicht hat der Landschaft die Farben genommen. Es herrscht jener Dämmerschein, der auf Postkarten und Bildern so schön kitschig wirkt. Ich gehe ein paar Schritte abseits, tarne mich mit dem Nachtschatten eines Baumes und genieße diese unwirkliche Welt wie andere einen Barbesuch. Der nächste Morgen ist aus-

Die Natur als Architekt: Eine Brücke aus Tropfstein, der »Admiral's Arch«.

Erosionskräfte als Bildhauer: Granitskulpturen im Bereich der »Remarkable Rocks«.

Damit den mehr als 40 gestrandeten Schiffen nicht noch weitere hinzukommen: Leuchtturm am »Cape du Couedic«.

gefüllt mit einer Fotopirsch. Känguruhs, Emus, Koalas, Goannas..., Tiere auf diese Art in freier Wildbahn erleben, dagegen ist jeder Zoobesuch ein fader Genuß.
Längst hat mich die Natur für den ›Ritt über Wellblech‹ entschädigt, aber noch einmal schwärme ich aus – heute über einen Busch-Track hinunter zum Leuchtturm am Cape du Couedic. Dort warteten weitere ›Attraktionen‹. Aber was verbirgt sich hinter Bezeichnungen wie ›Remarkable Rocks‹ oder ›Admirals Arch‹?
Wenige Stunden später stehe ich vor riesigen Skulpturen aus Granit und durchklettere die Naturbrücke aus Tropfstein. Wind und Wasser haben hier an der Südspitze Kangaroo Islands Kunstwerke geschaffen, die manches von Menschenhand Geformte zum Lehrlingsstück degradieren.
Für die Rückfahrt zur Ostküste wähle ich einen anderen Weg – bleibe aber schon auf dem West-End-Highway im

Sand stecken. Alle Anstrengung hilft nicht. Trotz günstigem Wind schaffe ich es nur bis zu Siedlung Parndana. Einen Tag später verlasse ich wieder mit der Philanderer Kangaroo Island, das Naturparadies mit höllisch schlechten Straßen.

Schützenfest und Schwarzwalduhren

Die Berge südlich von Adelaide kannte ich bereits aus dem Busfenster. Jetzt türmen sie sich vor mir und dem Rad – eine Herausforderung an Muskeln und Material; ich komme mir vor wie in den Highlands. Bald reichen mir fürs erste die Steigungen. Ich fahre zu einer unweit der Straße gelegenen Farm, bitte an der Tür um Wasser und frage, ob ich hier irgendwo in den Weiden mein Zelt aufstellen dürfte. Um jeglichem Mißtrauen vorzubeugen, biete ich dem Farmer an, meinen Paß zu verwahren. Doch der Mann winkt ab: Das sei schon in Ordnung! Wasser könnte ich am Hahn bei den Tanks zapfen, und hinter dem Haus sei Platz genug fürs Zelt.

In der Nacht kommt Sturm auf. Ich muß hinaus, um zusätzliche Häringe einzuschlagen. Doch am nächsten Morgen herrscht wieder Windstille. Der Day-Train bleibt aus. Das Bergland hat wohl seine eigenen Wettergesetze.

Der Farmer nähert sich mit einem Pritschenwagen voller Strohballen – mageres Zusatzfutter für das Vieh. Von der schütteren Grasnarbe allein können die Rinder nicht leben.

Er stoppt: »Ist alles in Ordnung?«

Ich deute auf das Zelt: »Der Sturm hat es *nicht* umgeweht!«

Ein kurzes Zuwinken, die Arbeit ruft.

Berge, Täler, neue Hindernisse. Die Fahrt gleicht der einer Achterbahn. Ich versuche zur Küste hin auszuweichen, was

jedoch zur Folge hat, daß ich über noch viel steilere Straßen zurück ins Innere der Halbinsel muß. Doch hinter dem Wattle Flat habe ich es endlich geschafft. Ich plündere einen herrenlosen Apfelbaum und belohne mich mit dem halbreifen Obst für eine Tour à la Schottland.
Das Dorf heißt Myponga. Was kann man da schon erwarten?
Allenfalls Burger, Pies und Pizzas. Doch weit gefehlt. Ich muß zweimal hinschauen, obwohl die Reklame eigentlich nicht zu übersehen ist.
›*Deutsches Wursthaus*‹, tönt es von einem Schild am Straßenrand. Ist es Neugierde, Hunger oder Patriotismus? Ich drücke die Tür auf.
Ein Hirschkopf glotzt mir entgegen. Darunter lächelt die Verkäuferin: »Ja bitte!«
»Guten Tag!«
»Hällow!« kommt es gewalgt zurück.
Deutsche Wurst ja, deutsche Sprache nein, wir bleiben beim Englischen. Ich überfliege das Angebot: Schinken, Landjäger, Mettwurst – deutsches Brot, deutscher Kuchen. Alles ›handmade‹, handgemacht, versichert mir die Frau. Das könnte ja ein Stand auf dem Viktualienmarkt sein, geht es mir durch den Kopf. Kein Wunder, daß mein Einkauf etwas reichlich ausfällt, aber da ich die Ware nicht kühlen kann, werde ich jetzt wohl gegen das Verderben anessen müssen.
Gerade liegt ein Stück Uraustralien hinter mir: die Känguruh-Insel, gestern noch eine Partie Schottisches Hochland, und jetzt scheint es, als wechsle Bayern mit Hessen ab.
Aus dem Kupito-Forst weht Harzgeruch herüber, ein Duft, so angenehm, daß man versucht ist, der Nase zu folgen. Die Landschaft wird offener. Am Straßenrand leuchten Hagebutten und die Blüten der Wegwarte. Stare staksen über die Weiden wie napoleonisches Fußvolk. Sie sind auf Wurmjagd und nutzen ihre spitzen Schnäbel als Bajonett.
Hinter der nächsten Biegung warnt ein Schild – nicht vor

Das Pendant zu Hahndorf im Harz – Hahndorf in Südaustralien.

Känguruhs, sondern vor Kühen. Bauer und Bäuerin treiben eine Herde Schwarzbunter zur Melkmaschine. Aber die beiden bräuchten ihre Stöcke gar nicht so drohend zu schwingen. Den Tieren schmerzen die prallen Euter. Sie möchten die Milchlast loswerden und fänden den Weg zu den elektrischen Saugern wohl selbst.
Die erste Eiche. »Deutscher«, denke ich, »kann Australien kaum noch werden. Da fehlte nur noch ein ›germanisches‹ Dorfschild!« Und da steht es – mit schwarzer Schrift auf weißem Grund: *Hahndorf!*
Schmucke Häuschen, Rosenbeete, Sonnenblumen. Die Hauptstraße wird von einer Ulmenallee gesäumt, deren Kronen sich über der Fahrbahn schließen. Ich schiebe das Rad wie durch einen Kreuzgang.
Wo ist der Zeltplatz? Ein Blick auf den Klingelknopf des nächsten Hauses: *Stephanie Wittwer* steht darauf. Mir ist, als fragte ich an einer Bremer Haustür.

Doch das Deutschtum muß noch etwas warten. Der nächste Tag ist ein Pflichttag. Schließlich zeigt der Radcomputer bereits 4000 Kilometer, die Kette muß gewechselt werden und der kleine Zahnkranz, ebenso die langsam zerschleißenden Schaltzüge, außerdem hat das Tretlager Spiel. Obwohl ich alle Ersatzteile mitführe, möchte ich diese Arbeit einer Werkstatt überlassen, zumal sich im nahegelegenen Stirling ein Bike-Shop befindet.

Auf der Fahrt dorthin registriere ich aus den Augenwinkeln, was hier alles am Straßenrand wächst: Löwenzahn und Adlerfarn, Disteln und Feuerdorn, Ginster und Ilex. Es ist, als blättere man in einem Biologiebuch der Oberstufe. Ich fühle mich noch heimischer, als ich bei der Siedlung Aldgate an einem von Trauerweiden gesäumten Bachlauf ein großes Mühlrad entdecke. Doch ein Schild macht mir bewußt, das *kann* nicht zu Hause sein. Die alte Kirche von Stirling sei zu kaufen, heißt es darauf. Sie eignete sich für Büroräume und koste nur 350 000 Dollar. So etwas ließe der deutsche Klerus doch niemals zu. Für ganze 33 Dollar besitze ich dann wieder ein generalüberholtes Rad. Ich rolle aus den Stirling-Hills zurück nach Hahndorf – mitten hinein ins ›ausgewanderte Deutschland‹.

Wo das Schauen beginnen? Wo anfangen? Ich halte vor dem Bäckerladen mit der Brezelreklame.

»Was darfs bitte sein?«

»Ein dunkles Graubrot«, antwortet die Kundin neben mir. Das war kein Schuldeutsch sondern im Elternhaus gelerntes. Ich sehe mich etwas um. An der Wand hängt eine Karte: der Rhein zwischen Mainz und Koblenz. Die Besitzerin des Ladens, so erfahre ich, hieße Uhlendahl, die Eiche vor dem Haus hätten die ersten Einwanderer gepflanzt, und man fühle sich hier sehr wohl. Kein Wunder. Unweit der Bäckerei steht das *Edelweiß Essenhaus.* Dort gibt's Gulasch mit Butternudeln und Streusel-Strudel. Auf der anderen Straßenseite flattert eine Löwenbräu-Fahne, und in einem Schaufenster werben Nürnberger Allerlei, Lübecker Marzi-

Blau-weißes »Deutschthum« in der alten Kolonie

pan und Mozartkugeln für die deutsche Süßwarenindustrie. Da fehlten nur noch Aachener Printen.
Ich schlendere weiter: Schwarzwalduhren, Bierseidel mit der Aufschrift: »1839–1989, 150 Jahre Hahndorf!« Dann ein Plakat: Das Schützenfest ist angesagt – verbunden mit einer Lotterie. Der erste Preis: ein Flug nach Deutschland. Jemand spricht mich von der Seite an. Der fMann behauptet, mich zu kennen. Ich sei doch der mit dem Bike – mit den ›big water-bags‹ – der, der über die Nullarbor gekommen sei. Jetzt erfahre ich, daß Mitte Februar im Südaustralischen Fernsehen der kleine Filmstreifen gezeigt wurde. Athol Thomas, der Medienberater und sein Assistent, fallen mir wieder ein. Irgendwo vor Yalata hatten sie die Aufnahmen gedreht.
Ich komme mit dem Mann ins Gespräch. Von den Deutschen ist er begeistert. Anständig nennt er sie, arbeitsam und ausdauernd. »Als die damals mit ihren Schiffen kamen,

da brachten sie Ackergerät mit und alles was man für die Landbestellung benötigte. Die Leute waren gesund. Die hatten Sauerkraut an Bord. Aber die anderen Schiffe... Am schlimmsten waren die aus Irland. Da stank es, wenn man die Luken öffnete. Wer nicht schon unterwegs krepiert war, der hatte die Pest. Und die paar Überlebenden die krochen grün im Gesicht an Land.« Der Mann spricht, als sei er selbst Zeuge der Vorgänge gewesen, die sich vor mehr als einem Jahrhundert ereigneten.

Wir trennen uns mit gegenseitiger Hochachtung.

Auf der anderen Straßenseite gähnt ein Mörser zum Himmel.

»Achtes Bataillon, Frankreich, Westfront«, verrät ein kleines Messingschild. Ein paar Schritte weiter liegt der Glücksbrunnen. Sein Grund ist mit Münzen übersät, jedes Geldstück eine kleine Hoffnung.

Noch ein Gespräch – in holprigem Deutsch. Der Drogist meint, der Bürgermeister habe ihn in Deutsch trainiert, ich sollte ihn doch besuchen. Er hieße Max Specketer und wohne in der Kirchgasse. Ein Deutscher mit dem Fahrrad in Hahndorf, das sei doch ein Ereignis...

Ich mache um die Kirchgasse einen großen Bogen und werfe statt dessen einen Blick in die Touristen-Information. Du meine Güte. Jede Menge Schwarz-Rot-Gold, dazu Fähnchen deutscher Fußball-Clubs. An der Wand hängt ein Geschirrtuch mit einem aufgedruckten Semmelknödelrezept – darunter ein Aufkleber vom Bremer Freimarkt.

Genug Kitsch, genug Kommerz. Gibt's hier auch ein Stückchen Kunst? Ich finde sie in einer Ausstellung der Hahndorf Akademie. Dort wird gerade das Werk Hans Heysens gezeigt. Der Maler wurde 1877 in Hamburg geboren, und nur wer eine Akelei, eine Kornblume oder eine Heuernte gesehen hat, kann diese so wiedergeben.

Dann stehe ich vor einem Bild mit dem Titel ›Flinders Range‹. Ich sehe die nackten, durch Erddruck ›gekippten‹ Berge, den Wüstencharakter der sie umgebenden Land-

Fleißige Hände schufen aus Buschland Weinberge

schaft und denke:
»Da hindurch willst du mit deinem Rad?«
Ich würde es später schaffen, aber nicht ohne dafür Lehrgeld zu bezahlen. Im Foyer finde ich dann auch, was ich suche: Ein Büchlein über die Geschichte Hahndorfs, jener Siedlung, die – wie es darin heißt – in der landschaftlichen Entwicklung Südaustraliens eine so wichtige Rolle spielte. Aber inzwischen ist aus Hahndorf, alias Yantaringa, alias Ambleside[26], eine reine Touristen-Attraktion geworden. Ein Grund, hier keinen Tag länger zu verweilen. Die Straße kurvt weiter durchs australisierte Deutschland. Schafe, Weizen, Wein. Ich nähere mich dem Barossa Tal. *»Krondorfer Riesling, Kellermeister Weingut, komm herein und koste!«* Was für eine Werbeflut! Der Spektakel steigert sich noch: »Zinfandel Tea Room, Tanunda Wurst Haus, German Coffee Haus.« Vergewaltigtes Deutsch.
Fast hätte ich die Abzweigung übersehen. Hier geht es

hinüber nach Bethany. Der alte Pionierfriedhof fällt mir ein, ich finde ihn unweit der Kirche. Da liegen sie, die Deutschen, die 1842 ›des religiösen und ihres eigenen Seelenfriedens willen‹ ihre Heimat verließen. Ich werfe einen Blick auf die Grabsteine. Wo kamen sie her, die Schrapels, die Engelhards, die Seidels? »Aus Deutschland«, »aus Pommern, Brandenburg, Preußen«, »aus Sommerfeldt«, man ging bei den Inschriften ins Detail, nennt das Alter der Verstorbenen in Jahren, Monaten und Tagen. Auch den Grabstein der Dorothea Elisabeth Ellenberg finde ich wieder. Genug im Geschichtsbuch geblättert! Was könnte man sich noch anschaun?
Das Weingut der Familie Schrapel? Rüber nach ›Blickinsland‹ fahren? Das Liederkränzchen in Tanunda mit ›German Folksongs‹? Doch mir reicht es. Genug der Sentimentalität.
Begleitet von der Alpenmusik, die aus dem Straßenlautsprecher der *State Bank* von Tanunda tönt, radle ich vorbei am Café Heidelberg, an Hot dogs, cold beer, Kaiserstuhl- und Bernkastel-Weinen. Nichts wie weg hier.
Die Straße beginnt zu klettern, verliert sich langsam in den Bergen nordöstlich von Adelaide. Im Gebiet der ›Chain of Ponds‹ mache ich Rast. Eine Windböe kräuselt die Wasserfläche des Sees. Das Gegenlicht läßt die kleinen Wellen wie silberne Schiffchen aufblitzen. Ich hatte im Barossa Tal eingekauft – ein frisches Brot und eine Flasche Krondorfer Riesling. Das biblische Mahl hilft mir, den erlebten Trubel zu vergessen. Noch eine Tages-Etappe weiter nach Norden, dann befinde ich mich wieder in dem Australien, das ich suchte.

Betteln um Bett und Brot

Ich passiere Landkartenorte. In Wirklichkeit handelt es sich um ein paar verstreut liegende Häuser – nirgendwo ein Geschäft oder wenigstens ein Tankstellen-Shop. Die Landschaft verliert an Farben. Das Thermometer zeigt 35 Grad im Schatten. Staubwirbel tanzen. Dieses ›richtige‹ Australien liegt nur 50 Kilometer nördlich des Barossa Tals.
Ein Schild lockt: *»Marrabel Bar!«* Da kann man bei dieser Hitze nicht dran vorbeifahren! Als ich das zweite Glas Bier bestelle, kommt von hinter dem Tresen die Frage: »Das macht jetzt schon zwei Dollar sechsundvierzig, kannst Du das auch bezahlen?« Verärgert über diese Einschätzung krame ich alles Münzgeld hervor und lege es mit stillem Protest auf den Bierfilz. Soll's sich die Lady doch selber abzählen.
Außer mir sind noch drei weitere Gäste anwesend – alles Frauen, alte Frauen. Sie paßten ebensogut auf die Hocker eines Pubs im englischen Paisley. Die Tür fliegt auf. Ein Mann balanciert einen Stapel Kisten mit Pfirsichen herein. Die Frauen scheinen ihn zu kennen, denn sie begrüßen ihn laut: »Hallo Jack!«, und die am Ende des Tresen sitzende lästert: »Hast du die Früchte auch alle abgewaschen?«
»Nein, nur die Haut abgezogen«, kommt es prompt zurück, »das war einfacher!« Der Mann schaut zu mir herüber, kneift ein Auge zu und macht eine Kopfbewegung, die wohl so viel wie »blöde Weiber« heißen soll. Ich blinzle zurück,

stecke die restlichen Münzen ein und verabschiede mich durch Handheben.
Wieder auf der Straße, ziehe ich einen etwas unfairen Vergleich: »Die hatten ja alle Gesichter wie Dörrobst, dieser Jack eingeschlossen.«
Eigentlich bräuchte ich nur über den nächsten Weidezaun zu klettern, und schon hätte ich ein Plätzchen für mein Zelt. Aber weil in Sichtweite von der Straße eine Farm liegt, fahre ich hinüber, um dort um Erlaubnis zu bitten.
Die Frau verneint: das sei nicht ihr Land, diese Weiden gehörten den Darwins. Sicher hätten die nichts dagegen, doch wenn ich trotzdem fragen möchte, dort am Gatter beginne der Weg.
Und dieser streckt sich in die Länge! Warum habe ich nicht das Rad genommen? Jetzt ist es zu spät, es steht am Gatter – weit zurück. Endlich! Der Farmer repariert gerade einen alten Mini-Cooper.
»Hallo!« Er blickt auf, nickt als Antwort. Ich sage artig mein Sprüchlein: »May I set…?«
Natürlich dürfe ich. Ich sollte das Zelt nur nicht am linken Zaun aufbauen, dort liefen Rinder. Die seien neugierig! Und wenn ich damit fertig sei, dann sollte ich doch auf eine Tasse Kaffee kommen.
Ich hatte ein Gebot der Höflichkeit erfüllt und wurde nun mit einer Einladung dafür belohnt. Es ist bereits dunkel, als ich dann die Farm wieder erreiche. Der Mann scheint sich über meinen Besuch wirklich zu freuen. Er lebe zur Zeit allein, erklärt er mir, und da sei »so ein cyclist« doch eine Abwechslung. Er faßt die Einsamkeit in Worte: »I am talking to the walls« – »Ich spreche zu den Wänden.«
Ich spüre sehr bald, daß sich das Interesse des Farmers an meiner Tour von dem anderer Frager unterscheidet. Er will alles ganz genau wissen: »Schreibst Du Tagebuch?«
»Natürlich!« Ich nehme das rote Büchlein aus der Brusttasche, zitiere ein paar Notizen und zeige ihm den Poststempel von Southern Cross.

Er streckt die Hand danach aus und nimmt es entgegen, als ›wiege‹ er seinen Inhalt. Dann steht er auf, geht in den Nebenraum und kommt seinerseits mit einem kleinen Buch in der Hand zurück. Er reicht es mir. Ich lese den Titel, schlage die erste Seite auf: *»From Kosciusko to Carnarvon, by Harold T. Darwin, The Wattle Press, Adelaide 1959«*
»Darwin? Ein Familienmitglied?« erkundige ich mich. Der Farmer nickt. Sein Großvater habe auf ähnliche Art wie ich das Land kennengelernt, ebenso Tagebuch geführt, seine Erlebnisse und Eindrücke festgehalten. Später habe er das Niedergeschriebene in Gedichtsform gefaßt. Kurz vor seinem Tod sei dann dieses Buch erschienen.
Ich überlege: Großvater? Das sind zwei Generationen zurück. Er müßte diese Reise um die Jahrhundertwende gemacht haben, zu einer Zeit, als solche Unternehmen noch weit risikoreicher waren. Fast ehrfurchtsvoll reiche ich das Buch zurück. Doch der Farmer schlägt es wieder auf, greift zum Kuli und schreibt auf die erste Seite: »Dave Darwin, 24/2/89«, dann reicht er es mir: »Du kannst es behalten, zur Erinnerung.«
Mir bleibt die Spucke weg. Meine erste Reaktion ist ungläubiges Staunen: »Aber das geht doch nicht. Das kann ich doch nicht annehmen. Ich werde mir den Titel notieren und es mir kaufen.«
Nein, das ginge nicht. Es sei längst vergriffen, sagt er mir. »Nimm es ruhig!« Das Buch mit dem schon etwas vergilbten, leicht fleckigen Umschlag ist nur ein paar Dollar wert, aber für mich ist es das wertvollste Andenken von dieser Reise – schlichtweg unbezahlbar. Auf dem Weg zurück zum Zelt trage ich es wie einen Schatz. Im Schein der Taschenlampe überfliege ich dann ein paar Titel: ›Great Snakes‹, ›The Enchantress‹, ›Almond Blossom‹... Da habe ich Lesestoff für einsame Stunden.
Diese Gegend, das sah man, gehört nicht zu den reichen Landstrichen Australiens. So mancher Traktor, der hier herumtuckert, könnte ein Technisches Museum zieren,

die Leute heizen noch mit Holz, und aus den Mauerfugen der Kirche von Saddleworth sprießt Gras.
Ein kurzer Stop in Jamestown.
›Burger‹ hatte ich schon in allen möglichen Varianten gegessen; aber dessen Name hier muß von Berg oder von Burg abgeleitet sein. Eine Scheibe Weißbrot, darauf Salatblätter, Tomatenscheiben, Rote Beete, dann ein Steak, geröstete Zwiebeln, Schinken, Spiegelei und schließlich als Deckel eine weitere Brotscheibe. Beim Hineinbeißen könnte man Maulsperre bekommen. Ich spüle stilecht mit Coke nach und genieße das Interieur des Dining-Rooms: Flippergeräte, Video-Plakatwerbung für Sex und Gewalt – Black Beauty, Blood, Execution. Dann stehe ich auf und gehe hinüber zu dem großen, schwarzen Zählerkasten an der Wand – lese den Stromverbrauch ab, wie der Mann vom E-Werk. Es sieht nicht danach aus, als hätte ich noch den halben Kontinent vor mir.
Immer einsamer wird nun das Land, seine Natur immer trister. Die Weideflächen haben die Farbe dürrer Disteln, die Wolle der Schafe die des Sandes, die heiße Luft die des Staubes. Es ist, als entrolle sich vor meinem Blick eine unifarbene Tapete.
Wie oft mögen sich Fremde in diese Gegend verlieren? Jedenfalls verdreht es den Leuten, denen ich begegne, den Kopf. Das eben war der Ort Mannarie. Er bestand aus drei Häusern. Die eisengerahmte Zahl 117 auf einem Steinsokkel verriet, daß die Siedlung ihren 117ten Geburtstag feierte. So jung und schon am Sterben. Jetzt folgt Yatina – vier Häuser, fünf Ruinen, ein Gedenkstein. Die Kirche hatte einmal Fenster und Tür. Der liebe Gott ist ausgezogen.
Es ist spät geworden auf der Fahrt nach Norden. Die Schafe pilgern in langen Prozessionen zu den Tränken. Ein paar Vögel fliegen mit müdem Flügelschlag zu ihren Schlafbäumen. Wieder einige Ruinen. Hier in der Nähe werde ich mein Zelt aufschlagen. Hinter mir liegt ein Tag voll stillem Erleben.

Nach Streuselkuchen, Semmelknödel und deutschem Wein wieder im richtigen Australien – Ruinen einer Farm.

Man begegnet in diesem Land Ortsnamen, die wahre Zungenbrecher sind. Gleich am Morgen stolpere ich über Orroroo. Weil gerade ein Mann neugierig herüberschaut, halte ich an und frage: »Wie spricht man Euren Ortsnamen eigentlich aus?«
Die Antwort, die er mir gibt, klingt wie ein langer Schmerzenslaut. Der Mann schneidet dieses Stöhnen mit einer Handbewegung ab: »Wenn die Leute mich fragen, wo ich herkomme, und ich dann sage aus ›Ourou‹, so meinen sie: ›Was sprichst du denn für ein komisches Englisch‹.« Er lacht jetzt selbst über dieses Orroroo, diese sieben Buchstaben, die doch nur zwei sind, aber aneinandergereiht endlos klagend klingen.
Die Straße schnürt weiter – noch immer mit Kurs Nord. Telegrafenmasten ohne Drähte, windschiefe Weidezäune, Häuserreste. Da könnte der Komfort-Asphalt bald zu Ende

sein. Stimmt! Jetzt muß sich das Rad mit Sand und losem Schotter begnügen.
Aus der Ferne hatte ich schon eine ganze Reihe verlassener Farmen gesehen, jetzt reizt es mich, einmal eine solche durchzustöbern. Von dieser hier stehen nur noch ein paar Wände und ein Türrahmen. Als ich mich der Ruine nähere, flüchten Känguruhs. Zwei der Tiere hatten in der Höhlung der Feuerstelle gelegen; beim Aufspringen prallen sie gegen das Mauerwerk, so verschreckt sind sie durch das plötzliche Auftauchen eines Menschen. Eine Schlange streckt sich, kriecht zwischen die Gesteinstrümmer. Ich werde vorsichtig.
Überall liegen noch Reste des Hausrats herum: Flaschen, zerbrochenes Geschirr von ›John Maddock, England‹, ein gußeiserner Ofen Marke Giffhorn's Patent. Nur einen Steinwurf weit entfernt befindet sich die Zisterne. Ich werfe einen Blick hinein. Sie ist ausgetrocknet, auf ihrem Grund bleicht das Skelett eines Känguruhs. Auch vor einem großen, hohlen Baumstamm liegen Känguruhknochen. Sie und ein durchgerosteter Napf belegen, daß der Baum als Hundehütte diente. Ich beginne mit der Souvenir-Suche: Eine der alten, sechseckigen Flaschen – oder ein Hufeisen? Wofür soll ich mich entscheiden? Ich gebe letzterem den Vorzug, zwar ist es etwas schwerer, dafür aber bruchsicher.
Weiter geht es durch eine schattenlose Landschaft, durch ›Seen‹ aus heißer Luft, durch Staubvorhänge. Trockene Bachläufe, Floodways, kreuzen die Piste. Das Rad rumpelt über lockeres Gestein.
Ein Schild fällt mir auf. Es weist den Weg zur Farm der Clifdons. Hier leben? Nein! Das wäre mehr ein Überleben. Noch eine Blechtafel. »Thirsty? Hungry?« fragt sie die Vorbeifahrenden. Ist das Lästern oder ein Angebot? In der Rest-Siedlung Cradock erhalte ich die Antwort. Dort gibt es zwischen all dem Verfall ein Westend-Hotel, da lockt – ganz unvermutet – ein kühler Drink. Hoffnungsvoll steige ich vom Rad und stelle enttäuscht fest: Die Reklame lügt. An

der Tür fehlt die Klinke, von einem Besitzer keine Spur. Und die Tankstelle gegenüber? Auch sie ist bereits eine halbe Ruine. Das Sichtfenster der Zapfsäule ist eingeschlagen; hier hat schon lange kein Auto mehr gehalten. Nur das Thermometer an der Wand scheint noch zu funktionieren. Es zeigt 100 Grad Fahrenheit[27]. Vorbei ist der Traum von einem kühlen Mineralwasser. Schon seit Stunden sind vor mir die Arkaba Hills sichtbar. Doch die Berge wollen nicht näherkommen. Ich radle auf sie zu, sie aber weichen scheinbar mit gleicher Geschwindigkeit zurück. In dieser Luft Distanzen richtig zu schätzen, das ist Glückssache.
Am Abend habe ich diese zurückweichenden Berge endlich eingeholt. Müde und mit verschwitzter, staubgetränkter Kleidung kurve ich auf den Campingplatz von Hawker. Wieder einmal wird mir bewußt: Australien kann man sich nicht einfach erfahren, man muß es sich erobern.
Am nördlichen Horizont, nun bereits greifbar nahe, liegt die Flinders Range. Der Maler Hans Heysen hatte sie noch anders gesehen. Damals brauchte man hunderttausende Baumstämme für Telegrafenmasten und als Grubenhölzer. Die Bergflanken waren kahlgeschlagen, der nackte, rote Fels trat schroff hervor. Doch obwohl längst wieder bewaldet, ist es ein imposanter Anblick: Mt. Aleck, Pt. Bonney, St. Marys Peak. Tausend Meter hoch erheben sich diese Steinriesen über der Landschaft. Ich radle auf sie zu, wie von einem Magneten angezogen. Wieder verwöhnt mich die Natur. Eine Emu-Familie stutzt, wundert sich über den Radler und verdrückt sich dann in dichteres Gehölz. Ein Känguruh unterbricht das Blätterkauen, setzt sich in Pose, um Witterung aufzunehmen. Und wie überall im Land, so leben auch hier die Lizards recht gefährlich. Insektenfang auf der Straße, da kommt der Tod oft auf Rädern.
Meine Begeisterung verfliegt, als die Steigung gar kein Ende nehmen will. Seit 30 Kilometern führt die Straße nun schon bergauf – weitere 20, dann habe ich endlich ›Ziel und Wendepunkt‹ erreicht, die *Flinders Range.* Ich niste mich

auf dem Zeltplatz nahe der Ranger-Station ein und stromere in den folgenden beiden Tagen wie ein Lausbub umher – klettere in den Felsen herum, nutze umgestürzte Bäume als Brücken und füttere Geckos mit selbstgefangenen Fliegen. Aber dann folgt jenes Erlebnis, bei dem sich am Ende die Grenze zwischen Mut und Leichtsinn verwischt.

Es sollte nur ein Ausflug in die ›Brachina Gorge‹ werden. Der Name verriet es schon: zum landschaftlichen Reiz käme wohl noch der Fund von Versteinerungen. Das lockte mich. In der Annahme, diesen Abstecher in ein paar Stunden zu bewältigen, begnüge ich mich mit vier Litern Trinkwasser. Das Gepäck besteht nur aus der Fotoausrüstung und dem Erste-Hilfe-Set. ›Gorge‹ bedeutet Schlucht, also müßte der Weg bergab führen. Doch zu meiner Überraschung windet sich die Piste immer tiefer in die Bergwelt hinein. Sie steigt an, stürzt hinab, beginnt erneut zu klettern. Vom ersten Meter an ist sie ein Härtetraining – und sie wird immer schwieriger. Dazu fehlen auf meiner Karte die Distanzen, denn solche Tracks rangieren als Verkehrswege unter ferner liefen.

Wieder eine dieser riesigen Steigungen. Was nützen hier achtzehn Gänge? Das durchdrehende Hinterrad wirft lediglich Sand auf. einen hochbeinigen Geländewagen bräuchte man. Ein Fußmarsch, dann windet sich die Piste weiter. Sie gleicht einer Riesenschlange.

Längst hätte ich all die Umstände – auch die rapide steigende Temperatur – als Warnsignal deuten müssen, aber die Natur, durch die mich dieser Track führte, erzeugt in mir Begeisterungsstürme. Bunte, faltige Berge, Büsche mit altgoldfarbenem Blattwerk, Bäume wie Monumente. Die Kriechspur einer Schlange kreuzt den Weg. Neugierig folge ich ihr. Das muß ein besonders großes Exemplar gewesen sein. Wieder Fährtenlesen: hier lief wohl eine Sand-Goanna. Und nun träume ich mich beim Anblick eines schwerelos schwebenden Adlerpaares selbst in die Höhe.

Piste in die Flinders Berge

Die Flinders Range, wie Kangaroo Island, ist ein Naturparadies. Aber die Zeit läuft. Ich komme viel zu langsam voran. Mein Trinkwasservorrat schmilzt. Dazu habe ich einen Tag erwischt, an dem sich über den Bergen eine Hitzeglocke wölbt. So ist es unentschuldbar, daß ich den Zeitpunkt für eine sichere Umkehr verpasse.

Wieder eine höllisch steile Abfahrt! Endlich die Brachina-Schlucht? Aber schon knickt die Piste erneut nach Norden ab. Dann müßte es die ›Bunyeroo Gorge‹ sein, denn die ›Brachina‹ verläuft in Ost-Westrichtung. Ich schüttle den Trinkwasserbeutel: mit diesem Rest, das dürfte knapp werden – sehr knapp. Die Piste versickert jetzt im Geröll eines Bergbaches. Ineinander verkeilte Baumstämme bezeugen, mit welcher Gewalt hier Gewitterregen zu Tal rauschen. Das Rad ist nun vollkommen nutzlos; ich muß es schieben. Ohne den Drahtesel käme ich wohl schneller voran. Dann ein Schlenker – die Brachina Gorge!

Wild zerklüftete Felswände, bunt bebändertes Gestein und irgendwo Schichten, in die Millionen Fossilien eingebettet waren. Doch ich habe für all das keinen Blick mehr. Längst ist mir bewußt, daß ich mich verkalkuliert habe. Dieser Weg war zu weit, zu hart, die Temperatur für ein solches Unternehmen zu hoch. Durch die Berge zurück zum Zelt, das schaffe ich keinesfalls vor Einbruch der Nacht. Jetzt war nüchternes Denken gefragt. Ich studiere die Karte. Etwa 20 Kilometer dürften es aus der Schlucht heraus bis zur Straße nach Parachilna sein. Doch auch von dort gäbe es kein Zurück. Die Verbindung nach Blinman ist gesperrt, das hatte man mir bereits in Hawker gesagt, und der Umweg führte durch die Glass Schlucht. Ich käme vom Regen in die Traufe. So blieb mir nur der Weg nach Süden. Das macht 140 Kilometer bis zum Zelt und damit die Übernachtung auf einer Farm notwendig.
Ich entscheide mich für die Merna Mora. Die fünfzig Kilometer bis dorthin schaffte ich wohl noch – auch ohne Wasser. Ich stemme mich hoch, hebe das Rad über die Hindernisse aus Schwemmholz und stapfe los. Die Flußkiesel rutschen unter den Sohlen der Wanderstiefel zur Seite wie nasse Seifenstücke. An Fahren ist hier gar nicht zu denken. Die Hitze – gegen 15 Uhr zeigt das Thermometer 43 Grad im Schatten – lastet wie ein Gewicht auf den Schultern. Dann wechselt Stein in Sand. Die Piste ›steigt‹ aus dem Trockenbach, das Ende der Schlucht ist erreicht.
Ein paar Schafe machen mir Hoffnung. Wo Schafe sind, da ist Wasser! Die Worte der Farmerin fallen wir wieder ein: »Was Schafe saufen, das kannst auch du trinken!«
Ein Windrad weist mir den Weg. Aber von was leben die Tiere hier? Ich schlürfe durch zu Staub zerfallene Erde. Dann stehe ich vor dem langen Metalltrog. In der Tränke fluten Fadenalgen. Das Wasser ist eine grüne Brühe – völlig überdüngt – wohl vom Kot der Vögel die hier tranken. Wasser – und doch keines! Mit dieser Jauche kann man allenfalls eine Kopfwäsche wagen.

Blick zurück – in die eigene Spur (Sandtreten).

Die Art, wie ich auf dem Rückweg zum Rad den leeren Wasserbeutel schlenkre, zeigt meine Enttäuschung, signalisiert aber auch schon Mutlosigkeit. Noch eine Stunde Sandtreten, dann erreiche ich endlich die feste Straße. Damit wäre wohl das Schwerste geschafft! Ich möchte ausspukken, aber der Speichel bleibt schaumig-weiß an den Lippen kleben. Ich lecke mit der Zunge über den linken Handrükken: pures Salz! Bei diesen Temperaturen und der staubtrockenen Luft verdunstet der Schweiß, kaum das er aus den Poren getreten ist.

Man kann es ein dutzendmal in einem Survival-Buch lesen, die Praxis ist doch der bessere Lehrer. Die Symptome von Wassermangel kannte ich. Ich hatte sie am eigenen Leib erfahren – an einem Spätsommertag in der Judäischen Wüste. Als sich nun meine Beine scheinbar mit Blei zu füllen beginnen, die Straße ›ansteigt‹, obwohl sie doch in der Ebene verläuft, meine Radspur zur Schlangenlinie wird und sich ein geradezu übermenschlisches Bedürfnis nach Schlaf einstellt, weiß ich diese Alarmzeichen zu deuten. Ich peile einen alleinstehenden Baum an. Der Eukalyptus wirft mit seiner schütteren Krone zwar kaum Schatten, aber in Sitzhaltung mit dem Rücken an den Stamm gelehnt, gewährt er mir Schutz vor der Sonne. Drüben am Straßenrand liegt mein Rad – ein trauriger Anblick. Nach Sonnenuntergang – bei Einbruch der Nachtkühle – werde ich die Fahrt fortsetzen.

Ein Fahrrad an der Strecke zwischen Hawker und Leigh Creek – auf so einsamer Strecke mußte das die Wirkung einer Polizeikelle haben. Ein Wagen hält. Ich möchte aufspringen, komme aber auf die Beine wie ein Boxer, der eine harte Gerade einstecken mußte. Der Fahrer hat sofort begriffen, erklärende Worte sind überflüssig. Er ist bereits ausgestiegen und greift nach dem Wasserbehälter auf der Ladefläche. Ohne seine Hilfe verschüttete ich beim Umfüllen wohl die Hälfte. Aber wie ich das glucksende Geräusch höre, wie ich spüre, daß sich der Wasserbeutel rundet und schwer wird, da weiß ich: Das Unternehmen ›Flinders Range‹ ist überstanden. Er schraubt den blauen Kanister wieder zu: »Wie bist Du denn hierher gekommen? Etwa mit dem Rad da – und ohne Gepäck?«

»Durch die Range! Vom Wilpena Pound! Dort steht mein Zelt!«

»Soll ich Dich mit nach Paraschilna nehmen?«

Ich schüttle den Kopf, deute mit einer Hand nach Süden: »Will zur Merna Mora!«

»Schaffst Du das?«

»Jetzt schon!«

Ich antworte wie jemand, den man aus dem Schlaf geschreckt hat. Nach jedem der Kurzsätze trinke ich ein paar Schluck. Ich spüre: Wasser ist Leben!

Der Mann schaut mich an wie ein Arzt seinen Patienten: »Bist du okay?«

Ich nickte: »Danke für das Wasser! Hatte ein bißchen knapp

kalkuliert.«
»Brauchst Du noch mehr?«
»Nein! Das reicht bis zur Merna Mora!«
Er prüft noch einmal den Verschluß des Kanisters. Was wird er jetzt denken: Leichtsinniger Tropf, typisch Tourist, Greenhorn? Zum Abschied kein Händedruck, sondern ein Schulterklopfen. Der Motor heult auf. Der Mann läßt den Arm aus dem Fenster baumeln und ›klopft‹ das ›Good bye‹ an das Blech der Wagentür.
Ich gehe zurück zu meinem Eukalyptusbaum und nutze ihn wieder als Rückenlehne. Etwa 12 Liter Wasser hätte ich für einen solchen ›Arbeitstag unter Wüstensonne‹ benötigt, ganze vier standen mir zur Verfügung. Und als ich jetzt den Beutel bis zur Hälfte leere, spüre ich noch immer keine Sättigung. Wie wäre dieser Trip ausgegangen ohne die Begegnung mit dem ›Wasserspender‹?
Die dreißig Kilometer bis zur Merna Mora Farm strecken sich. Zum Schluß noch eine unangenehme Sandpiste, dann habe ich es geschafft.
Hunde schlagen an. Hoffentlich brauche ich mich mit denen nicht zu rangeln. Aber sie akzeptieren den Fremden, beschnüffeln meine Beine und das Rad und begleiten mich dann bis zur Tür.
Dort werde ich schon erwartet. Der Farmer war nach draußen gekommen, um nachzusehen warum die Hunde so lärmten. ich grüße, sage ein paar erklärende Sätze und tue dann etwas, was mir auf all meinen bisherigen Reisen erspart geblieben war: ich bettle um Bett und Brot.
Das Lächeln, mit dem mir der Farmer antwortet, ist schon die halbe Einladung. Er winkt mich hinein: »Come on!«
»Wir haben einen Gast«, stellt er mich der Familie vor. Als ich diese sehe, denke ich unwillkürlich: »Was für ein Ungleichgewicht der Geschlechter – acht Männer, zwei Frauen«. Der Farmer scheint meine Gedanken erraten zu haben: »Das sind alles Scherer«, erklärt er mir, »morgen früh geht es los, da kannst Du gleich dabeisein!«

»Haben wir noch ein Bett?« Die Frage galt seiner Frau. Diese gibt mir ein Zeichen: »Komm mal mit!«
Zur Farm gehören acht oder zehn ›Cabins‹: »Das sind die Unterkünfte der Scherer«, erklärt sie mir im Vorübergehen, »die letzte ist noch frei«. Nun bekomme ich Bettwäsche, Handtuch und Seife. Wenig später habe ich ein Zimmer – halb Landhotel, halb Jugendherberge.
Die Tür wird aufgedrückt. Der Farmer balanciert auf einem blechernen Tablett das Essen herein. »Wir hatte das gleiche!« Mit diesen Worten stellt er es auf den Tisch.
Da dampfen ein Teller Tomatensuppe, Schaffleisch, Kartoffeln und Mischgemüse – dazu gekühltes Wasser und eine Literflasche Zitronensprudel. Noch vor drei Stunden befand ich mich in einer Notlage, jetzt hatte ich ein Bett, Brot und zu Trinken im Überfluß. Da sitze ich – recht beschämt und vergesse sogar das ›Danke‹. In der Tür dreht sich der Farmer noch einmal um: »Wenn es Dir nicht reicht, dann melde Dich ruhig!« Ich nicke.
Kaum zehn Minuten später geht erneut die Tür auf. Jetzt ist es die Farmersfrau. Sie bringt mir schwarzen Tee und einen Zuckerstreuer, eine Marmeladendose, deren Deckel man mit einem spitzen Gegenstand ›durchsiebt‹ hatte. Sie wiederholt noch einmal die Worte ihres Mannes: »Wenn es Dir an etwas fehlt, dann komm herüber ins Wohnhaus!« Und später sollte ich sowieso auf ein Bier mit den Scherern kommen.
Rundum zufrieden aber auch totmüde folge ich dann der Einladung – aber nur, um ein erstes ›Many thanks‹ loszuwerden und um den Leuten zu sagen, daß ich ›bleischwere Knochen‹ habe. Ich schildere mit ein paar Worten den mißglückten Ausflug in die Brachina Gorge, und man hat dann auch Verständnis dafür, daß mir heute nicht mehr nach Bier sondern nur noch nach einem Bett ist.
Der nächste Morgen beginnt mit lautem Lärm. Motorräder knattern, Hunde bellen. Dazwischen hört man die Rufe der Männer. Leben auf einer Schaffarm. Da muß ich hinaus.

Und was sich da draußen tut, das ist für mich faszinierend. Zwei Jungen, motorisierte Cowboys, treiben die Schafe zusammen. Luftsprünge, Fahrt auf dem Hinterrad, Herumschleudern! Sie beherrschen ihre Maschinen wie Akrobaten. Die Männer schwärmen aus. Jeder hat seinen festen Platz. Jeder weiß um seine Aufgabe. Das Trampeln der Herden kommt näher. Tausende kleine Hufe trommeln auf den festen Boden. Schrille Pfiffe, Hoi-Hoi-Rufe, Befehle an die Hunde! Die Stampede muß an den Gattern gestoppt werden.

Langsam legen sich die Staubvorhänge. Aus einem wilden Durcheinander wird Ordnung. Einzelne Herdenteile sind bereits abgetrennt. Die Hunde umkreisen sie, schnüren sie immer enger ein. Ausbrecher haben keine Chance, sofort fährt ihnen einer der kleinen schwarzen Teufel in die Wolle. Schließlich stehen die Tiere dichtgedrängt. Jetzt wirken sie wie Wollflöße in einem Sandmeer. Vielstimmiges Blöken! Ängstliches Hälserecken! Vorbei ist es mit der Freiheit.

Der Farmer, Mr. Felz, kommt zu mir herüber:

»Hast du schon gefrühstückt?«

»Nein!«

»Geh nachher rüber zu den Frauen! Hast Du so etwas schon einmal erlebt?« Er macht eine Kopfbewegung in Richtung des Geschehens.

»Nein!« Meine Antwort klingt unhöflich knapp, und ich gebe sie dem Farmer, ohne dabei den Kopf zu wenden. Zur Entschuldigung sage ich: »Fascinating!«

»Komm' mal mit«, macht er mir nun ein Angebot.

Das ist unglaublich! Soeben hatte auf der Merna Mora die Schafschur begonnen – die arbeitsreichsten Tage des Jahres. Jeder wurde jetzt gebraucht und der Farmer mit seiner Umsicht, seiner Fachkenntnis wohl am meisten. Aber der Mann tut, als sei er gänzlich überflüssig und beginnt, mir, dem hereingeschneiten Touristen, alles zu zeigen.

Die einzelnen Herdenteile wurden inzwischen in immer kleinere Gatter gedrängt. Es geht ans Sortieren. Wieder

Das »Pferd« eines Stockman

laute Rufe und Pfiffe! Drüben wagen es ein paar Schafe für Unordnung zu sorgen. Ein Befehl an die Hunde. Die werden zu Wieseln, sausen unter den Stangen durch. Einer der Männer packt ein Tier am Wollkragen, wuchtet es herum. Blödes Schaf! Gegen tausend Artgenossen wollte es anrennen.

Am Ende steht jedes Schaft dort, wo es hingehört: jung, alt, besonders langwollig, letztlich die mit der falschen Markierung. Zur Schur geht es schubweise Richtung Scheune. Den Schafen bleibt gar keine andere Wahl. Von Holzstangen geleitet, ist ihnen jegliche Ausbruchmöglichkeit genommen. Aus störrischen Bewegungen wird phlegmatischer Gang. Jetzt gleichen sie Delinquenten auf dem Weg zum Schafott.

Wir gehen weiter. An dem Wellblechbau stehen nun die ›Pferde‹, japanische Suzukis – hochbeinige, grobstollige heiße Öfen. Ein paar Meter davon entfernt parkt ein Drei-

rad, ein uriges Gefährt. »Das hat mein Sohn gebaut«, erklärt mir der Farmer im Vorübergehen, »damit fährt er Rennen auf dem Lake Torrens. Das war ein German VW!«
Ich schaue genauer hin. Als Wolfsburger Käfer ist dieser Eigenbau nicht mehr zu erkennen. ›Modell Outback‹ könnte man ihn allenfalls taufen. Einen passenden Namen hat er schon. Auf dem linken Kotflügel steht: *»Flying Doctor«* Ich folge dem Farmer wie ein Schäferhund. Ein Klimmzug, dann stehen wir auf der Rampe der Schurhalle. Drinnen herrscht Halbdunkel. »Das beruhigt die Tiere«, erklärt er mir. Mr. Felz zeigt auf die vier Scherer im Hintergrund: »Zwei Minuten für ein Schaf. 150 pro Tag. Die Männer leisten Schwerstarbeit!« Ich gehe etwas näher: Ein Griff ums Maul, ein kurzer drehender Ruck – das Schaf sitzt auf seinem Wollhintern und wird in Position geschleift. Wenn dann das Schermesser ins Fell greift, so glaubt man zunächst, daß davon nur kleine Stücke übrigbleiben; aber das Vlies löst sich, als streife das Tier einen dickflauschigen Mantel ab. Zwei viertel Drehungen – fertig. Der Griff wird gelockert, ein Schubs, das Schaf kommt wieder auf die Beine und ab geht es durch eine kleine Luke hinaus ins Sammelgatter.
Da stehen sie dann – mehr Ziege als Schaf – und blöken sich an, weil sie einander nicht mehr erkennen.
Ein breiter Lichtstrahl fällt in die Schurhalle. Das Seitentor wird geöffnet, Nachschub drängt herein. Die vier Scherer arbeiten stumm. Zwei Minuten für ein Schaf: da bleibt keine Zeit zum Sprechen. Es hält nur auf und kostet Kraft. Ich sehe, wie sich die grauen Unterhemden der Männer dunkel färben. Einer von ihnen greift zum bereitliegenden Handtuch. Schon nach wenigen Minuten sind es Schweißtücher. Ein Schluck Wasser aus der Kühlbox – das nächste Schaf. Noch 145 bis zum Abend, 1500 in den nächsten zehn Tage. Es gab Herden, die zählten mehr als 100000 Köpfe. Die harten Dollar, die die Scherer als Lohn bekamen, bedingten harte Arbeit.

»Interieur« einer Schurhalle

In das Summen der Schermesser mischt sich jetzt ein anderer Ton – das Stöhnen der Hydraulik-Presse. Zwei der Männer greifen sich die Felle und breiten sie aus. Eine kurze Kontrolle, Beseitigung der sehr verschmutzten Teile, dann wird damit die Presse ›gefüttert‹. Der eingespannte Jutesack faßt wohl ein Dutzend Vliese. Ein tiefer Brummton. Mr. Felz zeigt auf den ›Würfel‹, der soeben unter dem Tonnendruck entstanden ist: »400 Pfund feinste Wolle von der Merna Mora!« Aus seinen Worten klingt berechtigter Stolz. Nun wird mit Hilfe einer Metallschablone noch der Name der Farm aufgepinselt. Schon füllt sich der nächste Ballen.
Vierhundert englische Pfund, die kann ein Mann allein nicht bewegen oder gar stapeln. Gleich drei packen zu. Sie schlagen Eisenhaken mit ausgeschmiedeten Griffen in die Ballen und geben sich selbst das Kommando. Der Farmer sagt ein paar lobende Worte, dirigiert sie und widmet sich dann wieder mir.

Szenen von einer Schaffarm. Die arbeitsreichsten Tage des Jahres haben begonnen.

»Die anderen haben das alte Gerät weggeworfen. Auf der Merna Mora aber blieb alles erhalten!« Er zeigt auf eine gut drei Meter hohe Handpresse: »Um *daran* zu arbeiten, dafür brauchst du…« Mr. Felz spricht den Satz nicht zu Ende sondern beugt den rechten Arm und ersetzt damit das Wort ›Muskeln‹. Rechts neben dem Haupttor steht eine alte Dezimalwaage. »Noch voll funktionsfähig«, lobt er das gute Stück. Dann holt er ein geschmiedetes Schermesser hervor und bewegt das Eisen mit Fingerkraft: »Damit eine ganze Herde scheren! Kannst Du Dir das vorstellen?« Er zeigt mit dem Daumen nach rückwärts, was wohl heißen soll: »Die elektrischen Messer dort – wie leicht sie im Vergleich dazu schnurren!«

Zum Inventar der Halle gehört auch ein alter Schrank mit vielen Schubfächern. Mr. Felz öffnet einige von ihnen. Sie enthalten Wollproben – verschiedene Jahrgänge. Er entnimmt ein paar und hält sie vergleichend nebeneinander: »*Das* war kein besonderes Jahr, *dies* ein sehr gutes! Die Wolle stammt aus der Ebene. Siehst Du die Rotfärbung? Outback-Staub![28] *Diese* Schafe liefen in der Flinders Range! Man erkennt es am dunklen Gesteinsstaub und an den Samen, die sich in der Wolle verhakt haben.« Er faßt die Strähnen zusammen: »Nimm sie mit – als Andenken an die Merna Mora.« Erneut habe ich ein Souvenir, wie man es nirgendwo kaufen kann.

Was, geht es mir durch den Kopf, wird der Mann wohl über die Schafzucht bei uns zu Hause wissen? Ich versuche es mit ein paar Wortbildern: Schafe auf Nordseedeichen, Heidschnucken – eher Touristenattraktion – in der Lüneburger Heide, ein Stück spätes Mittelalter: ein Schäfer mit seiner Herde an den Hängen der schwäbischen Alb. Ob der Farmer meine Beschreibungen umsetzen kann? An seinem Gesicht sehe ich, daß er es versucht.

»Was heißt eigentlich Merna Mora?« Meine Gedanken springen zurück an den Fuß der Flinders Range.

Mr. Felz macht eine Handbewegung: »Nichts besonderes!

»Ernteballen«, feinste Merino-Wolle von der Merna Mora.

Das stammt vom Großvater. Weiter im Süden liegt die Mern Merna Farm und drüben aus den Bergen kommt der Moralana Creek. Großvater nahm von beiden Bezeichnungen etwas: Mern Merna – Moralana – Merna Mora! Wir haben nur 32000 acres«, ergänzt er, »unser Nachbar hat erheblich mehr – ein paar hundert Quadratmeilen!«
»Und wie lebt es sich hier – zwischen Fels und Salz?« Obwohl wir in der Schurhalle stehen, zeige ich in Richtung Flinders Range und dann hinüber zum Lake Torrens. Mr. Felz lacht und läßt die Antwort offen.
Einer der Arbeiter ruft nach dem Boß! Da drüben gibt es Probleme. Ich komme nicht einmal mehr dazu, mich bei dem Farmer für all sein Entgegenkommen richtig zu bedanken. Im Weggehen weist er mich mit einer Handbewegung an: »Vergiß das Frühstücken nicht!«
Die Sonne ist höher gestiegen. In der Wellblech-Halle wird die Luft stickig. Ich nehme noch einmal die ganze Szene in

mir auf: die gedrängt stehenden Schafe, die schwitzenden, wie Roboter arbeitenden Scherer, das Summen der Messer, das Stöhnen der Hydraulik-Presse. Der Hallenboden ist inzwischen ganz mit Wollflusen bedeckt. Es sieht aus, als würden die Schafe hier nicht geschoren, sondern gerupft. Draußen auf der Rampe stapeln sich inzwischen ein Dutzend 400-Pfund-Ballen, Ernteteil einer Schaffarm.

All diese Bilder nehme ich in Gedanken mit. Ich weiß auch schon, wie ich mich bei dem Farmer revanchieren werde. Ein reetgedeckter Schafkoben, eine blühende Heidefläche – gesprenkelt mit hellen Schafleibern: Wie mag solche Bildromantik auf einen australischen Schaffarmer wirken? Ich sehe Mr. Felz lächeln, aber sein ›Outback‹ wird er dagegen nicht eintauschen wollen.

Die Mutter des Farmers bedient mich wie ein Familienmitglied. Sie bereitet mir ein Frühstück, als müßte ich heute selbst noch 150 Schafe scheren.

Ein langer Abschied, dann sitze ich wieder im Sattel meines Velos. Es sollte nur ein Ausflug in die Brachina-Schlucht werden, daraus wurde ein Abenteuer, eine Notsituation. Aber es endete schließlich mit einem großen Erlebnis.

Auf der Merna Mora hatte ich einen Tip bekommen. Es war nicht nötig, bis hinunter nach Hawker zu fahren und dann erneut den langen Anstieg in die Berge zu machen. Dem Moralana Creek folgte eine Piste. Mit dem Mountain Bike wäre sie zu schaffen, und das bedeutete eine Abkürzung von gut 60 Kilometern.

Der Sand-Track erweist sich tatsächlich als recht gut befahrbar. In den Nachmittagsstunden erreiche ich wieder mein Zelt. Alles war unberührt geblieben. Ich hatte auch nichts anderes erwartet!

Das Unternehmen ›Flinders Range‹ war für mich eine deutliche Warnung. Hatte ich geplant, von hier aus dem Oodnadatta-Track zu folgen und dann nach Westen Richtung Coober Pedy abzubiegen, so stecke ich die Route nun neu ab. Es ging mir darum, ganz deutlich zwischen Mut und Leichtsinn zu unterscheiden. So wähle ich die Strecke über Port Augusta, ein Umweg von mehreren hundert Kilometern. Denn entlang des ›Oadnadattas‹ herrscht extremer Wassermangel, und *ein* Notstand war für mich Lehrgeld genug. Als ich mit meinem Rad aus den Bergen der Flinders Range zurück nach Süden rolle, ahne ich natürlich nicht, daß mich auf dem Stuart Highway noch Schwierigkeiten ganz anderer Art erwarteten.

Spielball der Naturgewalten

Es sind wieder Geisterorte, oder solche die es vielleicht noch werden, die ich auf meiner Fahrt hinunter zum Spencer Golf passiere. Wilson, Grendaro und Gordon: Kaum 150 Jahre alt, und schon ist ihre Geschichte zu Ende geschrieben. Ich passiere Quorn. Vor 30 Jahren hat man dem Ort durch den Bau einer neuen Zugverbindung weiter im Westen die Lebensader abgeschnitten. Jetzt rosten auf Abstellgleisen die Viehwagen vor sich hin. Mit ein bißchen Fassadenfarbe versuchen einige Bewohner Anschluß an die Gegenwart zu finden. Vielleicht gelingt es ihnen.
Die Straße steigt an. Das ist die Bergkette vor Port Augusta mit dem Pichi Richi Paß. Der Name mag zwar recht lustig klingen, doch einem Radler fährt diese Steigung in die Knochen. Endlich kippt die Straße ab. Nur, die Freude darüber es geschafft zu haben, verfliegt schnell. Reklameschilder, Müll, Industrieanlagen. Der Rauch aus dem Schornstein eines Kraftwerkes wälzt sich über die Landschaft. Das ist die Stadt, in der ich bei Carol mein letztes Leben verlieren könnte.
Lieber nicht. Ich möchte hier nicht einmal begraben sein! Von den Informationen, die ich mir über den Ort besorge, ist nur eine für mich von Interesse: *Wadlata Outback Centre.* Der Besuch dieser Austsellung lohnt. Die Geschichte Australiens – vom alten Gondwanaland[29] über die ›Dream-Time‹[30] der Aborigines, von der Erschließung des Konti-

Ein Cowboy als Amme. Stockman füttert junges Känguruh (dem man die Mutter weggeschossen hatte).

In Australien gibt es mehr Merinos als Menschen, Szene von einer Schaffarm.

Die Wüste unter Wasser. Auf dem Stuart Highway bei Alice Springs fahren keine Autos mehr, da schwimmen nur noch Reifen.

Eine Natur
wie im Paradies;
Seelöwen
zum Anfassen;
Koalas
zum Streicheln;
Geckos, neugierig
und allgegenwärtig.

TI·TREE ROADHOUSE
THE MOST CENTRAL PUB IN AUSTRALIA
MACK
ROAD
TRAIN
Shell
Shell
Shell

King of the Roads: 115 Tonnen auf 62 Rädern, Spitze 140 km/h. Diese Road Trains, Kategorie ›Northern Terrytory‹, sind eine Gefahr – nicht nur für Radler.

Wände mit Geld tapeziert. Blick in eine ›Buschbank‹ des Nordterritoriums.

Eine Laune der Natur, Riesenkugeln aus Granit. Für die Aborigines sind es die Eier der Regenbogenschlange.

Faszinierendes Pendant zur Wüste: Endstation Regenwald.

Zwischen Urwaldriesen fühlt sich der Mensch ebenso unbedeutend wie in der Weite des Outbacks (im tropischen Regenwald Nord-Queenslands).

nents, bis hin zu neuzeitlichen Kommunikationsmitteln – alles ist anschaulich dargestellt. Und zum Schluß nehme ich einen Ausspruch mit, der mir später noch mehrfach als Ansporn dienen sollte. Ich lese ihn im Ausstellungsteil: »Das Fahrrad als Verkehrsmittel im Outback.« Schon 1890 hieß es bei den Pionieren: *»But the bicycle gets through. If the man does!«* – »Aber mit dem Rad schafft man es, wenn es der Mann selbst packt!«

Vor dem langen Weg nach Norden habe ich einen Ruhetag eingelegt. Ich sitze im Stadtpark von Port Augusta (soweit das Areal die Bezeichnung ›Park‹ verdient) und lasse in Gedanken den bisherigen Verlauf der Tour Revue passieren: die Fahrt durch die Karri-Wälder im Westen, der Weizengürtel, das Goldland, der Windkanal Nullarbo Ebene… Jetzt liegt die Durchquerung des Kontinents von Süd nach Nordost vor mir. Bei dem Gedanken daran wünsche ich mir die Gabe eines Hellsehers.

Etwa 50 Meter von mir entfernt sitzt ein alter Aborigines. Er beobachtet mich wohl schon die ganze Zeit. Als ich dann zum Zeltplatz zurückgehe, wähle ich meinen Weg bewußt so, daß ich in seine Nähe komme. Ich möchte ein Gespräch versuchen.

Um die Holzbank, auf der der Mann ruht, ist der Boden blankgescheuert wie vor einem Fußballtor. Diese Gestalt ist so typisch wie ein rothaariger, sommersprossiger Ire. Schlohweißes Haar, knitterhäutig, fast schwarz – dazu die Physognomie. Die großen Füße in viel zu kleine Schuhe gepreßt, dann Ringelsöckchen, eine Adidas-Turnhose, T-Shirt. Man kleidet diese alten Männer wie Kinder – ganz so, als wollte man sie bewußt lächerlich machen.

Ich grüße durch Handheben: »It's a hot day, isn't it!« – »Das ist ein heißer Tag, nicht wahr?« Der Alte setzt sich etwas zurecht und schaut mich an, als hätte ich ihn aus einer fernen Gedankenwelt zurückgeholt. Er hat nicht damit gerechnet, daß ich ihn anspreche. Nun nickt er langsam, hebt ebenso bedächtig die Hände und spreizt die Finger.

Das sollte wohl so viel heißen wie: »Es geht, hier unter dem Baum ist es schattig!« Dann blickt er wieder zu Boden. Da ist wohl nicht viel mit einer Unterhaltung. Mein ›Good bye‹ beantwortet er mir schon nicht mehr.
Ich mache noch einen Schlenker hinüber zum Aboriginal Culture Centre. Vielleicht könnte man mir dort den Titel des Buches nennen, welches die Dream-Time am besten darstellt. Eine junge Eingeborene schreibt ihn mir auf ein Stückchen Papier: *Andwyamatha, Rc Book*. Aber es gelingt mir leider nicht, dieses Buch aufzutreiben – weder später in Alice Springs, Cairns noch in der Bibliothek von Darwin.
Das Rad ist durchgecheckt, der Verpflegungsvorrat aufgefüllt, die Wassersäcke prall gefüllt. Vor mir liegt die Fahrt ins rote Zentrum. Es ist noch heißer als gestern. Die Straßen sind verwaist, wer nicht in die Hitze hinaus muß, der läßt sich von der Aircondition umfächeln. Nur ein paar Aborigines sind unterwegs. Trotz der 40 Grad im Schatten fühlen sie sich offensichtlich wohl. Eben noch windstill, kommt plötzlich Sturm auf – ein heißer Gruß aus der Wüste. Port Augusta verschwindet unter Staubvorhängen. Ich drücke mein Gesicht auf die Gepäckrolle, lasse mich überrieseln. Das fängt ja gut an.
Kaum habe ich die letzten Häuser der Stadt hinter mir, da stoppt ein Wagen. Die Fahrerin beugt sich aus dem Fenster: »Wo willst Du denn hin?«
Ich zeige in die Richtung aus der sie gerade kommt.
»Das kannst Du nicht machen! Du wirst vom Rad fallen! Gestern waren es in Coober Pedy 49 Grad!« Sie versucht, mich von meinem Vorhaben abzubringen. Was soll ich der Frau antworten? Ich mogle: »Wenn es zu hart wird, dann kehre ich um und fahre mit der Ghan!«[31] Das scheint sie zu beruhigen. *Neunundvierzig Grad!* Das könnte wirklich hart werden!
Noch ein paar Kilometer, dann habe ich endgültig alles bewohnte Land hinter mir gelassen. Mit einem Gefühl, ähnlich dem vor Beginn der Nullarbor-Etappen, nehme ich

Kurs ins rote Zentrum. Und wieder sehe ich mich Weiten gegenüber, die für einen Europäer unfaßbar sind. Landschaft und Straße bilden Horizonte aus Sand, Salz und Asphalt. Das Band des Stuart Highway streckt sich. Erst nach 175 Kilometern würde es ein Roadhouse berühren. Ich werde haushalten müssen – mit der Verpflegung, mit meinem Wasservorrat, mit meinen Kräften.
Was für eine Natur! Am östlichen Horizont sieht man noch die Gipfel der Flinders Range. Weit im Westen überragen Tafelberge die Ebene; jeder von ihnen gleicht einem Götterthron. Dazwischen liegt nur wüstenhaftes rotes Land. Angesichts dieser Dimensionen wird ein Radler zum winzigen Punkt.
Die Luft flimmert. Alle Kreaturen ducken sich unter der mörderischen Hitze. Kein Vogel singt, keine Heuschrecke schnarrt, kein Hund verließe freiwillig den Schatten, in dem er liegt. Nur die lästigen Buschfliegen leisten mir Gesellschaft – nicht nur ein paar, sondern ganze Geschwader.
Nach langer Zeit bilden sich am Himmel wieder einmal Wolken. Es sind dickbauchige Kumulus. Seltsam. Manche haben rötliche Ränder. Aber bald bekomme ich hierfür die Erklärung. Sandrotoren, Willy-Willies, tanzen über der Landschaft; sie drehen sich schneller und schneller. Plötzlich reißt die Thermik eines dieser Gebilde hinauf zu den Wolken. Die Rotfärbung ist also Sandstaub. Diesen ungewöhnlichen Vorgang hätte ich bereits als Warnung deuten sollen. Aber noch faszinieren mich diese Windpirouetten.
Der Autoverkehr auf dem Stuart Highway ist viel geringer als erwartet. Ich glaubte die Rennstrecke Darwin-Adelaide weit stärker befahren. So werden die mir begegnenden Autos eher zur Abwechslung. Mancher Fahrer hält. Dann muß ich wenig kluge Fragen beantworten, für Fotos posieren. »Many thanks, Good luck, Bye bye!« Ich lebe vom Mitleid der Motorisierten wie ein Künstler von Applaus der Zuschauer. Nur ein einziger von ihnen meint es wirklich gut mit mir. Er gibt mir einen Tip: »Genau 72 Kilometer

»Wasserfassen« an einem undichten Ventil der Pipeline nach Coober Pedy.

südlich des ›Roadhouse‹ Pimba kreuzt eine Pipeline die Straße. Dort kannst du frisches Wasser zapfen – soviel du brauchst.« Ich bedanke mich freudig und markiere mir die bezeichnete Stelle auf der Karte.

Die rostige Eisenröhre ist schon von weitem zu sehen. Doch als ich dann am Stellrad drehen möchte, läßt es sich nur etwa zwei Zentimeter bewegen. Ich versuche es mit Gewalt – vergeblich! Da hilft keine noch so große Kraftanstrengung. Entweder ist das Gewinde eingerostet oder das Ventil anderweitig blockiert. Lediglich in der äußersten linken Position tropft es etwas aus der Dichtung.

Da sitze ich nun, irritiert und enttäuscht. Schließlich hatte ich mich beim Wasserverbrauch auf diese Möglichkeit zum Nachtanken verlassen. Jetzt muß ich das kostbare Naß ›tröpfchenweise‹ sammeln – durch Unterstellen der Feldflasche. Auf diese Art 4 Liter-Wasserbeutel zu füllen, da wird man leicht zum Psychopaten.

Wasser! Nur noch eine Meile...

...oder noch 200 Kilometer.

Ich nehme diese Pleite zum Anlaß, meine Wasserversorgung noch einmal zu überdenken: Sind alle Behälter randvoll, so führe ich etwa 14 Liter mit, außerdem kann ich mir noch einen kleinen Vorrat antrinken. Bei Temperaturen von über 40 Grad reicht dies nur für gut einen Tag, aber erst an jedem zweiten komme ich an ein Roudhouse. Das Wasserdefizit ist vorhersehbar. Doch vielleicht gibt es hie und da Tanks? Leider geben die Karten des *RAA*[32] darüber keine Auskunft. Bleiben die Windräder. Sie markieren Viehtränken und sind in der Ebene auf große Distanz sichtbar. Dann gibt es noch die Bahnlinie! Sie folgt viele hundert Kilometer dem Highway, und in den ›Gleisschleifen‹ stehen manchmal Wartungswagen. Auch dort bekäme ich Trinkwasser. Ja, selbst ein Gewitter könnte mir helfen! Mit Hilfe einer Plane oder Folie ließe sich genug Regenwasser auffangen. Letztlich könnte ich Autofahrer stoppen – und einfach anbetteln. So ist meine ›Wasserrechnung‹ eine Art Gleichung mit fünf Unbekannten. Adam Riese drehte sich da wohl im Grabe. Trotzdem scheint mir diese Aufgabe lösbar. Mit diesem Hoffnungsgedanken rolle ich mich am Abend mit meinem Schlafsack in den Sand. Zum Zeltaufbauen bin ich viel zu müde. Die Nacht wird eine Sternendecke über mich breiten, und der beginnende Tag zieht sie mir dann wieder weg.

Eine Vogelstimme klagt durch die Stille. Der Himmel ist noch tief tintenblau. Es war wohl etwas leichtsinnig, sich so gänzlich ungeschützt der Natur zu überlassen, gibt es hier doch Schlangen, Skorpione und Giftspinnen. Aber die einzige unangenehme Überraschung erlebe ich, als ich später das Rad satteln möchte. Während der Nachtstunden hatte ein Ameisenvolk damit begonnen, seinen Bau in meine Packtaschen zu verlegen. In der gesamten Ausrüstung herrscht Leben. Ich benötige geraume Zeit, um dieses tausendfüßige Gekrabble wieder loszuwerden; jedes Teil ist auszuschütteln, abzusammeln. Mit dem ersten Sonnenstrahl sind dann die Buschfliegen wieder da. Aber gegen sie

Begegnungen vor dem Zelt: Blauzungenechse in Abwehrstellung.

Schlangen, die lautlose Gefahr.

anzustänkern, das ist so sinnlos wie der Versuch, in Treibsand ein Loch zu graben. Hier hilft nur stoische Ruhe.

Auf meiner Karte ist ein Bahnhof eingezeichnet: Wirrappa St. – nichts als ein rostiger Container. Schon vorbei! Hier steigt niemand zu, niemand aus, selbst wenn ein Zug hielte. Pimba, das erste Roadhouse!

Meine Haut gleicht der eines trockenen Salzherings. Ich wasche mich im Toilettenhäuschen, in einem winzigen Schmuddelbecken und gehe dann hinüber ins Bar-Restaurant. Drinnen zeigt eine Sammlung von Militärabzeichen, daß man sich in der Nähe der Garnison Woomera befindet. Der Alkoholausschank ist von Durstigen umlagert. Diese Art von Kundschaft ist hier wohl immer willkommen. Als ich mich mit Mineralwasser begnüge, handele ich mir mißbilligende Blicke ein. Dann eine Szene, die mir den Aufenthalt gründlich verleidet: Ein junger Mann betritt den Raum; seiner Montur nach zu urteilen wohl ein Motorradfahrer. Er geht hinüber zum Tresen und bittet dort um Trinkwasser. Die Antwort, die man ihm im rüden Ton gibt, klingt von Wand zu Wand: »Hier wird getrunken, was aus dem Zapfhahn kommt! Wasser gibts draußen in der Toilette!«

Aber dieser Rausschmiß allein ist es nicht, der mich erbost, denn wenig später erhält eine gutgekleidete Frau an der gleichen Bar Wasser für ihre ›Shitzues‹. Diese Tiere möchte ich mir mal anschauen! Ich stehe auf, folge ihr nach draußen. Neben der Tür sind zwei Hunde angeleint, klein, blaßhaarig, stupsnasig. Sie bellen nicht, sie ›kichern‹. Dergleichen Töne hatte ich noch nie aus einem Hundemaul gehört. Mit gespieltem Interesse erkundige ich mich bei der Frau noch einmal nach dem Namen der Rasse. »These are Shitzues, from China«, kommt es stolz zurück.

Feinstes Trinkwasser für Herrschaftshunde und ›Toilettenwasser‹ für einen durstigen Motorradfahrer! Als ich weiterradle, stelle ich mit Genugtuung fest, daß von den Buschfliegen, die mich bisher begleiteten, fast alle in Pimba zurückgeblieben sind. Vielleicht finden sie dort nun das richtige Opfer. Wieder weiße Horizonte! Links der Straße Island Lagoon, im Osten Lake Hart. Aus gutem Grund warnt ein Kartentext:»Important! With very few exceptions the lakes shown are dry salt pans and do not indicate a source of permanent water!« – »Achtung! Von sehr wenigen Ausnahmen abgesehen, handelt es sich bei den abgebildeten Seen um trockene Salzpfannen. Diese sind keine Quellen für eine Wasserversorgung!«

Dann durchradle ich erneut Richtfunkstrecken. Ein überlanger Güterzug, gezogen von mehreren Dieselloks, kriecht nordwärts. Auf Distanz gleicht er einer Raupe. Und die dem Schienenstrang folgenden Telegrafendrähte wirken wie Spinngewebe. Die Größe des Landes setzt hier die Maßstäbe!

Im Abstand von Stunden halten zwei Autofahrer. Beide wollen nur etwas lästern. Der erste fragt schadenfroh: »Na, wie ist das mit den Buschfliegen?« Und als ich diese Qual mit den Worten ›scheußlich‹ umschreibe, meint der Mann: »Tröste dich, die werden nicht allzuviel von dir fressen!«

Auch der andere versucht es mit Spott: »Du bist genau so verrückt wie der mit der Schubkarre!«

»Wer, mit welcher Karre?« frage ich zurück.

»Der mit der Schubkarre! Sein Arzt hatte ihm nur noch ein paar Monate gegeben – Krebs oder so. Daraufhin packte er alles was er besaß in die Karre und wanderte los von irgendwo in Südaustralien. Nach mehreren Monaten kam er in Darwin an – und lebte dort noch zwanzig Jahre!« Er zwinkert mit einem Auge, als wollte er sagen: »Nimm's nicht so ernst!«

Solcher Schalk ist erträglich – im Gegensatz zur Temperatur. Mein Körper gibt deutlich Warnzeichen. Das Herz schlägt, als müßte es die doppelte Menge Blut transportieren – dazu diese Benommenheit, diese Muskelschwäche. Das ist es, was das Treten zur Tortur macht.

So bin ich heilfroh, als in den späten Nachmittagsstunden das Quecksilber wieder unter die 40-Grad-Marke rutscht.

Aber das für heute gesteckte Ziel, die Tankstelle Glendambo, ist letztlich nur durch eine Fahrt in die Nacht zu erreichen.
Der neue Tag beginnt mit 25 Grad im Schatten. Das sieht nach einem Hitzerekord aus. Auch die Schilder am Rand des Stuart Highway gleichen Rekordmarken. *Next Services 259 Kilometres«*, hatte ich gelesen. Irgendwo stand auch: »Frisches Obst und Gemüse 300 Kilometer«, oder »Lizenziertes Restaurant 400 Kilometer«. Da bot man außerdem von sonnenheißem Blech herab temperierte Barossa-Weine und kühles Bier an. Mein Lachen ist mehr ein Zähnefletschen. Längst wähne ich mich auf dem Tafelland, aber nun führt die Straße stetig bergauf. Irgendein Bergsattel nennt sich Eucola Paß oder Bluff. Der Blick von hier oben ist wirklich Betrug.
Voraus liegt ein halbes Dutzend Seen. Trotzdem fehlt hier jede Spur von Wasser. Der Stuart Highway taucht hinab in diese Salzlandschaft und beginnt wieder zu klettern. Dann streckt er sich zu endlosen Geraden.
Ein Falke fliegt auf – mit einer Schlange in den Fängen. Doch bis ich die Kamera ausgepackt habe, ist der Vogel schon weit entfernt. Schade um das seltene Motiv. In der Ferne werden ein paar Berge sichtbar. Einer der roten Riesen gleicht dem Ayers Rock, so wie man ihn von Prospekten her kennt. Die nächsten Horizonte bleiben ›flach‹. Ich schalte wieder auf Stumpfsinn und trete wie die Maus in der Trommel.
Ein Windrad! Der Weg dorthin ist beschwerlich; ich hätte das Bike am Highway zurücklassen sollen. Schafe sind keine zu sehen, aber einige Magpies fliegen auf. Auch Vögel sind Wasseranzeiger.
Durch mannshohe Stangen abgestützt, führt ein dicker Plastikschlauch zum Tank. Jetzt höre ich es plätschern! Doch meine Schritte werden zögernd, mutlos. Das Mauerwerk glitzert! Es schwitzt Salz aus. Hier erübrigt sich jede Kostprobe. Ich nippe trotzdem daran: natürlich! Salzwasser! Auf's Rad gestützt gehe ich zurück zur Straße. Die Szene

Windräder signalisieren Wasser.

ähnelt der bei der Brachina-Schlucht. Damals war das Wasser von Vogelkot überdüngt; hier war es nun versalzen.
Wieder auf dem Highway, passieren einige Autos: alles Winker, Huper, Gaffer! Ich pauschaliere mein Urteil über die Motorisierten und tue damit prompt jemand Unrecht. Die Frau, die jetzt anhält, ist Farmerin.
»You need water?« Ich nicke. Sie öffnet gleich die Kühlbox und holt alle Wasserflaschen heraus. Während ich ihr die Stoffbeutel entgegenhalte und sie mit dem Umfüllen beginnt, frage ich: »Brauchst du es denn nicht selbst?« Sie schüttelt den Kopf. Aber kaum habe ich mich dafür bedankt, steigt sie ein, wendet und fährt in die Richtung zurück aus der sie gekommen war. Ich begreife: Die Frau hat mir ihren gesamten Wasservorrat (etwa 6 Liter) gegeben; natürlich braucht sie selbst welches. Kein Australier fährt ohne Wasserreserve durchs Outback. Jetzt holt sie sich Nachschub von einer – vielleicht ihrer – Farm. Ich schaue dem Auto

nach. Was sagte die Karte? Irgendwann ging es links ab zur »Bulgunnia H. S.«, später rechts zur The Twins H. S.«.[33] Für die Frau bedeutet das 120 Kilometer Fahrt, um wieder an diesen Punkt hier zurückzukommen. Die in Pimba könnten sich von ihr eine Scheibe abschneiden. Etwas später hält noch ein Autofahrer. Der Mann erklärt mir genau, wo ich den nächsten Wassertank fände. Er betont, daß aus diesem Hahn einwandfreies Trinkwasser fließe. Damit gibt es in meiner heutigen Wasserrechnung eine weitere Unbekannte weniger.

Doch das Problem liegt inzwischen ganz woanders. Mein Herz schlägt nicht mehr, es trommelt. Zwar fehlen mir bei 43 Grad im Schatten noch zwei Teilstriche bis zum schon ertragenen Rekord, aber stets den drohenden Wassermangel vor Augen, hatte ich mich wohl etwas übernommen. Tagesetappen von bis zu 150 Kilometern sind bei solchen Temperaturen heller Wahnsinn. Ich spüre deutlich, die Belastungsgrenze ist erreicht.

Doch vergeblich halte ich Ausschau nach einem schattenspendenden Baum. Was hier wächst ist spindeldürr. So flüchte ich mich schließlich unter einen Strauch. Aber das ist, als suche man unter einem Fischernetz Schutz vor der Sonne. Erst das Innenzelt – über die Zweige ausgebreitet – ergibt ein kleines Schattendach. Da sitze ich nun – in der Haltung eines meditierenden Gurus, benommen, attackiert von Buschfliegen und warte darauf, daß das Herz seinen Rhythmus wiederfindet. Ich übe harte Selbstkritik und nehme mir vor, gleich nach dem Aufbruch Ausschau nach einem geeigneten Platz fürs Zelt zu halten. Aber dazu sollte es nicht mehr kommen. Heute sollte mir die Natur den Zeltplatz diktieren.

Ich versuche es wieder, fahre aber jetzt mit möglichst geringem Kraftaufwand. Die Kilometerleistung zählt nicht mehr. Vielleicht finde ich bald ein Stückchen Outback für mein Nachtlager – ohne Stachelvegetation, ohne Eisengranulat aber mit etwas Sichtschutz durch Büsche.

Es mag an der Weite dieser Landschaft liegen, daß ich erneut in die Monotonie des Tretens verfalle. Ich versuche mich abzulenken, aber womit? Diese Natur ist wie ›Doktor Murkes gesammeltes Schweigen‹,[34] die Straße ein endloses Band der Stille.
Ein Blick hinauf zu den Wolken! Dort oben haben sich die ersten ›Türme‹ gebildet. Das sieht nach Gewitter aus. Ich bin mir bewußt, daß ich hier wie auf einem Präsentierteller radle – kein Geländeabbruch, keine Felsengruppe, kein Taleinschnitt, wo ich hätte Schutz finden können.
Ich muß recht verdutzt dreinschauen, als ich plötzlich einen Stoß im Rücken verspüre. Auf der linken Berme überholt mich rollend ein vertrockneter Salzwasserbusch. Das Rad beschleunigt wie von Geisterhand geschoben. Ruckartig ziehe ich beide Bremsen. Ein Blick zurück erklärt alles: Von der Landschaft ist nichts mehr zu sehen. In kaum zwei Kilometern Entfernung rollt eine Staubwalze heran. Die harte Böe war ihr Vorbote. Sinnlos, jetzt noch an Flucht zu denken. In wenigen Minuten hätte mich der Sturm eingeholt. Das Rad schiebend, hetze ich von der Straße. Welcher Busch böte den besten Schutz? Kaum 50 cm hoch, gleichen sich alle. Ich reiße die Regenjacke aus der Packtasche, ziehe den Staubschutz fest, lege mich hinter das Rad und warte darauf, daß mich der Sturm mit Sand zudeckt.
Aber nichts dergleichen geschieht. Ein paar große Regentropfen fallen. Ungläubig hebe ich den Kopf. Dort hinten tobte kein Sandsturm! Es war die Böenwalze eines Gewitters. mit Zugrichtung Nordost, passiert es bedrohlich nahe; aber ich werde nicht einmal richtig naß. »Mensch hast du Glück gehabt!« Ich spreche diese Worte fast wie ein Dankgebet.
Nun versuche ich, etwas Abstand zu dem Unwetter herauszufahren: fünf, zehn, zwanzig Kilometer. Dabei blicke ich mich immer wieder um. Aber was soll das? Binnen einer Stunde hatte sich der Himmel dramatisch verändert. Aus Wolkenschafen waren Wölfe geworden, aus den Wölfen

Ungeheuer. Überall entwickeln sich nun aus diesen Wolkengebilden Gewitter. Da bleibt mir die Chance des Hasen, den viele Hunde hetzen. Ich gebe auf! Die Hoffnung, doch noch ein geschütztes Plätzchen zu finden, ist gleich null. Wo mich hier eines der Unwetter erwischt, ist letztlich egal.
Ich baue nur das Überzelt an, verankere es aber mit allen mir zur Verfügung stehenden Häringen. Das Gepäck bleibt in den Taschen. Sollte es zur Schlammflut kommen, so könnte ich mich binnen Minuten hinüber auf die höher gelegene Straßentrasse retten. Aus Angst vor einem Blitzschlag deponiere ich das Rad in etwa 100 Metern Entfernung. Nun folgt banges Warten.
Wieder setzt spärlicher Regen ein. Die Tropfen sind groß und schwer – gleich Murmeln aus Wasser. Wo sie aufschlagen, entsteht im Sand ein kleiner Krater. Aber noch immer zuckt kein Blitz. Es ist, als wollten sich die Horden dort oben erst formieren.
Der Gewittertanz beginnt schließlich im Osten – etwa auf der Linie William Creek – Andamooka. Und es ist, als brenne dort ein riesiges Feuerwerk. Die Donner verschmelzen zu einem endlosen Rumpeln und Grollen.
Ich knie im Zelt und versuche die Wucht des Fallwindes abzuschwächen, indem ich die Spannbögen mit den Händen stütze. Mein Stofftunnel neigt sich. Jeden Augenblick können die Fiberstäbe brechen. Die Schilderung von dem Unwetter bei Cocklebiddy fällt mir wieder ein. Was mache ich, wenn das Zelt zum Segel wird, wenn der Hagel und dann die Regenflut einsetzt? Keine Angst, aber ein Gefühl der Hilflosigkeit, des Ausgeliefertseins befällt mich. Ich sehe mich schon, das zusammengeraffte Zelt als Schutzpolster gegen Hagelschlag nutzend, am Rand des Highway hocken.
Die Unwetter toben den ganzen Nachmittag, die ganze Nacht. Doch ich habe das Glück eines Pokerspielers. Alle Gewitter haben sich zwar erschreckend nahe zusammengerottet. Östlich der Straße wird das Land zur Schlammwü-

ste. Ich aber bleibe fast ungeschoren. Nur die Arme schmerzen – vom stundenlangen Zeltabstützen. Lächerlich! Da fürchtete ich um ein paar Fiberstäbe, aber den Berichten nach, die ich später höre, hätte ich wohl eher um mein Leben bangen müssen. In jener Nacht war ich nur ganz knapp einer Naturkatastrophe entgangen.
Mein nächster Versorgungspunkt heißt Coober Pedy. Wahrscheinlich erreiche ich diesen heute nicht mehr. In den Beinmuskeln steckt noch die Müdigkeit des Vortages. Schon die Morgentemperatur zeigt: Die Hitzespitze wird wieder bei 45 Grad liegen.
Bereits in den Vormittagsstunden bilden sich große Quellwolken. In jeder ruht der Keim eines Gewitters. Und noch viel früher als am Vortag sind diese Wolkengebilde zu Gebirgen angewachsen.
Der erste Donner rollt im Westen. Die Antwort kommt aus der anderen Himmelsrichtung. Dann ist es, als machten die Gewittergötter Kesseltreiben auf einen einsamen Radler. In mir keimt die Ahnung: Dieses Mal kommst du nicht so glimpflich davon! Ein fast hilfesuchender Blick in die Runde: überall nur freie, deckungslose Landschaft. Auf meinem Rad bin ich hier der reinste Blitzableiter.
Aber das Glück ist wohl erneut auf meiner Seite. In diesem Bereich des Stuart Highway führen Betonröhren unter der Trasse hindurch. Sie sollen es Gewitterfluten ermöglichen, in die weiter östlich gelegenen Salzseen abzulaufen. Ich sondiere einige von ihnen. Aber in allen lagern Schlamm und eingeschwemmtes Strauchwerk. Endlich finde ich, was ich suche. Der ›Tunnel‹ ist etwa 80 mal 50 Zentimeter groß und innen fast sauber – ein Zeichen, daß er auf höherem Niveau liegt und wohl nur bei extremen Regenfällen überflutet wird. Es ist allerhöchste Zeit. Während ich mich in der Röhre notdürftig einrichte – sie wird wohl mein Nachtquartier werden – zähle ich die Sekunden zwischen Blitz und Donner: »Einundzwanzig, zweiundzwanzig…« Isoliermatte, Verpflegung, leichter Schlafsack, Kameraausrüstung…

Rückwärts hineinkriechend, beziehe ich meine seltsame Behausung. ›Diogenes in der Tonne‹ oder ›Ein Hund in seiner Hütte‹, was wäre hier der passende Vergleich? Der harte, knisternde Knall eines Donnerschlages verfängt sich echoartig in dem kleinen Tunnel. Dieses Mal gibt es keinen Sicherheitsstreifen zum Chaos! Da draußen ist jetzt der Teufel los. Ein Roadtrain dröhnt über mir hinweg. Er versetzt die ganze Trasse in Schwingungen. Wenn der Fahrer wüßte… Aber vielleicht hat er das Rad gesehen, es liegt ein Stück weiter an der Straßenböschung. Mit Funk ausgerüstet, alarmiert er dann wohl die nächste Polizeistation: »Schwere Unwetter südlich von Coober Pedy! Ein Bike am Stuart Highway – Höhe Mt. Penrhyn! Vom Radler keine Spur!« Es wunderte mich nicht, bekäme ich in der Nacht Besuch von einer Polizeistreife.

Wie spät wird es sein? Die Uhr steckt irgendwo im Fahrradgepäck. Dieser Tag scheint zeitlos. Den Übergang zur Nacht bestimmt heute nicht die Sonne, sondern Gewitterwolken und bleigraue Regenvorhänge. Hatte ich zunächst noch etwas Galgenhumor, so wird mir nun doch mulmig. Es ist nicht das Feuerwerk der Blitze, nicht dieses schreckliche Krachen und Rollen der Donner, es ist das Wasser! Wie lange noch vermag die Wüste diese Regenflut zu schlukken? Wann begannen die Wasser sich ihren Weg zu suchen? Immer wieder leuchte ich mit der Taschenlampe hinaus. Der nasse Boden spiegelt den Schein zurück. Aber das Wasser steht – es fließt noch nicht. Der Sandschwamm der Wüste mußte unersättlich sein.

Allmählich schwächen sich die Gewitter ab. Nur im Osten, zwischen Lake Eyre und Lake Torrons, toben sie unvermindert weiter. Auch der Regen läßt jetzt etwas nach. Wieder eine Wasserstandskontrolle. Noch immer schluckt die Wüste!

Plötzlich ist sie da! Man muß diese rote Flut gesehen haben. Es ist, als wäre irgendwo im Hinterland ein Damm gebrochen. In breiter Front bahnt sie sich ihren Weg. Im Schein

Gewitter machen den Tag zur Nacht.

Nahender Sandsturm

der Taschenlampe sehe ich den Schwall kommen – mehr Schlamm als Wasser. Panikartig raffe ich das Wichtigste zusammen: Kamerabeutel, Erste-Hilfe-Set, Filmtaschen. In einer Hand die Wertsachen, in der anderen die Lampe, robbe ich auf den Ellenbogen aus der Röhre. Keine Sekunde zu früh. Als ich mich an der Betoneinfassung hochstemme, verschwinden unter mir in der Schlammflut Schlafsack und Isomatte, Wäsche, Verpflegung und allerlei Kleinkram.
Das war's!
Ich überquere die Straße und leuchte auf der anderen Seite die Böschung hinab. Eine rote, gurgelnde Flut schießt aus der Röhre. Da ist nichts mehr zu retten. Irgendwann findet man vielleicht Teile meiner Ausrüstung auf der Salzkruste des Engenina Sees.
Ich deponiere das Gerettete unter dem Gepäckschutz am Rad und gehe am Stuart Highway auf und ab. Der Regen ist kühl – kein Vergleich zu der Hitze am Tage. Mich fröstelt. Noch immer wird die Landschaft von Blitzen erhellt, noch immer rollen Donner. Wie meistert nun die Psyche eine solche Situation? Mit Angstgefühlen, mit Wutausbrüchen, mit Fatalismus oder gar mit Religiosität? Daß ich einen Teil meiner Ausrüstung verloren habe, ist weniger tragisch. Das Wichtigste – darunter einen zweiten Schlafsack – besitze ich noch. Und spätestens in Alice Springs kann ich das Eingebüßte nachkaufen. Aber ich bin zutiefst verunsichert. Noch 2000 Kilometer Outback liegen vor mir. Was ich in den beiden letzten Nächten erlebt habe, kann sich täglich wiederholen. Und nicht immer fände ich eine Betonröhre, um in ihrem Schutz das Schlimmste überstehen zu können. Ich spüre: Hier bist du nur ein Spielball der Naturgewalten!
So schwere Gedanken wälzend, gehe ich zum Rad, zurre Gepäck und Regenschutz fest. Obwohl es noch dunkel ist, fahre ich weiter. Mehrere Etappen bei Temperaturen über 40 Grad, zwei Nächte ohne Schlaf: da bleibt gegen Frösteln und Gänsehaut nur noch müde Muskelarbeit. Mir ist, als habe die Flut meine Abenteuerlust hinweggeschwemmt.

Es hört auf zu regnen. Aber in der Ferne grollt es noch immer. Äußerst widerwillig, gleich knurrenden Hunden, ziehen die Gewitter ab. Mit dem ersten Licht werden die Konturen und Farben der Landschaft sichtbar. Die Straße steigt an, kurvt in weiten Bögen nordwärts. Das Wasser hat tiefe Rinnen in die Berme gefräst. In den Geländemulden schwappt es.
Teiche und Seen in der Wüste. Statt zu verdursten könnte man eher ertrinken. Weiße, rote, gelbe Erdaufwürfe – alte Buddelstellen von Opalminern: Coober Pedy kann nicht mehr weit entfernt sein. Endlich! Der Anblick der ersten Häuser mobilisiert in mir einen Rest von Energie. Mit weichen Knien steige ich an der Tankstelle Golden Fleece vom Rad. Dort läßt ein Truckfahrer gerade den Motor der Zugmaschine warmlaufen. Als der Mann um das Fahrzeug herumkommt und mich sieht, stutzt er. Er lehnt den Oberkörper etwas zurück und schaut mich an: »Bist du da durch gekommen?« Seine Kopfbewegung deutet an: dort im Süden. Ich nicke.
»Wo warst du während der Nacht?«
»In einer Betonröhre unter dem Highway!«
Er schaut an mir herab, als wollte er sich davon überzeugen, daß ich wirklich unversehrt bin. Und dann sagt er etwas, dessen tiefe Bedeutung sich während dieser Reise noch mehrfach bewahrheiten sollte: *»You must be born under a lucky star!«* Was sollte ich ihm antworten? Um auf diesem Kontinent mit dem Rad von einem Ende zum anderen zu kommen, dafür braucht man wohl einen glücklichen Stern. Schon eine Woche später sollte sich das zeigen.

Menschen als ›Maulwürfe‹

Wie ein Säufer, der einen ›Filmriß‹ hat, gibt es auch in meinem Gedächtnis eine Zeitlücke. Sie war ausgefüllt mit einem Erschöpfungsschlaf. Als ich nun das erste Mal in Coober Pedy auf die Straße gehe, höre ich, wie die Leute sich begrüßen.

Aber nicht jenes gewohnte ›Hallo‹ ruft man sich zu, sondern: »What a beautiful morning! What a nice day!« Seit Monaten hatte eine Hitzewelle für Temperaturrekorde gesorgt. Die Unwetter hatten nun die Wende gebracht. Die Leute sprachen von: »Autumn has come.« – »Es ist Herbst geworden.« Zwar hat sich das Wasser in den höher gelegenen Bereichen inzwischen verlaufen, aber der sandige Boden dampft noch. Und für mich war, bei 30 Grad im Schatten, der Sommer längst nicht zu Ende.

Bevor ich mir den Ort näher anschaue, gilt es einen Auftrag zu erfüllen, den vom alten Jeff. Aber wo finde ich hier jenen Robert, dem ich die Grüße von dem Mineraliensammler aus Port Lincoln ausrichten sollte?

Ich versuche es an der Tankstelle. Diese Shops sind wahre Kommunikationszentren. Der Wart deutet die Straße entlang: »Den Robert mit seiner Helen findest du dort unten – links!« Schon weiß ich Bescheid.

Wenig später stehe ich in dem Opal-Laden dem Miner gegenüber.

»Grüße von Jeff?« Der Mann legt die Stirn in Falten.

Höhlenwohnung eines Miners – rechts die in den »Dugout« führende Haustür.

»Aus Port Lincoln«, unterstütze ich sein Nachdenken.
»Was, der alte Jeff lebt noch?«
»...und fährt mit seinem Rover – mit dem inzwischen dritten Aufbau?« Nicht ganz ohne Eigennutz füge ich gleich hinzu:
»Jeff sagte, Du seist hier der einzige ehrliche Miner am Ort. Wenn, dann sollte ich bei Dir kaufen!«
Robert scheint dieses Kompliment wie Öl runterzugehn. Und er revanchiert sich. Ich darf zum Selbstkostenpreis bei ihm einkaufen – nicht irgendwelche Stücke, nicht ›blaues‹ oder ›grünes‹ Feuer, sondern ›rotes‹.[35] Den besten Opal reicht er sogar zur Nachkontrolle seinem Sohn: »Schau noch mal unter der Lupe nach!« Das Grüße-Bestellen hatte sich für mich gelohnt.
»Helen!«, ruft der Miner jetzt die Stufen hinunter, »da ist einer, den hat der alte Jeff geschickt!« Die Antwort kommt

aus der Tiefe. Es ist die Einladung zu einer Tasse Tee im ›Dugout‹[36] der McCormacks.
Wir steigen hinab, wie in einen Weinkeller. An den Wänden sieht man noch die Kratzspuren der Baggerzähne. Im gewachsenen Stein befinden sich Nischen und Ablagen. Fenster oder Lichtschächte fehlen. Der Kalk an den Wänden reflektiert das Licht zweier elektrischer Birnen. Das muß reichen – fürs Kochen, fürs Nähen, fürs Briefeschreiben. Die Wohnung ist eine Art moderne Katakombe, angelegt in einer alten Mine.
Das Gespräch mit Robert und Helen ersetzt jeden Reiseführer. Ich lerne nicht nur eine Menge über Opale, sondern auch über die Aborigines, denn Helen hatte lange Zeit Eingeborene betreut. Was sie mir über deren Schicksal berichtet, klingt ganz anders als die offiziellen Versionen vom Leben der Blacks. Als ich dann nach vielem Reden und Zuhören wieder ans Tageslicht steige, weiß ich: Hier in Coober Pedy wartet Futter für's Tagebuch!
Miner sprechen keinen Fremden an. Man muß es selbst tun. Ich versuche es am Abend beim ›Italiener‹. Bei zwei Männern ist am Tisch noch Platz; ich werde aufdringlich: »Are you miners?« Die beiden nicken. Kaum hat das Gespräch begonnen, da möchte ich am liebsten das Tagebuch hervorziehen und gleich mitschreiben. Der eine ist Tscheche, der andere Jugoslawe. Der von der Moldau meint, hier im Ort gäbe es nur ein paar Australier, dafür 32 andere Nationalitäten. Sein Gegenüber widerspricht: »Alle Nationen buddeln hier, nur kein Eskimo!« Dann meint er, als Ersatz nenne man einen Finnen so.
Über was redet man nun in Coober Pedy? Natürlich über Opale, darüber, daß Preissteigerungen zu erwarten seien, daß der Verkauf von guten Stücken jetzt nicht lohne. Nicht wenige hofften auf einen kleinen ›Olympic Australis‹,[37] aber Funde die Aufsehen erregen, sind selten geworden. Dafür hat jemand eine Sprengladung falsch berechnet, und der ganze Stollen ist ihm eingestürzt. Ein anderer hat um sechs

Jedem Miner seinen Schrottplatz: Stilleben vor einem Dugout.

Fuß die Grenze seines Claims überschritten. Daß er versehentlich etwas zu weit bohrte, das glaubte ihm niemand. Ja, und dann war da die Sache mit den drei Griechen. Sie hatten Opale im Wert von über 1 Million Dollar gefunden. Das reichte für ein sorgenfreies Leben in der Heimat. Bereits das Bus-Ticket nach Adelaide und den Flugschein für die Heimreise in der Tasche, gingen sie noch einmal in ihre Mine – um Abschied zu nehmen. Da stürzte die Decke ein und erschlug alle drei.

Der Jugoslawe gibt mir noch den Tip mit, ich solle doch mal den alten Bob und Crocodile Harry besuchen. Als er mir den Engländer empfiehlt, malt er mit dem Zeigefinger nahe der Schläfe kleine Kreise in die Luft. Bei Crocodile Harry, so ergänzt er, wäre es ratsam, vor 11 Uhr morgens vorbeizuschaun – wollte man ihn noch nüchtern antreffen. Genau das suche ich – ein paar filmreife Gestalten. Aber diesen Bob und Harry werde ich mir bis zum Schluß aufheben.

Noch gestern sprachen die Leute vom Herbst, heute war der Sommer zurückgekehrt. Temperaturen um 45 Grad sind angesagt. Ich möchte noch einen Opal kaufen, irgendein billiges Stück – und des Erlebnisses wegen nicht beim ›einzigen ehrlichen Miner‹ von Coober Pedy. Das sollte amüsant werden.

Ich entschließe mich für einen kleinen Laden unweit der Westpac Bank. An der Hauswand verspricht die Reklameschrift: »Bei jedem Kauf gibt es ein zusätzliches Geschenk!« Das ließ schon auf die Preisgestaltung schließen.

Der Verkäufer, selbst ein alter Miner, wie er mir bestätigt, legt einige Stücke auf den Tresen: »Fünfunddreißig Dollar, sechzig, neunzig…« Nebenbei bemerkt er, es gäbe auch Material ab drei Dollar, aber das interessiere ja wohl kaum. Er feuchtet ein paar Steine an und dreht sie ins richtige Licht: »Top quality! Low prices! Best prices!« Ich überhöre diese Lobhudelei und frage: »Wo kommst du her?«

»Greece« – »Germany« »Germany?« Sofort fließt sein Redeschwall weiter. Das wären alles faire Preise, konkurrenzlos zu denen, was andere nähmen. Und wenn ich dieses Stück in Hamburg wieder verkaufte, dann brächte es dreihundert D-Mark!

Ich gebe mich desinteressiert, schiebe mit dem Unterarm alles beiseite: »I'm not interested in blue fire!« – »Mich interessiert ›blaues Feuer‹ nicht!« Der Grieche stutzt. Er räumt seine ›Spitzenqualität‹ wieder weg und verschwindet dann für eine Minute hinter einem Seitenvorhang. Nun kommt er mit einer wassergefüllten Schüssel zurück. In ihr liegen etwa ein Dutzend Opalstücke. Man sieht auf den ersten Blick: Die sind alle eine Klasse besser.

Dieses hier käme auf 30 Dollar; aber dann hätte er ›no profit‹! Aha, denke ich, jetzt kommt unser Verkaufsgespräch in die Jammerphase. Ich schaue mich im Laden um, und tue, als hätte ich die Opale völlig vergessen. Wie in einem orientalischen Basar, so dient wohl auch hier gespieltes Desinteresse der Wahrheitsfindung.

»Twenty-five Dollar!« Da sei nun absolut kein Profit mehr drin, meldet sich der Grieche wieder. Ich nehme den Stein achtlos in die Hand und lege ihn in die Schüssel zurück. Dann wende ich im Wasser die anderen. Einer der Opale scheint blau, orange, grün – ein kleines Feuerwerk. Das wäre etwas für mich.

»Fünfundzwanzig Dollar, das ist okay – aber für diesen!« Der Grieche faltet die Hände wie zum Stoßgebet. Was ist nun die Steigerung von ›absolut kein Profit‹? »Twenty-five«, wiederhole ich noch einmal und mache dabei die Handbewegung »Entweder-oder«. Doch gleichzeitig fingere ich zwei Geldscheine aus dem Ledertäschchen am Gürtel und halte sie ihm entgegen.

Der Blick auf Geld macht gierig – ein alter Trick. Und schon greift der Grieche zu! Hastig – für ›no profit‹ zu hastig – wickelt er den Stein in ein Stück Zeitungspapier und reicht ihn mir: »Thank you! Many thanks!«

Gleich ein doppeltes Danke! Trotz ›kein Profit«, das weiß ich wohl, waren es noch immer ein paar Dollar bis zum Defizit. Aber der Spaß hatte sich gelohnt! Nun entschließe ich mich für eine Fotopirsch. ›Tom Cat Hill‹, ›Hopeful Hill‹, ›Ice Cream Hill‹: daß die Fundstätten keine normalen Namen tragen, war zu erwarten. Leider wird es gleich auf den ersten Kilometern problematisch. Das Gebiet der Opalminen ist selbst für ein Mountain Bike zu grobsteinig, dazu die ›Shafts‹, die zahllosen, ungesicherten Löcher von Probebohrungen. Bei etwa einem Meter Durchmesser – und bis zu dreißig Meter Tiefe – sind dies richtige Todesschächte. Dann die Hunde! Kaum ein Miner, der nicht einen oder gleich mehrere Bewacher hat. Ein Fremder, gar noch auf einem Bike, das reizte den Jagdtrieb der Tiere. Gegen eine Dogge muß ich sogar das Rad als ›Rammgitter‹ einsetzen, und als ich mir bei einem weiteren ›fight‹ eine Knieverletzung zuziehe, ist es für heute aus mit der Fotopirsch. Reiseführer und Prospekte könnten es erwähnen: In allzugroßer Nähe der Dugouts lebt man als Fremder gefährlich!

Am nächsten Morgen versuche ich es mit einem zweiten Exkurs. Ich überquere das südlich der Stadt gelegene Flat Opal Field und suche – in sicherer Distanz zu allen Minen – in den Abraumhalden nach Opalsplittern. Doch das haben vor mir wohl schon viele getan. Was die Eingeborenen in der Nähe des Bottle-Shops in leeren Mixed Pickles- oder Marmeladengläsern anbieten, das stammt alles aus dieser Quelle.
Beim Weiterfahren komme ich unvermutet an einen Pfahl mit dem kleinen Schild: Hill. Dazu ist obenauf ein alter Stiefel genagelt. Natürlich! Booth-Hill – Stiefelberg. Das ist eine Anlehnung an den legendären Friedhof von Tombstone im Wilden Westen.
Wenig später stehe ich am Tor. Es ist weit geöffnet. Doch welche Enttäuschung. Dieser Friedhof hat kein Flair – und wenn, dann ein schäbiges. Der Maschendraht ringsum gleicht dem einer Mülldeponie. Was der Wüstenwind von den Gräbern weht, das ziert diese Einfriedung: Gestecke, Plastikblumen, Schleifen. Kein einziges Grabkreuz lohnt für ein Foto. Manche Ruhestätten hat man sogar zubetoniert; sie erinnern ein wenig an Fundamente von Gartenlauben.
Ich radle weiter und versuche es noch einmal mit ›Noodling‹.[38] Aber im Minengebiet zwischen Potch-Gully und Catacomb Road ist damit kein Glück zu machen. Doch hier in dieser Ecke soll auch der alte Bob hausen. Ich stoppe einen heranschaukelnden Nissan: »Wo finde ich Bob, den Engländer?«
Der Fahrer zeigt nach hinten: »Vor dem Stuart Highway, der letzte Dugout!« »Hat dieser Bob Hunde?«
»Nein, eine Katze!« Diese Auskunft beruhigt mich. Ich nehme Kurs auf den bezeichneten Hügel. Schon von weitem sehe ich eine Gestalt – das kann nur Bob sein! Was für eine Begegnung!
Auf der Spitze des kuppelartigen Hügels steht eine bronzefarbene Figur – nur mit einer (ehemals gelben) Unterhose bekleidet. Der Mann blickt nach Feldherrn Art durch ein

Hier geht's zum »Stiefelberg«, dem Friedhof.

Fernglas – Richtung Osten. Diese Gestalt könnte wirklich aus Guß sein! Ich fahre so nahe wie möglich heran und versuche es mit einem »Hallo!« Jetzt kommt Bewegung in die ›Bronzefigur‹.

»Bist du Bob?« Statt mir zu antworten bückt sich der Mann, greift nach einem Stück Wellblech und zieht es, damit zum Eingang herabsteigend, hinter sich her. Ich trage die Kameratasche über der Schulter. Er muß das bemerkt haben.

»Laß bloß das Fotografieren!« Ich antworte mit einer Handbewegung: »Okay!« Er klappert mit dem Blech an mir vorbei.

»Hast du mal ein paar Minuten Zeit?«

»No time«, kommt es barsch zurück. Das war eine Antwort, die vorerst keinen Widerspruch duldet. Vorerst, denn schon in diesen ersten Minuten unserer Begegnung ist mir klar geworden: Hier mußt du ›geduldig‹ vorgehen, nur mit Zurückhaltung kommst du bei dem alten Miner weiter, der

jetzt bereits in seiner ›Katakombe‹ verschwunden ist.
Ich beschließe zu warten. Ohne näher heranzugehen schaue ich mich um. Zwischen zwei Felswänden, in einem offenen ›Cut‹,[39] steht ein alter gelber VW. Dieser Käfer könnte sicherlich Geschichten erzählen. Irgendwo lärmen Sittiche. Nun gehe ich doch ein paar Schritte vor.
Die Vogelstimmen kommen aus der linken Wand. Dort befindet sich eine gruftartige Voliere. Unweit davon wölbt sich ein kleiner Hügel. Plastikblumen und die Steinfigur einer Katze zeigen deutlich: Das ist ein Grab.
Die Tür, oder besser gesagt der Holzverschlag des Dugouts fliegt auf. Bob erscheint wieder – noch immer in seiner verblichenen Unterhose. Als er mich sieht, stutzt er. Nun versuche ich es noch einmal: »Ich will nicht fotografieren. Du sollst hier der älteste Miner sein. Ich wollte nur ein bißchen mit dir reden. Bin mit dem Bike auf 'nem Cross-Country-Ride.«
Das mit dem ›ältesten Miner‹, hat er vielleicht wohlwollend aufgenommen, und das ›per Rad quer durchs Land‹ macht sichtlich Eindruck auf ihn. Schon daß er mir nicht mit »Hau ab« antwortet, ist ein kleiner Gewinn. Er greift wieder nach dem Wellblech, schleift es noch ein Stück weiter, läßt es dann aber fallen und kommt auf mich zu.
»Mit dem Bike?« »Ja, von Perth!« Um das Gespräch in Gang zu halten, rede ich gleich weiter: »Liegt dort deine Katze begraben?«
»Tiger, mein bester Freund! Wurde überfahren! Die Figur hat ein Miner gemacht. Ganz gut! Nur die Augen stimmen nicht, die waren anders. Sein Kletterbaum.« Dabei zeigt er auf einen dürren, in den Wüstenboden eingegrabenen Stamm. »Hast du eine neue Katze?«, erkundige ich mich.
»Nein! Tiger war mein bester Freund. Der beste Freund! Sein Gras. Das fraß er immer.« Er deutet auf eine Art Beet, unmittelbar neben dem Grab. »Du hättest Tiger kennen sollen! Werde ihm ein Denkmal errichten. Male gerade ein Schild: Tiger Park.«

»Was für ein Schild?«, frage ich zurück.
»Tiger Park. War der erste hier. Bis jetzt hieß es ›Bob's Valley‹. Du hättest den Tiger kennen sollen.« Er dreht sich um und macht eine Handbewegung: »Mir nach!« Wie mehr zu sich selbst als zu mir, sagt er dann: »Zeig dir ein paar Fotos.«
Für mich ist längst deutlich: Der wohl schon Achtzigjährige litt nicht nur unter einem Einsamkeitssyndrom, hier verbarg sich unter einer rauhen Schale eine ordentliche Portion Sensibilität.
Als wir seine Wohnung betreten, folgt uns ein Dutzend Buschfliegen. Kaum drinnen im Halbdunkel, wollen sie wieder hinaus aber sie scheitern am Fliegendraht. Pestilence Supremo! Bob sieht rot! Neben dem Eingang hängt an der Felswand eine Fliegenklatsche parat. Ich verstehe nur »Pest«, »verdammte Pest«. Und weil ihm das Totschlagen offensichtlich nicht genügt, zertrampelt er die Fliegen noch. Das ist wie ein Veitstanz.
»Pest, verdammte!« Langsam beruhigt er sich wieder.
Meine Augen haben sich inzwischen an das Halbdunkel gewöhnt. Ich versuche, das Innenleben dieser Wohnhöhle zu erfassen. Man kann es nicht beschreiben! Es herrscht ein wildes Durcheinander von Gegenständen des täglichen Bedarfs, von Kitsch und Klimbim. Selbst ein Adolph Menzel hätte Mühe gehabt, dieses Stilleben zu malen. Was aus all der Unordnung hervorsticht, das sind ein Gewehr und ein Helm des britischen Afrika-Corps. Bob greift nach einem gerahmten Foto: »Tiger! Er war mein bester Freund.«
Das Bild zeigt eine ganz normale Hauskatze, aber was das Tier von Millionen ähnlicher Artgenossen unterschied: Es teilte in der Wüste die Einsamkeit eines alten Opalminers. Da stehen noch andere Fotos von Tiger, aber daneben auch solche von richtigen Tigern. »Hattest du damit zu tun?« Ich zeige auf eines der Bilder. Bob nickt. Bei dieser komprimierten Antwort bleibt es. Er deutet auf den Helm und das Gewehr:

»Afrika! Gegen Rommel! Der Marschall war ein Gentleman! Man sollte ihm ein Ehrenmal errichten – aus Gold!«
»Ich bin Deutscher. Christian«, stelle ich mich nun endlich vor. »Deutschland? Weißt du ob man Hitlers Grab gefunden hat?«
»Nein! Der endete doch im Bunker, in Berlin!«
»Von Rommel soll noch ein Sohn leben!«
»Ja, der ist Bürgermeister in 'ner großen Stadt!«
»Was?« »Mayor, Bürgermeister«, wiederhole ich.
»Wenn du ihn siehst, sag ihm, sein Vater sei ein Gentleman gewesen. Ein goldenes Ehrenmal für Marschall Rommel! Ich, Bob, habe das gesagt. Es stimmt!« Ich verkneife mir ein Lächeln.
»Seit wann lebst du hier, Bob?« »1922! Erst Neuseeland! Wenn ich nicht zurück kann, dann will ich hier auf den ›Booth Hill‹!« »Hast du den Stiefel drüben auf den Pfahl genagelt? Ich kam dran vorbei!« »War 'mal in Tombstone, Arizona!« »Dachte mir das!«
Bob hatte während des Redens nach Streichhölzern gesucht. Nun zündet er eine Kerze an.
»Warum hast du kein Licht? Draußen steht doch ein Aggregat!« »Schon lange kaputt. Die von der Stadt wollen mir ein Kabel legen – für 2500 Dollar. Brauch' keinen Strom.«
Er macht wieder das Zeichen: »Folgen!« Wir schleichen durch fensterlose Gänge und dunkle Nebenhöhlen. Im Schlafzimmer sieht es aus, als sei gerade eine Bombe explodiert. Was für ein Chaos. Bob führt mich weiter. Er will mir seinen ganzen Stolz, den Fitneßraum zeigen: »Da. Ich spiel' an die Wand. Das ist mein Gegner.«
Im matten Kerzenschein wird eine halbe Tischtennisplatte sichtbar. Ich versuche, im Gesicht des Alten zu lesen. Wenn dieser Miner sein Leben niederschriebe, so manch andere ›Life-Story‹ verkäme im Vergleich dazu zu einem banalen Gekritzel.
Wieder in der Vielzweck-Küche zeigt Bob an die Decke: »Von Freunden!« Dort oben hängen Kartengrüße, nach eng-

lischer Art an eine Schnur gereiht. Vor 67 Jahren war er ausgewandert. Ein Dutzend Mal hatte man ihm geschrieben. Inzwischen sind die Absender wohl alle verstorben.
Er macht wieder so eine militärische Handbewegung: »Raus!« Ich muß für ein paar Sekunden die Augen schließen. Aus der Dunkelheit einer Gruft zurück ins grelle Tageslicht, das blendet. Bob dirigiert mich zur gegenüberliegenden Felswand: »Lauter Risse! Wäre fast eingestürzt! Die sind zu blöd zum Sprengen!« Dann geht er vor, hinauf auf die Spitze seines Dugouts.
»Black's Corner!« Er deutet nach Osten. »Hatte einen Fund gemacht! Jetzt geht's mit ihm bergab. Daneben alles Greenhorns und Spekulatoren! Alle Eingänge nach Westen – in die Sonne! Greenhorns!«
Bob hatte sein Fernglas mit nach draußen genommen und setzt es an die Augen. Für eine Minute wird er wieder zur Bronzestatue: »Greenhorns! Speculators! Habe den Tafelberg erklettert! Ohne Wasser! Andere gaben auf! Warst du da?«
»Nein!« »Hier laufen Mörder rum!« Ich versuche seinen Gedankensprüngen zu folgen: »Ein Mörder?«
»Zwei oder mehr!«, verbesserte er mich.
»Woher weißt du das?«
»Weiß es! Tiger war mein bester Freund!«
»Darf ich von Tigers Grab ein Foto machen? Ich schick' dir einen Abzug – an Bob, General Delivery, Post Office Coober Pedy, kommt das an?«
»Den alten Bob kennt hier jeder! War der erste hier! Muß das Schild machen!«
»Wann willst du das aufstellen? Darf ich das auch fotografieren?«
»Warum?« »Weil es zu Tiger gehört. Morgen fahre ich weiter, nach Norden. Da komme ich vorher noch mal kurz vorbei!«
Bob ist schon auf dem Weg hinunter zur Tür. Er hat mich einfach stehen gelassen. Er will nicht weiter mit mir sprechen. Das mit dem Schild fotografieren war vielleicht ver-

kehrt. Ich hätte Tiger mehr respektieren sollen.
Ich setze mich auf Bobs Katakombe und beginne mit den Tagebuchnotizen: Gelbe Unterhose, Grüße an Rommels Sohn, Hitlers Grab, Tiger Park…
Neben mir rumort es. Die Geräusche kommen aus dem mit einem Blech abgedeckten Luftschacht. Dort unten hantiert er, Bob, der alte, einsame Miner von Coober Pedy.
Als ich zu meinem Rad zurückgehe, nehme ich mir vor: Das Schild schaust du dir morgen trotzdem an.
Vielleicht schaffe ich es, jetzt noch den Crocodile Harry zu erwischen. Vielleicht ist er noch nüchtern…
Nach langer Holperfahrt über die Seventeen-Mile-Road stehe ich endlich vor der Mine. Schon der erste Eindruck verblüfft. Da klimpern – an Drähten aufgehängt – Dutzende alter Radkappen und sonstige Blechteile im Wüstenwind. Vor der mittleren Felswand steht ein Gipspferd – nebst Reiter, beide in Lebensgröße. Aus Angst vor Hunden bin ich vorsichtig, schleiche um die Ecke. Alte Steinschlünde behangen mit Plakaten, die Skelette zeigen – ein Eingang, dekoriert mit Totenköpfen. Das wird ja immer makabrer!
Dann aus dem Innern des Dugouts eine laute Männerstimme. Die Wortfetzen, die nach draußen dringen, hören sich gar nicht gut an. Da streiten sich zwei. Vielleicht, so denke ich nun, solltest du dich wieder still verkrümeln, sonst kommst du noch zwischen die Fronten. Aber ich bleibe da! Ja, ich drücke die schon halb geöffnete Holztür auf.
Mein ›Hallo‹ gefriert mir auf den Lippen. Mit einem Blick erfasse ich die Szene, und mein erster Gedanke ist: »Da mußt du dazwischen gehen! Dem ›Alten‹ mußt du helfen!«
»You pigheaded man!« – »Du Schweinekopf!«
Der das brüllt, ist ein dunkelhaariger Bursche, irgendein Südländer. Die beiden Kampfhähne sind durch einen Tisch getrennt. Auf der anderen Seite steht ein etwa Siebzigjähriger – groß, hager, mit einer vernarbten Wunde am linken Oberarm. Er hält die Arme und Fäuste in Abwehrstellung.

»First you, than you and you! Call me again ›Makkaroni‹ and I nail you on to the cross – head down! Fucken.« – »Zuerst kommst du, dann noch einmal du – und wieder du. Wenn du mich noch einmal ›Makkaroni‹ nennst, dann nagle ich dich ans Kreuz – mit dem Kopf nach unten! Verdammt!«
»We have guests!« – »Wir haben Gäste!« Das war die Stimme des Alten. Er schaut in meine Richtung und rülpst.
Auch der andere dreht sich um. Der Stuhl, mit dem er zum Schlag ausgeholt hatte, beschreibt einen Halbkreis und kracht auf den Boden. Jetzt blicken mich zwei Paar glasige Augen an. Die Situation ist klar: ein Betrunkener gegen einen Besoffenen.
Auf dem Tisch stehen noch die Gläser, daneben Pfützen von Rotwein. Das Blechfäßchen auf dem Boden dürfte wohl schon leer sein.
»Italy is the greatest nation on earth! Bergamo the oldest city!« ›Makkaroni‹ trommelt sich mit beiden Fäusten auf die Brust, dann reißt er den Stuhl hoch und setzt ihn genauso hart wieder auf. »Fuck you!« Das galt dem Alten. Und an mich gewandt: »One Italy, another Italy, another, another!« Er macht Bewegungen, wie jemand, der eine Sense schwingt. Wahrscheinlich meinte er mit dem ›geschichteten Italien‹ die verschiedenen Kulturhorizonte.
»Fuck you!« Er wankt spreizbeinig zur Tür hinaus. Wenig später heult ein Motor auf. Das kann doch nicht wahr sein! Draußen stand ein Kleinbus mit dem Warnschild ›Explosives‹. Wenn jetzt eine Detonation das Minenfeld erschüttert, dann hat der Italiener einen Felsen gerammt und sich selbst in die Luft gesprengt.
Der alte Herr läßt die Fäuste sinken und macht dann eine einladende Bewegung: »Please!« Wieder folgt ein Rülpser. Er nimmt nachträglich die Hand vor den Mund und sagt dann in recht schwer klingendem Deutsch: »Ent-tschuldigung!« Hatte ich mich da verhört? »Sind sie etwa ein Deutscher?« frage ich erstaunt. Nun erfahre ich, wem ich da gegenüberstehe und welchen Schleuderkurs das Leben so fahren kann.

Der alte Miner, das ist Baron Arwid von Blumenthal, am 18. September 1916 in Riga geboren, ehemaliger Student der bildenden Künste – Universität Würzburg, strammer Hitleranhänger, irgendwann nach Neu-Guinea verschlagen, 1961 von den australischen Wildhilfe Conversation Ordinances mit einer Abschußgenehmigung für 100 Salzwasserkrokodile ausgestattet (daher der Name ›Crocodile Harry‹), seit vielen Jahren nun auf der Jagd nach Edelsteinen. Sein bisher bester Fund: 160 besonders schön opalisierte Muscheln.

Wie Bobs, so ist auch sein Stromaggregat defekt. Baron Arwid von Blumenthal liebt das Kerzenlicht. »Was hat das mit all den Totenköpfen hier auf sich?« möchte ich von ihm wissen.

»Die sind von Filmaufnahmen – ›Mad Max‹, ›Ground Zero‹, ›Fire‹…!« »Und was war mit dem Italiener? Das sah nicht gut aus, als ich hereinkam!« »Ein menschliches Problem, ich werde ihn rausschmeißen!«

Während mir der Baron seine Höhle zeigt, sie ist mit allerlei Kitsch, Kunst und Obszönitäten ausgestattet, trinkt er weiter. Von dem Barossa-Wein war doch noch ein Rest in dem Fäßchen. Er fällt ins Englische zurück: »I want to see my Baroness.« – »Ich möchte meine Baronin sehen.« Eine fahrige Handbewegung unterstreicht den Filmriß. Jetzt sehe ich noch klarer! So wie Bob um seine Katze trauerte, so vermißte Arwid von Blumenthal seine Baroness. Als ich mich von dem alten Herrn verabschiede, folgt er mir in militärisch-strammer Haltung mit nach draußen.

»Herr Baron, ich möchte von ihrer Mine gern noch eine Aufnahme machen, wenn sie gestatten?« »Natürlich!«

Aber Arwid von Blumenthal tritt nicht zur Seite. Er stellt sich mitten ins Bild. Einen Augenblick zögere ich, dann drücke ich den Auslöser. Und in diesem Augenblick salutiert er, so wie er es einst gelernt hatte – mit SS-Gruß. Auf der Fahrt zurück nach Coober Pedy spult sich alles noch einmal in meinem Kopf ab: der Engländer Bob und dieser

Die »Untergrundküche« eines Barons

Kunst im Dugout, mangels Leinen direkt auf den Fels gemalt – das Bild »Aboriginal Scene«.

Baron Arwid von Blumenthal, alias »Crocodile Harry«.

litauische Baron – es sind nur zwei der Menschen, die hier wie Maulwürfe leben. Wieviele filmreife Gestalten, wieviele Schicksale mag es in den Opalminen von Coober Pedy noch geben?
In dieser Stadt spielt das Leben unter Tage. ›Underground‹ kann man hier essen, schlafen, Bücher kaufen und Kunst bestaunen. Selbst die Kirche, die Catacomb Church, liegt in einem Stollen. Mich interessiert, ob mit Einbruch der Dunkelheit aus dem Untergrund-Leben ein richtiges Nachtleben würde?
Es ist gegen 22 Uhr, das Thermometer zeigt noch 36 Grad. Aus einem Lokal kommt ein Kellner heraus auf die Straße – für eine Zigarettenlänge. Er schimpft: »Drinnen zu warm, draußen zu heiß!« Mißmutig tritt er die Zigarette wieder aus. Meine Hoffnung, ein paar rauhbeinige Saloon-Szenen

(à la Wilder Westen) zu erleben, erfüllt sich nicht. Schon mit Einbruch der Nacht herrscht in der Stadt Triste. Die Straßen sind verwaist, Hunde streunen umher – scheu, als fürchteten sie Steinwürfe. Der Wind klappert mit leeren Getränkedosen. Im Amusement Centre hocken noch ein paar Aborigines. Sie spielen am Galaxian-Automat, oder werden für zwei 20-Cent-Münzen zum Bomb Jack, zum Kamikaze.
Auf dem Rückweg zu meiner Unterkunft muß ich den Bottle-Shop passieren. Da liegen sie, die schwarzen, betrunkenen Gestalten – keine Menschen mehr, nur noch Stolperschwellen. Von irgendwoher kommt ein Aborigin mit einer Gießkanne voll Wasser. Er schimpft mit einer Eingeborenen, die wie tot im Rinnstein liegt. Aber die Frau lebt, denn jetzt versucht sie, den auf sie niedergehenden Wasserstrahl mit der Hand abzuwehren. Ich wechsle die Straßenseite. Warum verkaufen die Weißen Alkohol an die Eingeborenen? Mir ist nach Bombe werfen, mitten hinein in den Bottle-Shop!
Fast wäre ich mit einer Aborigin zusammengestoßen. Ich schlage einen Haken; aber sie hält mich recht grob an der Jacke fest. Was soll das? Und genau so unwirsch formuliere ich es: »What's on?«
»He, wait boy!« Die Frau scheint angetrunken zu sein. »…has broken my heart!« Ich stutze. »What's your problem?« Kein Zweifel, der Alkohol war ihr in den Kopf gestiegen, aber was hatte nun ihr Herz gebrochen? Gleich werde ich es bereuen, keinen Recorder dabeizuhaben, denn etwas höchst Ungewöhnliches passiert.
Es wird wohl für immer ein Rätsel bleiben, warum sich diese Aborigin mich, einen Fremden, als Klagemauer für ihren Kummer aussuchte. Aber ihr Monolog, den ich nur durch ein paar Zwischenfragen unterbreche, ist das Dokument einer menschlichen Tragödie.
Eine authentische Wiedergabe ist schwierig – nicht nur wegen ihres schlecht verständlichen Englisch, sondern auch wegen der Unordnung in den Sätzen und den vielen

Wiederholungen. Die folgende Niederschrift fertigte ich unmittelbar nach Erreichen der Unterkunft an.
Coober Pedy, 11. März 1989, Selbstgespräch einer Aborigines:
»...ich habe einen Weißen zum Mann. Ich liebe ihn. Er ist mein legaler Ehemann. Von ihm habe ich acht Töchter und zwei Söhne. Er hat mir alle Kinder weggenommen. Er hat mir nur eine Telefonnummer gegeben. Das ist in Adelaide. Er hat mir meine Kinder weggenommen, und das hat mir das Herz gebrochen. Ich bin aufgewühlt. Jetzt fühle ich mich wie ein geficktes Emu!« Es folgen Wiederholungen. Dann auf eine Zwischenfrage von mir: »Ich bin Lona Hudson. Ich war die erste Schwarze in Coober Pedy. Ich stamme vom William Creek, Lake Care. Dort liegt meine Traumzeit. Wie alt ich bin, das weiß ich nicht. Ich bin Christ. Meine Bibel ist die Natur. Ich dachte sehr viel. Ich denke auch heute noch sehr viel. Meine Kinder fragten oft: ›Mutter bist du in Ordnung?‹ Ich log und sagte ja. Meine Kinder spürten, daß ich log. Früher habe ich Tee getrunken, das war am Lake Care. Jetzt trinke ich Bier. Mary (Anm.: ihre älteste Tochter, sie kam aus Adelaide zurück) holt mich hier immer ab – am Bottle-Shop. Mary kann schreiben, sie hat Bildung. Mary hat mir das Schreiben beigebracht. Es geht noch schlecht, aber nach einigen Worten besser. Nicht gut! Nicht gut! Wieder! Wieder!« Hierbei stampfte sie mit den Füßen auf und machte die Handbewegung ›runter auf die Knie!‹. Damit demonstrierte Lona Hudson, wie ›hart‹ Mary sie bei den Schreibübungen rangenommen hatte. Es folgten noch viele Male: ›I'm upset! He is my legal husband. My heart is broken...!«
Schon nach den ersten Worten hatte Lona den Ausschnitt ihres Kleides mit den Händen gedehnt – und den Stoff so weit hochgezogen, daß ihr Kopf darin verschwand. Sie sprach also durch den grauen Stoff zu mir. Zum Schluß bat ich sie: »Wenn du schreiben kannst, Lona, dann trag dich doch bitte in mein Tagebuch ein!«

Doch das mißglückte. Ihr Name las sich eher wie ›Sorrei Muton‹, und die Anschrift wußte sie gar nicht. Jedoch sagte sie mir, daß der Postmeister von Coober Pedy sie gut kannte. Nach meiner Rückkehr schrieb ich deshalb an ihn, mit der Bitte, den Brief an die Aborigin Lona Hudson weiterzuleiten, oder ihn zu retournieren. Da dies nicht geschah, nehme ich an, daß sie ihn erhielt.
Als ich vor einigen Tagen in so desolatem Zustand Coober Pedy erreichte, da ahnte ich nicht, daß dieser Ort viele Seiten meines Tagebuches füllen würde. Jetzt sitze ich erneut in der Tankstelle Golde Fleece und komme dort noch einmal mit einem Miner ins Gespräch. Als er erfährt, daß ich bei Crocodile Harry war, meinte er: »Dem alten Harry ist doch die Baronin weggelaufen. Die hat jetzt selbst eine Mine – gar nicht weit von seiner. Und von dort beobachtet sie ihn – damit er's nicht zu toll treibt. Der nimmt's noch mit manchem jungen in der Stadt auf. Leider trinkt er zuviel. Am letzten Anzac-Day[40] hättest du ihn sehen sollen. Wir marschierten alle die Hutchison Street hinab, da kommt Harry uns entgegen – allein – im Stechschritt eines deutschen Offiziers. Er wollte und ein bißchen provozieren.«
Ich lächle verständnisvoll. Hatte mich der Baron doch mit SS Gruß verabschiedet. Nun konnte ich meine Tagebuchnotizen über den Adeligen aus Riga, den Kunststudenten, Krokodiljäger und Opal-Miner noch eine Episode hinzufügen.

Die Wüste unter Wasser

Statt weiter in Richtung Norden, fahre ich zunächst ein Stück südwärts. Mich interessiert, ob Bob sein Tal in ›Tiger Park‹ umgetauft hat. Tatsächlich! Da steht das Schild. Der alte Miner scheint unterwegs zu sein. Sein gelber VW parkt nicht vor dem Dugout. So kann ich die Gedenktafel ungestraft fotografieren.

Nun nehme ich Kurs aufs Cattle-Country. Von jetzt an begegneten mir wohl mehr Kühe als Känguruhs. Doch die Landschaft bietet zunächst das gewohnte Bild: roter Sand, spärlicher, graugrüner Busch.

Waren es von Glendambo bis nach Coober Pedy 254 Kilometer, so sind es jetzt bis zum Roadhouse von Marla 236. Manchmal ist die Endlosigkeit eben ein Stückchen kürzer. Angesichts der weiten Ebenen könnte man vermuten, daß die Erde keine Kugel sondern eine Scheibe ist. Ich sammle wieder Schweigen. Der Wind zerreißt einen Vorhang aus Sandstaub in der Ferne werden Berge sichtbar. Sie schwimmen auf dem Land wie Eisberge im Wasser. Wasser! Neben der Hitze ist es mein Hauptproblem. Doch ganz unerwartet werde ich von diesen Sorgen befreit.

Der in den Abendstunden nachlassende Wind kommt am Morgen nicht wieder. Die Temperatur ist um 20 Grad gefallen. Von Norden her ziehen Wolken auf. Es beginnt zu regnen. Dieser Wetterwechsel geschieht lautlos, kein Gewitter, kein Sandsturm begleiten ihn.

In der Wüste bei Coober Pedy heißt ein Tal jetzt »Tiger Park«.

Ein paar Road-Trains scheuchen mich von der Straße. Zur Druck- und Sogwelle, die sie erzeugen, kommt jetzt noch eine Wasserwolke. Der Regen verdichtet sich. Immer mehr wird das rote Australien zur grauen Eminenz. Der Wüstensand scheint sich in schmierigen Lehm zu verwandeln. Und bald frage ich mich, ob das Radeln bei 40 Grad im Schatten nicht doch angenehmer war, als dieses Wassertreten. Der Stuart Highway verläßt jetzt das Gebiet der Salzseen, streckt sich, passiert Marla und nimmt Kurs auf eine neue Zeitzone, das Northern Territory. Weniger als 200 Kilometer sind es bis Kulgera – Australien wird kleiner. Ausblicke auf die Mugrave Ranges hatte ich erwartet – Fernsichten. Aber die Regenschleier verdecken alles. Aus dem Wüstensand brechen die ersten Pilze hervor. Er leuchtet jetzt satt-rot. Wie lange wird er das Wasser noch schlucken können?
Am Straßenrand liegen die ersten toten Rinder – aufgerissen, teilweise halbiert. Road-Trains! Die Warnschilder der

Nach sintflutartigem Regen keimt in der Wüste neues Leben.

Farmer: »Danger Cattles!« lesen sich da wie Verwechslungen. Wer diese Straßenzüge, Kategorie ›Northern Territory‹ kennt, der vermag die wirkliche Gefahr in Zahlen zu fassen: Hier rollen 115 Tonnen auf 62 Rädern, gezogen von 400 PS, Spitze 140 km/h. Kein Wunder: Bei jeder dieser Begegnungen räume ich freiwillig die Straße. Von wenigen Unterbrechungen abgesehen, regnet es noch immer. Zelten ist kaum noch möglich. Längst sind die ausgebaggerten Wasserreservoirs gefüllt, in der Landschaft bilden sich die ersten Pfützen. Die Wüste hat sich sattgetrunken. In Kulgera warnt mich ein Autofahrer: »Wo willst du hin?«
»Zum Ayers Rock!« »Da kommst du nicht mehr durch! Der Lasseter Highway ist überschwemmt!«
Ich bedanke mich, hoffe still auf eine Wetterbesserung und radle weiter. Schon am nächsten Tag bestätigt es sich: der Mann hatte Recht. Im Roadhouse von Erldunda sprechen alle nur vom Wetter. Innerhalb von 24 Stunden war hier das

Im Outback überall bestaunt: das Fahrrad.

Jahresmittel an Niederschlag gefallen. Doch als ein aus Yulara kommender Fahrer berichtet, daß man durchaus mit einem normalen Auto zum Rock käme, nehme ich mir vor: Bike gegen Pkw.
Irgendwie hat es sich in der Station herumgesprochen: das Rad da draußen gehört dem Typen da. Der will damit zum Ayers Rock! Ein Mann macht mir das Angebot, mich auf den ersten Kilometern mit seinem Camper-Bus zu eskortieren; dort gäbe es einen besonders breiten Floodway.[41] Notfalls könnte er mich aufladen.
Die erste Furt liegt gar nicht weit vom Stuart Highway entfernt. Die Schuhe verknotet um den Hals gehängt, fahre ich in einem der oberen Berghänge, dabei versuche ich, durch Kreuzen den Druck der Strömung etwas abzuschwächen. Der Floodway ist etwa 200 Meter breit. Am anderen Ufer angelangt, bedanke ich mich bei dem Autofahrer: »Das ist okay! Ich glaube, ich schaffe das!«

Der Mann antwortet mit einer Geste, die wohl ausdrücken soll: »Da nützt kein Reden! Dem ist doch nicht zu helfen!« Er wendet und fährt zurück. Sein weißer Bus teilt das Wasser wie ein Schneepflug.

Die erste Etappe bis Mount Ebenezer ist leicht zu schaffen. In diesem Bereich hält sich die Überflutung in Grenzen. Wenn auch schiebend, so kann ich die Floodways doch ohne größere Mühe überwinden.

Bei der Tankstelle angelangt, umringt mich eine Gruppe Aborigines. Für die Eingeborenen muß mein Rad ein exotisches Verkehrsmittel sein. Ich mache eine Handbewegung in Richtung Landschaft: »Bad conditions!« – »Schlechte Bedingungen!« Einer der Männer antwortet mir mit einem Fingerzeig zum Himmel: »More Rain!« – »Es wird noch mehr regnen!«

Ich hätte diese zwei Worte des Eingeborenen ernster nehmen sollen als alle Warnungen der Weißen.

Das erste Auto, das mir am nächsten Morgen begegnet, steckt neben dem Highway im Schlamm – bis übers Bodenblech. Das zweite bietet einen noch traurigeren Anblick. Bei einem mißglückten Abschleppversuch wurde die Stoßstange abgerissen. Sie hängt noch verdreht an einer Schraube. Heftiger Regen setzt ein. Meine Watgänge werden immer tiefer. Immer häufiger taucht die Straße hinab in rotes Lehmwasser.

Vor vielleicht einer Stunde hatte mich ein Autofahrer auf Film gebannt. Nun hoffe ich auf eine weitere Begegnung, auf einen Wagen, den ich als Fähre benutzen könnte. Doch vergeblich! Die Landschaft gleicht mehr und mehr einer Seenplatte. Die Strömung in den Floodways wird stärker. Ich begreife: Es wird niemand mehr kommen! Es *kann* niemand mehr kommen!

Aber wo sollte ich hier noch ein Zelt aufstellen? ich müßte es mitten auf der Straße tun und es im Asphalt verankern. Kein Bike, ein Boot war gefragt – oder ein Floß. Und der Himmel entleert sich weiter, als hätte er diesen Regen über

Das »Wassertreten« beginnt, die Straße taucht weg.

Ein Jahrhundertregen macht die Wüste zur Seenplatte.

Jahrzehnte aufgespart.
Die Situation wird kritisch. Ich packe Papiere, Geld und Tagebuch in einen Wasserdichten Beutel und verschnüre auch die Kameraausrüstung schwimmfähig. Dann schiebe ich das Rad, hoffend, irgendwann wieder in hügeliges Gelände zukommen. Dort könnte ich dann auf einem Stein sitzend die Nacht verbringen. Für einen Augenblick kommt mir der Gedanke: fahr wieder zurück, ehe es zu spät ist! Doch das Überschwemmungsgebiet bei Mount Ebenezer dürfte jetzt gänzlich unpassierbar sein. Deshalb wohl kommen keine Autos mehr aus Richtung Stuart Highway. Bei Einbruch der Dunkelheit versuche ich eine Standortbestimmung. Von den etwa 250 Kilometern bis zum Ayers Rock habe ich gut zwei Drittel geschafft. Aber jetzt geht nichts mehr!
Der Lichtstrahl der Taschenlampe geistert über eine rote Wasserfläche. Auf ihr scheinen die Büsche und Wüsteneichen zu schwimmen – in allen Richtungen der gleiche Anblick. Ich habe zwar das rote Zentrum Australiens erreicht, aber nun sitze ich fest. Meine Abenteuerreise ist wohl zu Ende.
In meinem Kopf arbeitet es: »Wenn die Überschwemmung zur ›Großen Flut‹ würde, dann leerst du die Trinkwasserbeutel, bläst sie auf, klemmst sie dir unter die Regenjacke und läßt dich treiben. Nur das schon wasserdicht Verpackte ist wichtig – pfeif auf das Rad und die Ausrüstung!« Aber in diese klaren Gedanken mischt sich bereits ein Anflug von Angst. Ich habe dieses Land unterschätzt! Dunkle Regennacht. Das Rad steht in knöcheltiefem Wasser aufgebockt. Ich selbst mache ›Wassertreten‹: fünfzig Meter nach Westen, hundert zurück nach Osten. In beiden Richtungen wird das Wasser tiefer.
Ich weiß nicht, wie spät es ist, als ich das Motorgeräusch eines Wagens höre. Es nähert sich von Osten. Mein Herz macht einen Freudensprung! Als das Scheinwerferlicht durch die Regenvorhänge dringt, lasse ich meine Taschen-

Das Wasser steigt – nichts geht mehr, was bleibt sind SOS-Blinkzeichen in die Regennacht.

lampe aufblitzen: dreimal lang, dreimal kurz, dreimal lang – SOS! Auch wenn der Fahrer das Notzeichen nicht kennen sollte, er hielte auf jeden Fall. Der Wagen kommt nur ganz langsam näher. Jetzt erfaßt mich sein Lichtkegel. Ich höre, wie der Fahrer zurückschaltet. Er fährt dicht heran und hält. Es ist ein großer Lkw.
Ich weiß nicht, was der Mann im Führerhaus in diesem Augenblick denkt. Vielleicht hält er mich für einen Geist. Ich rufe nur kurz zu ihm hinauf: »Fahr noch ein Stückchen weiter, dort hinten steht mein Bike!«
Der Wagen setzt sich langsam in Bewegung, und während ich neben dem Fahrzeug hergehe, sind plötzlich die Worte des Truck-Drivers wieder da: »You must be born under a lucky star!«
Ich spreche sie nach wie ein kleines Gebet.
Der Fahrer hat sich das Oberhemd ausgezogen, und wir

wuchten zusammen das Rad auf die Ladefläche. Sollte es Bruch geben, im Augenblick ist mir das egal. Dann sitzen wir eine ganze Weile schweigend nebeneinander im Führerhaus. Ich versuche es mit einer Erklärung: »...bin stekkengeblieben! ...hatte mit einem solchen Regen in der Wüste nicht gerechnet! ...wartete schon seit Stunden vergeblich auf ein Auto!«
Der Mann nickt: »Da kommt keiner mehr! Auch morgen nicht. Das schaffen nur noch Trucks!« Er fährt langsam an: »Ich bring dich bis zur Lodge in Yulara! Wenn wir durchkommen!«
Ich frage zurück: »Kennst du die Strecke?«
»Da sind noch ein paar verdammt tiefe Stellen! Wenn wir Wasser in die Elektrik kriegen, dann bleiben wir liegen! Aber abtreiben werden wir nicht, dafür sind wir zu schwer. Ich habe Eisenträger geladen – für den Bau am Airport!«
Was nun folgt ist eine wahre Geisterfahrt. Ein Lkw als Landungsboot. Mehrfach schaufelt es das Wasser bis auf die Motorhaube. Der Fahrer stoppt. Eine dunkle Barriere liegt auf dem Highway. Er legt den ersten Gang ein und wühlt sich hindurch. »A dune!« – »Eine Düne!« Völlig wassergetränkt, war sie ins Rutschen gekommen.
Wieder rauscht es unter den Rädern – der nächste Watgang. Ich hatte kurz nach dem Einsteigen auf dem Kilometerstand geschaut. Mehr als fünfzig Kilometer dauert diese Wasserfahrt, aber nun haben wir es wohl geschafft! Doch wieder tauchen wir weg, dieses Mal in einer Linkskurve. »Verdammt!« Der Fahrer stößt die Luft aus. Aber der Motor spuckt nicht. Die Elektrik blieb trocken, obwohl uns das Wasser bis an die Windschutzscheibe fliegt.
»Here we are!« – »Da sind wir!« Im Licht der Scheinwerfer werden die Konturen von Gebäuden sichtbar. Das ist Yulara. Aber was für ein Anblick! Vor dem Tourist-Centre schwimmen Holz und Mülleimer, neben parkenden Autos wippt ein Boot im Wasser. Der Fahrer stoppt unmittelbar vor der Ayers Rock Lodge.

Dann hilft er mir, das Rad von der Ladefläche zu heben. Als er wieder ins Führerhaus steigt, fasse ich unwillkürlich seinen Arm: »I'm so thankful, Frank!« – »Ich bin dir so dankbar!« Ich kannte nur seinen Vornamen und bereue es später, mir nicht wenigstens das Kennzeichen des Wagens gemerkt zu haben. »It's okay!« kommt es so lässig zurück, als hätte er mich nur von einem Vorort Adelaids bis ins Zentrum mitgenommen. Kaum hat der Wagen gewendet, verschluckt ihn die Regennacht. Yulara hat einen weiteren Gast, einen geretteten Radler. Ich leuchte mit der Taschenlampe die Fassade der Lodge ab: *Office! Privat!* Ich folge dem Hinweis und klingle an der Tür Sturm. Es dauert geraume Zeit, bis sich drinnen etwas rührt. Endlich macht jemand Licht. Dann erscheint ein Kopf in der Tür.

»Mich hat eben ein Truck-Fahrer hier abgeladen – mit meinem Bike. Ich brauche ein Bett!« Dieser Satz ist wohl Erklärung genug. Der Kopf verschwindet wieder; wenig später strecken sich mir zwei Hände entgegen. Die eine hält einen Schlüssel, die andere einen gefüllten schwarzen Plastikbeutel: »Ganz hinten, die letzte Cabin! So kriegst du das Bettzeug trocken rüber! Meld' dich morgen früh noch mal!«

In dieser Nacht wird die Ayers Rock Lodge für mich zur Arche Noah.

DER ROCK

Vor 600 Millionen Jahren hatte die Erde den Magmapfropfen aus ihrem Innern hervorgewürgt. Dreihundertfünfzig Meter hoch überragt er den Wüstenboden, 6000 Meter tief steckt er noch im Untergrund – ein Monolith, der zahllose Poster und Bildbände schmückt. Seinetwegen hatte ich den Abstecher über den Lasseter Highway gemacht und war dadurch in ›Seenot‹ geraten. Aber seit Menschengedenken hatte es hier nicht mehr eine solche Sintflut gegeben. Was

Selten zu erleben, der Ayers Rock im Regen.

war los mit dem Wetter auf dem trockensten Kontinent der Erde?
Die Touristen in Yulara jammern. Sonnenschutzmittel und Sandalen hatten sie im Gepäck. Jetzt bräuchten sie einen Südwester und Gummistiefel. Vor dem Sheraton Hotel steigt eine Lady aus einem chauffeurgesteuerten Wagen wie aus einer Gondel. Venedig in der Wüste – was für eine verrückte Welt.
Als der Regen für ein paar Stunden aussetzt, versuche ich es mit einer Fahrt zum Felsen. Aber an seiner Ostseite bleibe ich stecken. Dort hat sich ein richtiger Fluß gebildet. Ich kehre um und erkundige mich beim Ranger: »Was ist eigentlich mit eurem Wetter? Die Wüste steht unter Wasser, drüben am Rock quaken Frösche.«
Er scheint meine Frage überhört zu haben und meint, diese frogs, hielten ein paar Jahre unter der Erde aus. Bei Regen wie diesem kämen sie dann an die Oberfläche. Er greift

Der »Rock« wird zur Insel, seine Umrundung zum Wassertreten.

Angesichts der Schlammfluten bleiben den Touristen nur »Gucklöcher« in den Busfenstern.

zum Telefon. Offensichtlich fragt er Wetterdaten ab. Den Hörer am Ohr, ruft er zu mir herüber: »Ganz kurze Besserung, dann noch mehr Regen!«
Noch mehr Wasser! Da blieb mit nur die Chance den Fluß jetzt noch zu durchwaten. Eine Radwanderung um den Ayers Rock hatte ich mit wirklich anders vorgestellt.
Nach etwa 15 Kilometern Rundkurs stehe ich an dem Punkt, von dem aus der Aufstieg beginnt. Ein Dutzend anderer Touristen hatten wohl den gleichen Gedanken: heute oder nie! Aber warum so viel Aufhebens um lächerliche 350 Meter Höhenunterschied? Ein bißchen steil war der Anstieg schon, doch die Gefahr lag im Leichtsinn. Die Mahntafeln mit den Namen der Abgestürzten gaben Auskunft: fast immer waren es Jugendliche, die hier beim Klettern den Tod fanden.
Die Gruppe hat's geschafft! Man packt die Belohnung aus. Sektpfropfen knallen, Kronkorken floppen. Man feiert die Erstürmung des Ayers Rock. Dann noch ein paar alberne Strichmännchen ins Gipfelbuch (es liegt in einer gemauerten Nische) – schon geht es wieder hinunter. Einer der Männer hat sein Bierglas vergessen. Ich stecke es ein. Das Souvenir von der Spitze des Ayers Rock ist so banal, daß es schon wieder originell ist. Nun bin ich hier oben allein. Nach so langer Reise im »geografischen Zentrum« zu sitzen – noch dazu auf dem größten Monolithen der Erde – man könnte ins Träumen geraten. Aber der angekündigte Regen ist schon da! Seine Wasserschleier verwischen Formen und Farben. Hinter ihnen verschwinden die Buckelfelsen der Olgas, roter Sand und Buschland, die Wüstenseen im Osten. Australien verliert buchstäblich sein Gesicht. Noch ein Blick in die Runde, dann mache ich mich an den Abstieg. Der Ayers Rock: ich hake ihn ab wie jene Multis unter den Touristen, die mit Checkliste durch die Welt reisen – Akropolis, die Pyramiden von Gizeh, Tadsch Mahal…
Aber wer von ihnen hat schon den Rock im Regen gesehen?
›Down under the southern Stars‹, eine nächtliche Sternen-

Auf Distanz ist der Ayers Rock nur ein »Felsklotz«, aus der Nähe jedoch »Faszination der Formen«.

wanderung, ›The edible Desert‹, die Exkursion ›Nahrung und Medizin aus der Wüste‹, eine Fahrt zu den Olgas – das alles hatte ich mir im Programmheft angekreuzt. Die gesamte Planung fällt buchstäblich ins Wasser. Die Ranger könnten zum Angeln einladen: ›Fishing in the Desert‹.

Wie komme ich nun zurück auf den Stuart Highway? Das Fiasko, das ich erlebt habe, darf sich nicht wiederholen. Im Touristenzentrum kaufe ich mir den Centralien Advocate. Die Schlagzeile sagt alles: »Wet Weather Havoc!« – »Verwüstungen durch heftige Regenfälle!« Binnen Tagesfrist hat man 206 mm Niederschlag gemessen. Die Liste der gesperrten Straßen wird immer länger. Jemand berichtet, südlich von Coober Pedy sei der Stuart auf einer Länge von 80 Kilometern unpassierbar. Also nichts wie weg von hier, bevor Yulara zu einer Insel wird.

Zwei von fünf Buslinien sollen noch verkehren. Normale Pkws haben auf dem Lasseter Highway keine Chance mehr. Von modernster Technik huckepack genommen, erreiche ich wieder den Ausgangpunkt – Erldunda, keinen Tag zu früh, wie der Polizei-Report später erkennen ließ. Darin hieß es:

> »Hunderte von Touristen sind am Ayers Rock gestrandet. Der Lasseter Highway wurde geschlossen, nachdem Autofahrer Überflutungen in etwa 40 Bereichen gemeldet hatten. An einigen Stellen betrug die Wassertiefe mehr als 1,50 Meter. Am schlimmsten betroffen war das Gebiet zwischen Mount Ebenezer Und Curtin Springs. Dort war der Wasserspiegel so hoch wie die Scheinwerfer eines Geländewagens!«

Mount Ebenezer – Curtin Springs! Auf diesem Straßenstück hatte mich der Lkw-Fahrer zu nächtlicher Stunde aus dem Wasser geholt. Damals ging es mir bis zum Knöchel, jetzt stünde es mir bis zum Hals.

Die Gewitter bei Coober Pedy, die Sintflut am Ayers Rock, zum zweiten Mal war ich einer Katastrophe entgangen. Aber meinen Glücksstern würde ich auf dem Rest dieser

Reise noch mehrfach brauchen.
Wieder rotes Land, weite Ebenen mit ›schwimmenden‹ Tafelbergen. Eine kleine Abwechslung: die Talkerbe des Finke River. Weiterhin Regen: Trostlosigkeit auf Distanz – zweihundert Straßenkilometer und keine einzige Siedlung, nur eine einsame Kamelfarm am Fuße der James Ranges. Doch dann das Erstaunliche: ein Sonnenloch! Australien erstickt im Regen, aber wie das windstille Auge im Zentrum eines Taifuns, so gibt es hier im nördlichen Zentralplateau einen trockenen Fleck.
Die Straße beginnt zu buckeln. Das sind die Berge der Mac Donnell Ranges. Ein Felsendurchbruch – und hinter diesem liegt sie, die Stadt, die keine Nachbarn hat, Alice Springs. Im Osten die Simpson Wüste, im Westen die Große Viktoria Wüste. Richtung Norden sind es 1706 Kilometer bis nach Darwin, nach Süden 1555 Kilometer bis nach Adelaide. Diese beiden Städte sind buchstäblich ihre weit entfernten Verwandten.
»Alice«, was erzählte man sich nicht alles von dir? Aber diese Stories mußten Jahre alt sein. Alice hatte sich verändert – nicht wie eine alternde Frau, sondern wie eine, die Verjüngungskuren machte. Die einstige Oasenstadt glänzt mit neuen Fassaden; dabei stünden ihr doch Wellblechrunzeln viel besser.
In der Nähe der Shell-Tankstelle spricht mich ein Mann an:»Woher?« »Deutschland!« »Germany? Drüben in Broom habe ich schon einen getroffen, einen Lehrer. Der war ›ausgestiegen‹! Meinte, morgens die Klassentür öffnen und dreißig Kinder lärmen hören – dazu ›Druck von oben‹ – das sei nicht der Sinn des Lebens!« Ich sage dem Mann, wie enttäuscht ich von Alice Springs bin. Er nickt verständnisvoll. Mit *diesem* Alice möchte er nichts mehr zu tun haben. Er sei nur hierher gekommen, um Ersatzteile zu kaufen – für's Bohrgerät. Das stünde ›ein paar hundert Kilometer weiter westlich‹, in der Wüste.
»Du bist 20 Jahre zu spät gekommen!« meint er, »damals

standen vor Toods Tavern noch Pferde, manchmal auch Kamele. Erst kamen die Planer, dann die Bulldozer. Wenn du das alte Alice suchst, vielleicht findest du es noch am Stadtrand. Hast du die supermoderne Mall[42] gesehen?«
»Ich war drin! Könnte im Zentrum von Sydney stehen!«
»Paß auf, daß dir die Kette nicht reißt. Das war dem Lehrer passiert, deshalb hatte ich ihn aufgeladen!« Mit diesen Worten geht er weiter.
Irgendwie beneide ich den Mann. Im Outback Gold suchen – oder auch in der Wüste nach Gas bohren – fernab von diesem Rummel hier. Selbst jetzt, außerhalb der Saison, ist Alice Springs fest in der Hand von Touristen. Ich kenne diese Stadt erst wenige Stunden, trotzdem ist sie mir schon zuwider.
Immerhin, ein kleiner Vorteil bleibt. Ich kann mir die eingebüßten Ausrüstungsteile nachkaufen, auch etwas an aboriginal Kunst, sowie Literatur. Bevor ich am nächsten Morgen weiterfahre, mache ich noch einen Abstecher zu der am östlichen Stadtrand gelegenen Kamelfarm. Als ich dort das Rad abstelle, hält ein Bus: Australian Pacific Tour. Ihm entquillen 60 orangerot bemützte Outback-Urlauber. Sie ergänzen eine Gruppe, die schon vorher eingetroffen war. Kennzeichen blaue Mützen. Irgendwie erinnern mich diese Leute an Schafe. Die Farmer hierzulande markierten die Tiere auch – mit Farbstrichen, roten, blauen – damit man sie, wenn sie sich in eine fremde Herde verirrten, wieder aussortieren konnte.
Unter so vielen an einem Kamelritt Interessierten, beschränke ich mich aufs Lästern. Vergnügungssteuer könnte man bezahlen! Da klettern Wohlstandsbäuche auf Kamelrücken, als gelte es einen Holzstoß zu überwinden ohne ihn dabei umzustoßen; Und Ladies, die beim Aufrichten der Tiere beinahe vornüber aus dem Sattel fallen, pressen – plötzlich so hoch oben sitzend – ängstlich ihre Handtaschen an die Brust.
Die Treiber nehmen, von Tier zu Tier gehend, die Kameras

entgegen – fürs erbetene Erinnerungsfoto. Jetzt setzt sich die Karawane in Bewegung. Doch einem scheint es zu langsam zu gehen. Er wippt nach Reiter Art und gibt dabei dem Kamel die Sporen – mit den Hacken seiner Schuhe. Schaute der Mann jetzt nach links, dann sähe er nicht mehr die letzten Häuser der Stadt und käme sich vielleicht vor wie ein Pionier zu Stuarts Zeiten.
Als ich zu meinem Rad zurückkomme, sehe ich, daß mir irgendein Trunkenbold einen langen Messingstift durch die Decke des Vorderrades gestochen hat. Der Vorfall macht mir Alice nicht gerade sympathischer.

Eine Buschbar als Bank

An der alten Telegrafenstation, die ein paar Kilometer nordöstlich von Alice Springs liegt, möchte ich nun doch nicht vorbeifahren. Nach diesem Blick in die Geschichte kurve ich zurück auf den Stuart Highway, als ginge es jetzt um den Endspurt. Dabei liegt der nächste Wendepunkt, die Kreuzung Three-Ways, 530 Kilometer weit entfernt! Es folgten Barkly und Flinders Highway. Nach rund 2000 Kilometern würde ich dann wohl die Küste Queensland erreichen.
Trotz dieser Distanzen ist der Kontinent für mich schon recht klein geworden. Als ich damals in Perth aus dem Flugzeug stieg, lagen mehr als 8000 Kilometer vor mir. Der nun verbliebene Rest ist überschaubar.
Seit ich vom Ayers Rock auf die Hauptstraße zurückgekehrt bin, ist dies bereits der vierte Sonnentag. Die Meteorologen hatten sich wohl geirrt. Der Jahrhundertregen schien vorbei zu sein. Daß die Wettergötter mit mir nur pokerten, und daß ich bereits wieder auf der Verliererstraße fuhr, ahnte ich nicht.
Ich weiche einigen Sandwirbeln aus, schaue kritisch hinauf zum Himmel. Nur ein paar harmlose Wolkenschafe ziehen von Ost nach West. Es sieht nicht nach Gewitter aus. Wieder muß ich anhalten, von rechts tanzt ein Willy-Willy heran. Die Windhose ist schon fast vorbei, da schlägt sie einen Haken und erwischt mich doch noch. Ich kneife die Augen zu. Sand in den Ohren, im Nacken, zwischen den Zähnen:

da sind Autofahrer in ihrer Blechkonserve doch im Vorteil! Zeitzonen hatte ich schon einige durchradelt, jetzt kreuze ich den Wendekreis des Steinbocks. Schade! Nicht wenige, die diese Tropenlinie passierten, hielten deren Markierung wohl für die Aufforderung, hier ihren Müll abzuladen. Entsprechend sieht es um das Monument aus. Da lohnt nicht einmal ein Foto vom Relief mit dem Capricorn; man hat es durch Steinwürfe zertrümmert.
Wieder Richtfunkstrecken durchradeln, Masten zählen – eine Beschäftigung aus Langeweile. Da freut man sich über die kleinste Abwechslung: ein altes Benzinfaß mit der Aufschrift: »Yambah«. Da liegt irgendwo hinter dem Horizont die gleichnamige Farm. Dann ein Wassertank mit der Mahnung: *»Saved Water – Saved Lives!«* – »Eingespartes Wasser – gerettete Leben«. Die Felspassage ›Native Gap‹. Hier ist die Erde zuoberst gedreht. Es sind die Buddelstellen vom Granit-Gold-Rausch. Ein halbes Jahrhundert ist dies her; mit modernen Methoden könnte man vielleicht noch fündig werden.
Den ganzen Tag über hatte ich noch kein menschliches Anwesen zu Gesicht bekommen. Jetzt passiere ich eine Ruine, die Reste der Farm vom alten Sam Nicker. Dann wieder roter Sand, schütterer Busch, Termitenhügel – das Gesicht des Outbacks.
Schon eine ganze Weile höre ich in einiger Entfernung hinter mir ein Geräusch, als folgte mir ein Traktor. Ich halte, drehe mich um. Weit zurück ist ein gelber Punkt zu sehen. Das muß ein Pkw sein. Aber auch während der nächsten halben Stunde, schafft es sein Fahrer nicht, mich einzuholen. Erst als ich unter einem Ghost-Gum[43] Rast mache, schließt der Wagen auf, und klappert vorbei.
Was für ein Lärm! Der Motor läuft wohl nur auf zwei Zylindern. Das Hämmern der Kolben schüttelt das ganze Auto. In ihm sitzend dichtgedrängt ein halbes Dutzend Aborigines. Mit so einem Gefährt wagt man sich bei uns nicht einmal bis zum nächsten Zigarettenautomaten, aber

die Gruppe Eingeborener schien guter Dinge zu sein. Wulstlippig lächeln sie aus den Fenstern. Dabei waren es bis zur nächsten Reparaturwerkstatt ein paar hundert Kilometer.

Ich schaue dem Wagen nach, bis ich ihn aus den Augen verliere. Ein paar Stunden später treffen wir uns wieder. Schon von weitem sehe ich den kanariengelben Punkt. Er steht! Also hatte der Motor seinen Geist endgültig aufgegeben! Ich finde die sechs Männer am Straßenrand sitzend, als hielten sie Kriegsrat am Lagerfeuer. Halb aus Mitleid, halb aus Neugier halte ich.

Der Grund für ihren Zwangsaufenthalt ist jedoch nicht der Motor sondern eine Reifenpanne. Was gibt es da zu beratschlagen? Sie sollten den Reifen wechseln! Einen Gruß andeutend, radle ich weiter.

Als ich noch einmal zurückschaue, sehe ich, daß die Männer wieder einsteigen. Das macht keinen Sinn; so schnell konnten sie den Reifen nicht gewechselt haben! Und warum sollte sich die Gruppe – bei 35 Grad im Schatten – im Auto zusammenquetschen? Wenig später bekomme ich die Antwort. Hinter mir tuckert ein gelber ›Traktor‹ heran. Das Geräusch wird immer lauter; bald gleicht es dem eines Schützenpanzers.

Die werden doch nicht etwa…! Ich halte und warte auf den Wagen. Er hat etwas Schräglage und fährt in leichten Schlangenlinien. Dann rasselt er vorbei – auf drei Rädern und einer Felge. Man lernt nie aus!

Weil das Auto jetzt fast so langsam wie ein Radler ist, fahren wir sozusagen im Konvoi. Und so habe ich für Stunden das Vergnügen dieser rasselnden Geräuschkulisse.

»Tankstelle Aileron!« Auf diesen Voranzeiger war ich gar nicht gefaßt. Meine Karte wies nur eine Farm gleichen Namens aus. Als ich über die Sandpiste dem Hinweis folge, komme ich tatsächlich zu einem kleinen Roadhouse. Durch Buschland verdeckt, war es vom Highway aus nicht sichtbar.

Die Aborigines waren kurz vor mir angekommen. Einer von ihnen ist gerade dabei, die Felge – sie gleicht jetzt eher einem Vieleck – abzuschrauben. Ich deute mit einem Fingerzeig an: »Darf ich das Ding fotografieren?« Der Schwarze stellt sie neben das Auto und lächelt – stolz darauf, mit so etwas etwa 60 Kilometer weit gefahren zu sein.
Als ich die Tür der Tankstelle öffne, folgt mir die ganze Gruppe. Ich lasse ihnen beim Einkaufen den Vortritt. Aber es wird kein Kauf, sondern ein Tauschgeschäft.
Einer der Männer legt ein zusammengerolltes Tuch auf den Tresen. Es handelt sich um eine Punktmalerei, die typische Kunstart der Aborigines. Der Tankwart hält das Gemälde in die Höhe: »Dafür gebe ich dir 40 Dollar, such dir was aus!« Die Wahl des Eingeborenen fällt auf einen Autoscheinwerfer, eine Taschenlampe nebst Batterien; dann bleibt noch Geld für Pommes und für ein paar Hähnchenkeulen. Ein Tauschhandel wie vor Urzeiten!
Als die Gruppe wieder gegangen ist, sage ich zu dem Wart: »Die sind auf drei Rädern und einer blanken Felge gekommen!« Er zuckt mit den Schultern: »Das ist bei denen normal. Ersatzreifen kennen die nicht!«
»Und wo bekommen sie jetzt einen her?«
»Drüben aus dem Busch. Dort haben sie ihr Camp!«
»Wo?« frage ich zurück.
»Drüben bei dem alten Windrad, aber fahre nicht hinüber,« warnt er mich. Ich gehe noch einmal vor die Tür, packe mein kleines Fernglas aus: Deutlich sehe ich jetzt den Haufen Autowracks, die aufgespannten Wolldecken dazwischen und den Rauch, der emporkräuselt. Das ist eine Wohnstätte von Aborigines, wie man sie den Touristen nicht zeigt.
Hinter der rechten Hausecke sind seltsame Klänge zu hören. Neugierig gehe ich hinüber. Was für eine irrationale Szene!
Dort unter dem Dachüberstand laufen zwei Spielautoma-

ten, gespeist von dem Aggregat, das den Strom für die Tankstelle liefert. Die Sichtfenster der Geräte sind fast blind, die Gehäuse von vielen Fußtritten malträtiert – aber die Automaten laufen. Schüsse, Explosionen, elektronisches Löwengebrüll wechseln ab. Dann ein Treffer. Musik setzt ein. Das Programm wiederholt sich – endlos wie ein Stück auf einer Schallplatte, wenn die Nadel hakt.
Ich blicke abwechselnd hinüber zu dem Camp und dann wieder auf die Geräte. Was für ein Kontrast! Was für ein Wahnsinn! Da zieht man den Schwarzen, die unter menschenunwürdigen Bedingungen leben, das Geld mit solchen Spielautomaten aus der Tasche.
Mit Revoluzzergefühl im Bauch gehe ich zurück in die Tankstelle. Die Lust zu einem weiteren Gespräch ist mir vergangen. Als Missionar hätte ich hier doch keine Chance. Ich fülle meine Lebensmittel – und Mineralwasserbedarf auf:
»Bye!«
Beim Verlassen des Raumes fällt mein Blick auf eine Reklametafel:
»Sensation! Action! Drama! Romance! – Life's Pretty Streight Without Twistis!«
War das Leben ohne diese süßen Snacks wirklich so verdammt langweilig? Ist deren Genuß ›Sensation‹, ›Tat‹, ›Dramatik‹? Die Aborigines drüben im Busch wüßten die Antwort darauf.
Wie es aussieht, wenn sich Wolkenschafe in Wölfe verwandelten, das wußte ich bereits. Aber als ich sehe, was sich heute schon in den Vormittagsstunden am Himmel tut, wird mir ganz mulmig zumute. Sollte ich mich wieder in eine Betonröhre verkriechen müssen?
An der Tankstelle Ti-Tree versuche ich ein paar Wetterinformationen zu bekommen. Die Auskünfte klingen beruhigend. Lediglich mit ein bißchen Regen sei zu rechnen. Nur weiter im Süden sähe es schlimm aus – und ganz oben im Norden, bei Darwin.

Swamp (Übeschwemmungsgebiet) mit Ghost Gums (»Geister-Bäumen«).

Etwas Regen? Die Straße ist jetzt fast durchgehend als Damm gebaut. Da kann mich Wasser allein nicht schrecken!
Das erste Gewitter? Was für eine miese Wettervorhersage! Keinen Weißen, einen Aborigines hätte ich fragen sollen!
Es beginnt im Osten und zieht weit voraus vorbei. Doch bald folgen ihm ein zweites, ein drittes. Wie an einer Schnur aufgereiht, ziehen sie von Ost nach West.
Um den nächsten zu entgehen, kehre ich um, fahre etwa zwei Kilometer zurück. Wenig später scheucht mich eins. Nur durch Abhetzen radle ich einen Vorsprung heraus. Sich so durchzumogeln, das ist ein teuflisches Spiel.
Diese Gewitterkette zwischen Ti-Tree und Stirling Swamp ist nur der Vorbote, eine Art Spähtrupp. Das eigentliche Geschehen spielt dann in großen Höhen der Atmosphäre. Dort oben entlädt sich die Energie von Wolke zu Wolke. Nur manchmal dringen die Blitze als diffuses Flackern durch

den Regen. Die Donner rollen gedämpft, wie weit entfernt. Höhengewitter! Die sind nur gefährlich für Flugzeuge, nicht aber für einen Radler! Ich kann den Alarm abblasen. Seit Coober Pedy bin ich nun schon einiges an Regen gewohnt. Aber was jetzt an Wasser herunterkommt, da fehlt mir jeder Vergleich. Der Himmel erbricht sich! Schon bilden sich die ersten Pfützen, vereinigen sich zu Teichen, zu kleinen Seen. Begegneten mir bisher noch einige Trucks, so bleibt jetzt jeglicher Verkehr aus.
Ich fahre mit gesenktem Kopf und nutze die Daumenspanne als Scheibenwischer. Allmählich habe ich das Gefühl als wüchsen mir zwischen den Fingern und Zehen Schwimmhäute. Ich werde Barrow Creek erreichen müssen – unter allen Umständen. Brachte ich nicht wenigstens den Stirling Swamp hinter mich, mir drohte zum zweiten Male ›Seenot‹.
Wie weit war es noch bis zum Roadhouse? Anhalten, um den Radcomputer ablesen zu können, das lohnte nicht. Es wäre nur ein Zeitverlust und änderte nichts an der Distanz. Ich fahre, mal erhöht auf dem Trockenen, mal mit ins Wasser patschenden Pedalen. Seit Einbruch der Dunkelheit bremst mich noch der Dynamo. Aber ich brauche die Beleuchtung, schon zweimal war ich von der Straße abgekommen und buchstäblich versackt.
Es gibt Distanzen, die schrumpfen wie im Fluge, andere dagegen ziehen sich in die Länge gleich Kaugummi. Diese Etappe nach Barrow Creek gehört zu den letzteren.
Allmählich werde ich unsicher. Liegt die Station abseits des Highways, dann habe ich sie vielleicht schon verpaßt. Bei Outback-Tankstellen wie dieser, da leuchtet keine Reklameschrift, nicht die hellen Bänder der Neonröhren. Da funzelt das gelbe Licht einiger Glühlampen, viel zu schwach, um Regen wie diesen weit zu durchdringen. Verpaßte ich Barrow Creek, es wäre fatal.
Irgendwann folgen dann wieder Swamps, jene tiefgelegenen Überschwemmungsgebiete, in denen mein Rad zum

Tretboot wird.
Längst hat der Regen die Kühle der Nacht angenommen. Gegen das Schlottern hilft jetzt nur noch Bewegung. Das Laufgeräusch des Rades verstärkt sich, wird zum Rauschen. Die Pedale klatschen beim Treten ins Wasser. Ich versuche, im spärlichen Schein der Beleuchtung die Mitte der Straße zu halten; käme ich wieder vom Asphalt ab, würde das mit einem Sturz in tieferes Wasser enden. Der Stuart Highway steigt wieder an. Ich halte, lausche: Regenrauschen, sonst nichts. Ich hatte gehofft, den Diesel des Stromaggregates von Barrow Creek zu hören. Wie weit mag es noch sein? Ich ziehe die Taschenlampe hervor und leuchte auf das Sichtfenster des Radcomputers: noch acht Kilometer, vielleicht aber auch zwanzig. Die Straßenvermesser arbeiten hierzulande nicht mit der Genauigkeit eines Uhrmachers. Irgendeine der zurückgelegten Strecken sollte – laut Karte – 183 Kilometer lang sein. Daraus wurden dann 197.
Das Licht taucht plötzlich auf! Durch den heftigen Regen wirkt es noch weit entfernt; aber es ist bereits die Auffahrt zum Roadhouse Barrow Creek. Ich hatte es geschafft!
Im Schutz des Dachüberstandes packe ich frische Bekleidung aus, halte die Beine zum Abspülen der Lehmwasserspuren hinaus in den Regen und rubble mich dann mit einem Handtuch trocken. Nach mehr als hundert Kilometer Regenfahrt komme ich mir ganz schwammhäutig vor. Müde und erschöpft drücke ich die Tür auf, aber was ich da auf den ersten Blick sehe, das macht mich sofort wieder munter. Dieses Barrow Creek könnte es sogar mit der Action Jackson's Bar in den Yukonbergen Alaskas aufnehmen.
Nur zwei Personen sind anwesend – eine Frau und ein Mann. Sie bedient, er trinkt. Die beiden schauen mich argwöhnisch an: »Wo kommt der her?« Ich grüße durch stummes Handheben, rutsche auf einen Barhocker und frage zunächst nach einem Bett:
»I'm looking for accommodation!«

Die Frau nickt und holt einen Schlüssel hervor. Draußen, meint sie, sei noch eine Cabin frei. Ich nicke zurück, froh, ein Dach über dem Kopf gefunden zu haben und bestelle einen Big Burger und ein Beer.

Vor mir auf dem Tresen liegt eine 1-Dollar-Münze. Sie glänzt wie frisch poliert. »Hier, die hat jemand liegengelassen!« Als ich sie mit dem Finger in Richtung Bedienung schnippen möchte, zuckt ein Schmerz durch meine Fingerkuppe. Das Ding sitzt fest – wahrscheinlich mit einem Spezialkleber. Kein schlechter Geck! Blank geworden ist sie wohl nur von den vielen Einsteckversuchen.

Ich schaue mich etwas näher in dem Raum um: »Das schreibst du am besten gleich alles auf«, geht es mir durch den Kopf, »sonst vergißt du die Hälfte!« »Kommst du von Norden oder Süden?« Die Frage galt mir. Der Mann hatte sie gestellt – er suchte wohl das Gespräch.

Als ich ihm sage, daß ich mit dem ›Push-Bike‹ unterwegs bin – von Perth, setzt er sich auf dem Hocker gerade, als wollte er Haltung annehmen. Dann streicht er sich mit Daumen und Zeigefinger über den Nasenrücken und trinkt stumm weiter. »Notier' dir ruhig alles«, meldet sich jetzt die Frau. »Du bist nicht der erste! Es gibt schon ein paar Stories über uns!« Sie hatte wohl gemerkt, daß das kleine rote Büchlein vor mir mein ›diary‹ war.

Weil eine Ecke der Bar ganz mit Geld tapeziert ist, antworte ich ihr mit einer Frage: »Was ist das für Geld dort drüben an der Wand?«

»Das stammt von den Boys! Lohngelder! Im Busch konnten sie's nur verlieren. Einer der Stockman fing damit an – nagelte es an die Wand, die andern machten's nach. Wenn die Männer zurückkamen bezahlten sie ihre Drinks damit. Jetzt hängen auch die Touristen ihr Geld hin. Wir sind eine der letzten Busch-Banken im Territory, das müßten nun…«, die Frau schaut einen Augenblick in Richtung Wand, »…so um 3000 Dollar sein!« Sie wird gesprächig: »Schreib dir das alles gut auf!«

Die Empfehlung ist überflüssig. Hinter ihr, zwischen all dem Hochprozentigen, steht ›Eingemachtes‹: Schlangen, Skorpione, allerlei anderes Getier – darunter aber auch Eßbares. An einem Glas Zwiebeln klebt ein Zettel: »Wenn du einen mißliebigen Mitfahrer hast, dann solltest du diese Zwiebeln kaufen und gleich essen!«
Links von der Flaschen- und Gläsersammlung hängt eine Uhr. Auf ihr rotiert nur noch der Sekundenzeiger, die anderen Zeiger fehlen. Auch hier eine Erklärung: »Du willst wissen, wie spät es ist? Es ist zehn Minuten vor der Zeit wo du deinen verdammten Job zu verrichten hast!«
Selbst der Rest meiner Müdigkeit verfliegt. Ich beginne, mich zu amüsieren. Der Wandschmuck von Barrow Creek hat es wirklich in sich. Da hängt der Rest einer Speichenfelge. Der Unfall mußte glimpflich ausgegangen sein, sonst existierte nicht die Notiz daneben: »Hatte das Autoradio zu laut aufgedreht, hörte deshalb nicht, wie der Reifen platzte!«
Nur ein Stückchen weiter ein Unikat von Bild – ein getrockneter Kuhfladen, holzgerahmt wie ein Ölgemälde. Kein Kunstwerk ohne Titel: »Feinste original Bullenscheiße aus dem Nordterritorium«, heißt es auf einer kleinen Plakette. Zwischen Felge und Fladen hängt eine Reihe alter Hüte. Die Exemplare sind beschrieben wie Museumsstücke.
Einer der abgegriffenen Filze gehörte einem gewissen Sandy Cole; er war Driller[44] und kannte jedes Wasserloch im Territorium. Den Nachbarhut hatte Tossa Reidy getragen, ein alter Fencer[45]. Das Lederstück daneben stammte von Jimmy Heneen, oder Shim Reen, wie ihn die Aborigines nannten. Er soll ein virtuoser Violinenspieler gewesen sein – und wie es hieß: »a legend for sure!« – »Bereits eine Legende«? Aber die sicherlich bekannteste Figur unter den Old Barrow Creek Publicans mußte ein gewisser Telecom Tom gewesen sein. Die Abkürzung stand für Telecommunication, denn dieser Tom hatte sein Leben lang in der nahebei gelegenen Telegrafenstation Dienst getan. Bei der Hüte-

sammlung hing der Nachruf, ein alter Zeitungsausschnitt mit der Überschrift: »Farewell to Telecom Tom«.
Ich bin aufgestanden und gehe burgerkauend durch den Raum, als besichtigte ich eine Gemäldegalerie. Irgendwann komme ich dabei einer blauen Monteursjacke zu nahe. Sie hängt an einem Haken. Plötzlich bewegt sie sich, schlenkert mit den Armen. Erschrocken mache ich einen Schritt zur Seite und blicke fragend in Richtung Bartresen zurück. Der Mann dort hatte den Vorgang beobachtet: »Ist aufgewacht! Hat Hunger!« Er steht auf, kommt herüber und nimmt die Jacke von der Wand. Darunter strampelt in einem Leinensack ein kleines Känguruh. Auch die Barfrau tritt hinzu. Sie murmelt etwas von ›Flasche‹ und verschwindet. Nach einiger Zeit kommt sie tatsächlich mit einer Nuckelflasche voll Milch zurück; und als wäre das Füttern seine Aufgabe, greift der Mann nach dem Beutel mit dem ›Roo‹. Was für eine komische Szene! Da sitzt ein Stockman[46] mit Desert Boots[47] am Bartresen, wiegt – als sei's ein Baby – ein Känguruh und reicht ihm die Schnullerflasche.
Jetzt lacht sogar die Frau, und deshalb frage ich: »Darf ich das fotografieren?«
Mit einer Handbewegung deutet sie an: »Mach mal!«
Ich habe genug den Kopf geschüttelt! Morgen früh könnte ich sicherlich weiterschreiben – über Barrow Creek, diese Busch-Bar-Bank im Outback. Ich erkundige mich noch, wann und ob ich Frühstück bekommen könnte und trolle mich dann in meine Cabin.
Die paar Schritte von der Bar zu dem Blechcontainer reichen aus, um wieder durchnäßt zu sein. Der ›Raum‹ ist etwa 2 mal 3 Meter groß – und lärmgefüllt. Der Regen trommelt auf das Wellblech wie ein Hammerwerk aus 1000 kleinen Hämmerchen. Ich überspringe die Pfütze in der Raummitte. Das Dach leckt! Und weil die aufschlagenden Tropfen bis ans eiserne Bettgestell spritzen, falte ich das Handtuch zusammen, um es als Dämpfer zu nutzen.
Eigentlich könnte in diesem klingenden Blechwürfel nie-

mand Schlaf finden. Aber die Natur verlangt ihr Recht. Ich hatte die Müdigkeit ja nur verdrängt.
Es regnet nicht mehr! Aber ein böiger Ostwind treibt tiefhängende Wolken vor sich her. Ich gehe hinüber zur Bar melde mich zum Frühstück. Das gleiche Frauengesicht wie gestern, doch zu meiner Verwunderung werde ich wie ein alter Bekannter begrüßt. Man hatte mein Rad inspiziert und so die Bestätigung für das ›On-Push-Bike‹ gefunden. Damit war mein Ansehen wohl gestiegen. Unser Gespräch wird persönlicher.
Die Frau, das ist nicht etwa nur eine Bardame, das ist Bev Pilton, die Besitzerin von Barrow Creek. Und der Mann am Tresen, das war ein neu eingestellter Stockman, gleichzeitig Mechaniker, Schreiner, Elektriker – kurz: Mädchen für alles. Eine zweite Frau kommt hinzu, Bevs Mutter.
»Aus Germany? Mit dem Bike nach Queensland? Von Perth?« Die alte Dame schaut mich an, taxiert mich. *Ihr* Hobby sei Telekommunikation. Sie besitze auch eine Menge Literatur darüber. Und von ihrem Wissen bekomme ich gleich eine Kostprobe. Sie berichtet von dem 12jährigen Dreaming Boy, einem englischen Jungen, der später bei der australischen Post einen Job bekam und hier im Land die erste Telegrafenleitung baute. Dabei, so erzählt sie, habe er auf's Genaueste den Bedarf an Masten, Draht und Isolatoren ausgerechnet.» Nur, die Termiten haben die Masten weggefressen – selbst die mit Schutzanstrich!« Als die Leitung über Alice fertig war, brauchte eine Nachricht ins Kingdom nur noch sieben Tage. »Und was ist heute? Die nennen das Richtfunk! Moderne Technik. Aber versuch' mal zu telefonieren. Seit Tagen schon geht nichts mehr. Du sprichst und bekommst keine Antwort. Das ist, als verwehte der Wind deine Worte!« Sie macht eine Handbewegung: »Weg! Nichts!«
Eine Frau im Rentenalter – und dann Funk- und Telegrafenwesen als Hobby, hier mitten im australischen Busch. Ich muß lächeln. Die alte Dame vermißt sicherlich Telecom

Tom. Bev spricht mich an: »Mein Großer hat später ›Lesson‹, ›School of the Air‹, kennst du das? Es beginnt aber schon jetzt; wenn du willst geh'n wir mal rüber.« »Natürlich!« Das Lernzimmer ihres Sohnes befindet sich in der alten Telegrafenstation. Auf dem Weg dorthin deutet Bev auf eine Steinmauer: »Dahinter liegen zwei Vorgänger von Telecom Tom!« Ich mache einen langen Hals. Die brusthohe Einfriedung schützt die Gräber zweier Stationsmeister, *James L. Stapleton* und *John Franks.* Die Inschrift: »Killed by Natives« – »Von Eingeborenen ermordet« sagt genug über das Schicksal der beiden Männer.

Bev ergänzt: »Die zwei hatten den Fehler gemacht und einigen Aborigines etwas von ihren Vorräten abgegeben. Das sprach sich im Busch herum. Jetzt kamen sie mit ihren Familien; aber zum Verteilen gab's nichts mehr. Die zwei Männer waren selbst auf die Versorgung durch eine Karawane angewiesen, und die kam nur alle vier Monate hier vorbei. Die Blacks hatten dafür wenig Verständnis!«

Als wir an die Nordseite der Station kommen, meint Bev dann: »Und hier liegt der alte Tom!« »Wo?« frage ich erstaunt zurück, denn ein Grab ist nicht zu sehen.

»Dort!« Bev deutet auf die Wand. »Man hat seinen Leichnam verbrannt, einen Stein herausgenommen und die Asche dahinter eingemauert. Er hat doch sein ganzes Leben hier in der Station Dienst getan, dann soll er auch ›in ihr‹ ruhen!«

»Barrow Creek!« so frage ich mich, »warum stehst du eigentlich nicht in den Geschichtsbüchern!«

Bev schließt die Tür auf und führt mich in das ›Ein-Mann-Klassenzimmer‹. Die Einrichtung ist spartanisch – wie die einer Gefängniszelle: Tisch, Stuhl, ein Radio mit Mikrophon, dazu als Stromquelle eine Autobatterie.

Sie schaltet das Gerät ein: »Es müßte gleich los gehen!« Zunächst kommt nur ein Rauschen und Knistern aus dem Lautsprecher. Aber nach einigen Schweigeminuten meldet sich:

›School of the Air, Alice Springs!‹[48]
Der Lehrer begrüßt per Funk seine Klasse, und kaum ist das »Hallo Boys and Girls!« im Äther, da beginnt das Radio zu tanzen. Aus dem Lautsprecher quillt unvorstellbarer Lärm. Die ganze Klasse meldet sich, ebenfalls über Funk – alle Kinder einzeln und doch gleichzeitig. Wieviele Stimmen mögen das sein? Bev meint, ihr Junge habe 143 Mitschüler. Die Mathematik für ABC-Schützen dauert nur ein paar Minuten, dann ist der Schultag für die jüngsten schon wieder zu Ende. Bev schaltet das Gerät wieder ab. Strom aus Batterien ist hier kostbar. Sie macht mit mir noch einen Rundgang durch die anderen Räume. In ihnen steht die verstaubte Technik alter Kommunikationsmittel. Selbst das E-Werk, das die Telegrafenstation einst mit Strom versorgte, ist noch vorhanden, ein Energieblock, bestehend aus 48 riesigen Batterien.
Wieder im Wohnhaus, zeigt Bev mir eine Karte von ›School of the Air‹. Mit dem Zeigefinger markiert sie ein paar Positionen: »Da wohnt ein Mitschüler! Eine Hausnummer haben die nicht, nur eine Bohrloch-Nummer«. Ich schätze die Distanz zwischen Schüler und Lehrer – es dürften 1200 Kilometer sein. Vor der Simpson Wüste wandert ihr Finger zur Großen Viktoria Wüste: »Da wohnt einer, der kann von Westaustralien her nicht erreicht werden; deshalb versorgt ihn Alice. Wenn der Vater den Jungen zum Klassentreffen bringt, dann fliegt er mit dem Buschflugzeug so um 24 Stunden!«
Bev schaut mich an, als wollte sie sagen: »Bei euch in Germany ist das sicherlich etwas anders!« Aber welchen Vergleich könnte ich bringen? Allein das Nordterritorium ist sechsmal so groß wie die Bundesrepublik. Dabei leben in dem riesigen Gebiet nur etwa halb so viel Menschen wie in Kiel.
Es ist Zeit aufzubrechen. Ich habe allen Grund, mich bei Bev und ihrer Mutter zu bedanken. Nach dem Lebensmitteltanken und dem Wasserfassen frage ich Bev noch: »Hast

du zufällig den Wetterreport gehört?«
Sie kräuselt die Nase: »Das sieht gar nicht gut aus für dich! Regen und Sturm! Der Highway ist im Norden schon dicht. ›Daily weather alike‹, ›alles wie gehabt‹ hatten sie im TV gesagt!«
Der Sturm ist schon da! Der Regen kommt sicherlich nach! Aber was bleibt mir übrig? Ich mußte hinaus auf den Highway; dort warten mehr als 2000 Kilometer. Ein herzlicher Händedruck und dann rolle ich mit meinem Rad hinab – mitten hinein in nächste Abenteuer.

Kein Kompliment für Tennant Creek

Während der Weiterfahrt drehe ich mich noch mehrfach um. Auf Distanz gleicht Barrow Creek nur einem Haufen rostigen Wellblechs, aber für mich war es einer der Glanzpunkte dieser Australien-Tour!

Den Sturm höre ich nicht nur, ich sehe ihn auch. Vor jeder Böe verbeugen sich die Büsche, selbst den nassen Sand reißt es mit. Die Wolken am Himmel jagen von Ost nach West. Mitunter brauche ich die ganze Straßenbreite zum Ausbalancieren. Das ist ein Wetter, wie frisch aus einem Island-Tief.

Ich habe mir die Wycliffe Well Station als Ziel gesetzt, und ich müßte sie – wie Barrow Creek – in Tagesfrist erreichen. Die Frage ist nur, wie sieht es mit dem Wasserstand im Thring Swamp aus?

In den Nachmittagsstunden vollzieht sich am Himmel ein Wandel. Von Osten her wird es hell. Dem Wind sind wohl die Wolken ausgegangen. Aber das ist nur ein Intermezzo. Mit der nächsten Wolkenfront kommt der Regen.

Eine Detour! Sie ist völlig verschlammt – keine Chance für einen Radler. Ein Straßenbauarbeiter hievt mich mit seinem Grader durch das Hindernis. Jetzt weiß ich, warum auf dem Stuart Highway kein Verkehr mehr herrscht. Es liegt an diesen Umleitungen durch den Busch. Der Regen hat sie zu bodenlosen Schlammpisten gemacht.

Treten bis zum Stumpfsinn. Die Landschaft sehe ich nur noch durch einen Wasserschleier. Jetzt wirkt sie geradezu geisterhaft – gleich einem riesigen Soldatenfriedhof. Die Grabsteine darauf, das sind Termitenbauten.
Ich halte, nutze die Daumenspanne wieder als Scheibenwischer, packe einen Barrow-Creek-Burger aus und kaue ihn regengetränkt. Ein Entfernungs-Check: bis Wycliffe Well, das dürfte klappen!
Einige Autos überholen mich. Das sind die Wagen der Straßenbauarbeiter. Später werde ich sie wiedertreffen. Die Männer sind an der Tankstelle stationiert – für ein halbes Jahr. Der Stuart Highway soll in diesem Bereich ausgebaut werden, denn begegneten sich jetzt zwei Trucks, so mußten beide mit der äußeren Radspur auf den Overrun.
Das Roadhouse! Ich erreiche es gerade bei Einbruch der Dunkelheit.
Solche Restaurants haben mitunter den Charakter von Bahnhofswartesälen, hierzulande aber verdienen sie diesen Titel. Es gibt schlimmeres. Hier sitzen sie nun alle – die Grader-Driver und Lory-Fahrer[49]. »Da draußen steht ein Bike«, verkündet einer der neu Hinzukommenden. Jetzt schauen die Männer mich alle an. Aber mit diesen Kerlen richtig ins Gespräch zu kommen, dafür müßte man ein anderes Englisch gelernt haben.
Einiges kapiere ich. Da spricht einer vom Froschregen. Er vertritt die Ansicht, daß die Wüstenfrösche, die jetzt draußen quakten, mit dem Regen vom Himmel gefallen seien. Und er begründet es: Schließlich lebe er schon 40 Jahre im Outback, somit wüßte er das. Ein anderer wendet sich an mich: »Laß dich nur nicht mit einer Aborigines ein! Die sind alle krank! Du kriegst *es,* hast *es* und weißt es nicht! Nach vier Jahren bist du tot – vielleicht auch schon nach drei! Da hilft dir keiner!« Ich bin sicher, der Mann spricht von Aids. Und im Busch zelten, warnt er mich noch einmal vor den Eingeborenen, das wage selbst er nicht. Überhaupt: Von den Schwarzen denkt er wie ein Herrschermensch.

Im Rückblick nur ein Haufen rostiges Wellblech – und doch ein Glanzpunkt: die Station Barrow Creek.

Ein weiterer Schub Arbeiter kommt herein. Der jüngste von ihnen schwenkt den linken Arm: »He! Hoi! Hoi!« Das klingt, als treibe er Vieh an. Aber um seinen Arm hat sich eine Schlange gewickelt. Er selbst hält das Reptil mit Daumen und Zeigefinger im Nacken. Mensch, wenn das mal keine Northern Brown ist! Einer der Männer springt auf: »Mach bloß keinen Blödsinn! Dich erwischt es eines Tages noch!« Der Schlangenfänger schlenkert mit dem Arm: »Hab ihr auf den Kopf getreten, draußen vor der Tür – und sie dann gepackt!« Mit einer Schleuderbewegung wirft er sie wieder hinaus. Der Vorfall ist ein Grund für mich, später beim Aufbau des Zeltes besonders vorsichtig zu sein. Aber das eigentliche Problem sind nicht die Schlangen. Vielmehr bewegt mich die Frage: Wie wird es morgen weitergehen? Das Spiel der Wettergötter geht in die xte Runde. Ich starte im ›Trockenen‹, komme in Regen und zu meiner Überra-

schung wieder in ein Sonnenloch.
Die Devil Marbles, die Murmeln des Teufels! Ein kurzer Stop. Kein Wunder, daß die Eingeborenen in diesen Granitkugeln die Eier der Regenbogenschlange[50] sahen. Ein paar Fotos, ein Dankeschön an die Sonne, weil sie diese ›erlaubte‹ und weiter geht es. Jetzt kommt etwa 100 Kilometer nichts – buchstäblich nichts! Die Dichte des nun erneut einsetzenden Regens bestimmt das Gesichtsfeld. Ich trete wieder wie die Maus in der Trommel. Das könnte der Gilbert Swamp sein! Der Stuart Highway wird zum Damm, der die Wassermassen teilt, die abwehrt. Der Regen wird noch stärker. Jetzt haben sich die Götter endgültig entschieden: »Diesem Land die Sintflut!«
Nicht Muskelkraft, sondern eher Wut und Verbissenheit bringen mich bis nach Tennant Creek. Wasser vom Himmel, Wasserschwälle von den Dächern, ziellos fließendes Wasser auf den Straßen – die alte Goldgräberstadt scheint zu ertrinken.
Am Ende der Hauptstraße liegt ein Caravan Park. Ich klingle. Drinnen macht jemand Licht. »What's on«, klingt es durch die verschlossen bleibende Tür. »Brauche eine Cabin, bin mit 'nem Bike unterwegs!« Jetzt bequemt man sich, mir zu öffnen. Für 15 Dollar bekomme ich den Schlüssel zu einem Blechcontainer, der gewisse Ähnlichkeit mit dem von Barrow Creek hat – der Hauptunterschied: das Dach leckt nicht.
Am nächsten Morgen ist an eine Weiterfahrt überhaupt nicht zu denken. Angesichts der nicht enden wollenden Regenflut wird deutlich, daß das Land einem Chaos zutreibt. Ich kaufe mir eine Zeitung. Was sagt die Wetterkarte? Da habe ich die Erklärung, warum die Wüste unter Wasser steht: Das Satellitenfoto zeigt es. Der Monsun war ungewöhnlich weit nach Süden gewandert. Ein Regentief von riesigen Ausmaßen liegt über dem australischen Kontinent. Es erstreckt sich von Singapur bis hinunter nach Melbourne. Das sind 5000 Kilometer!

Ich kaufe mir ein zweites Blatt, die Northern Territory News. Für die Schlagzeile hat man wohl die größten Lettern verwendet: »Floods Swamp NT Highway« – »Straßen im Nordterritorium überschwemmt!« Unglaublich! In Alice Springs trifft man erste Evakuierungsmaßnahmen. Der Todd River läßt die Wüstenstadt ›aufschwimmen‹. Irgendwo fehlt die einzige Verkehrsverbindung, die Straße, inzwischen ganz. »Washed away« – »weggeschwemmt«, hieß es in dem Artikel.

Mit Gummistiefeln, Regenanzug und Südwester bekleidet gehe ich wassertretend durch Tennant Creek. Bis jetzt, so denke ich, hattest du immer deinen ›lucky star‹, es wird auch hier weitergehn – notfalls per Hubschrauber!

Ich versuche es in der Bus-Agentur. Aber ein Ticket will man mir dort nicht mehr verkaufen. Man wüßte nicht, ob noch ein Bus käme, alle Fahrzeuge säßen fest, und zurückgeben könne ich die Karte nicht. Dann wäre ich das Geld los, weil sie einfach verfiele. Man gibt mir den Tip: »Stell dich abends vor die News Agency und warte. Sollte ein Bus kommen, dann bezahlst du beim Fahrer.« Also gut. Einen Tag warten und Wassertreten in Tennant Creek. Der rote Kontinent hat für mich nur noch die Farbe Grau.

Was für eine Stadt. Triste Fassaden, blinde Fenster, Wellblechzäune. Schon der erste Eindruck sagt genug. Zwar zeigt der Poststempel ein blinkendes Nugget, aber die Glanzzeit Tennant Creeks muß lange zurückliegen.

Ich werfe einen Blick in den Video-Verleih. Dort sind auf Plakaten die Neueingänge angepriesen: »Dead or Alive! Brutal Glory! A Prayer for the Dying!« – Brutalität und Tod! Hier wird pure Gewalt gepredigt.

Wo könnte man in dieser Gold-Stadt etwas essen? Ich entscheide mich für die Taverne.

Eine rauhbeinige Männergesellschaft hatte ich da drinnen erwartet, statt dessen platze ich mitten hinein in einen Altweiber-Club. Die Frauen schauen wie gebannt in Richtung eines Ansagers.

»Seven and eight makes seventy-eight!«
Aha, hier geht es um Bingo! »Do they serve meals here?«
»No!« Die Frau zeigt auf die vor ihr liegende Chipstüte. Also nichts zu essen. »Four and three, forty-threeee beans in a cup coffeeee!«[51] Ein lustiger Typ da vorn. Ich setzte mich, als gehörte ich zu den Club-Mitgliedern. »Last time Jenny had won the jackpot – twothousand Dollar – she got a shock. Does one know how she is?« – »Das letzte Mal hatte Jenny den Jackpot mit 2000 Dollar gewonnen. Sie bekam einen Schock; weiß jemand wie's ihr geht?«
Tütenrascheln, Chipsknacken, ansonsten Schweigen im Saal.
»It's number four – off the floor!
Tiger's team – eighteen!«
Der Sprecher ölt seine Stimme mit einem Victoria Bitter: »Retiring age sixty-five! Twenty-two – two little ducks, ducks, ducks! Bingo! Bingo!« »Yeah!« Eine der Frauen springt auf, reißt die Arme in die Höhe. Ein Dutzend machen es ihr nach, so als hätten auch sie gewonnen.
Nicht schlecht das ganze Theater, nur, ich wollte hier eigentlich etwas essen. Nun nehme ich meinen Hunger wieder mit auf die Straße und versuche es nun im Dolly Pot Inn. Hier werde ich endlich fündig.
Noch immer bleiben mir ein paar Stunden Zeit. Der Regen rinnt mir von der Montur wie einem Segler, das Gischtwasser. Ich will mit dem Fuß einen Stein weiterschleudern – eine reine Unmutsbewegung – und gerate dabei ins Stolpern. Nanu! Ich bücke mich, hebe den Stein an. Es ist Erz! Auch die anderen Brocken, die hier herumliegen sind bleischwer. Sicherlich keine neue Entdeckung, wo man Gold fand, und noch immer sucht, wird man wohl wissen, was die Erde noch zu bieten hat.
Nun packe ich auf Verdacht, räume meinen Wohncontainer und postiere das Rad vor der Zeitungsagentur. Entlang der Parterson Street auf- und abgehend, versuche ich es im Auge zu behalten. Aber weil die Zeit nur tropfenweise

vergeht, mache ich noch eine kleine Tour – hinaus aus der Stadt, nach Süden, bis zu der Stelle, wo der Stuart Highway überschwemmt ist. Auf der Rückfahrt sehe ich sie dann kommen.

Die Szene hat etwas Drohendes. Jetzt, bei Einbruch der Dunkelheit, nähern sie sich aus dem umliegenden Busch – buchstäblich aus Dreck und Wasser. Sie kommen einzeln oder in kleinen Gruppen. Aborigines!

Es sind nur Männer. Einige tragen über den Jeans grobgemusterte Hemden, andere sind nur mit Hose bekleidet. Sie nähern sich weit auseinandergezogen, rücken dann näher zusammen – wie Treiber. Das Wild, das sie jagen, heißt Tennant Creek. Nun wo es Nacht wird, erwacht die alte Goldgräberstadt zum Leben. Und doch ist es gleichzeitig ein Sterben.

Wo sind die Weißen? Sie haben sich in ihre Häuser zurückgezogen – hinter gesicherte Türen, geschützt durch mannshohe Wellblechzäune und durch Wachhunde. Eine innere Stimme warnt mich: »Verdrück dich! Hau ab, ehe es zu spät ist!« Aber eine zweite reizt: »Schau dir an, was jetzt geschieht, was sonst wohl kaum ein Tourist als Augenzeuge erlebt, was die Reiseführer verschweigen!«

Und ich bleibe!

Allzuweit möchte ich mich von meinem Rad nicht entfernen, so ›pendle‹ ich zwischen Stuart- und Davidson Street auf und ab, wechsle von der West- auf die Ostseite. In meinem Kopf arbeitet es: »Lässig tun! Ganz unauffällig bleiben! Durch nichts provozieren!« Ich beobachte aus den Augenwinkeln. Die Aborigines haben einige Fixpunkte zum Ziel: die Bottle Shops, die Videothek, die Spielothek Nick's Fun Parlour. Inzwischen sind auch Frauen hinzugekommen – mit ihren Kindern und Hunden. Ihr Revier ist der Bereich zwischen YMCA[52] und ANZ-Bank[53].

Ich drehe meine Runden – mit einem Gefühl, als spielte ich russisch Roulette. Der erste Zwischenfall. Einer der Männer verstellt mir den Weg: »Are you lonely?« Das war ein

deutliches Angebot, und wie sein recht gutes Englisch bezeugte, machte er es nicht zum ersten Mal. Ich lehne ab, sage ihm, daß ich zu Hause eine Frau hätte.
Ob ich dann einen Boy-friend möchte? Ich verneine wieder. Jetzt läßt er mich passieren. Ich atme tief durch, das war ja noch recht harmlos! Vor dem Laden Enterprise Electrics die nächste unangenehme Szene. Die Frau stützt sich zuerst auf beide Hände und kommt dann unsicher auf die Beine. Wankend steuert sie auf mich zu: »Smoke?« Mit zwei gespreizten Fingern macht sie die Geste des Rauchens. Ich verneine durch Kopfschütteln, bekräftige: »No!« »Da'lin'!« Und bei diesem ›Liebling‹ kippt sie langsam nach vorne um. Ich habe die Wahl, schnell einen Schritt zur Seite zu treten, dann krachte die Frau wohl mit dem Gesicht auf den betonierten Bürgersteig, oder sie aufzufangen. Aber ›anfassen‹, das wurde womöglich mißverstanden. Instinktiv tue ich das Richtige. Mit einer leichten Schulterdrehung lehne ich mich etwas nach vorn. Die Frau fällt zwar gegen mich, aber durch leichten Gegendruck mit dem Oberkörper richte ich sie wieder auf. Hoffentlich bleibt sie stehen. Ich trete vorsichtig einen Schritt zur Seite. Sie wankt, hält die Balance. Hinter mir zerschellt eine Flasche. »Nerven behalten! Vielleicht galt der Wurf gar nicht dir!« In der Parterson Street wird es immer lauter. Zu den Rufen, Schreien und dem Kreischen der Weiber kommt das Bellen der Hunde. Es gibt erste Streits. Ich setze mich auf eine kleine Mauer vor dem Bottle Shop am Goldfields Hotel. Da habe ich einen Weißen im Rücken, den Alkoholverkäufer; und der hat mit Sicherheit eine geladene Waffe unter dem Tresen.
Aber auch hier halte ich es nicht lange aus. Schräg gegenüber liegt das Gebäude einer ehemaligen Wäscherei. Fenster und Türen fehlen. Jetzt löst sich drinnen aus dem Dunkel eine Gestalt. Der Typ steuert herüber, er hat sich wohl den Bottle Shop, vor dem ich sitze, als Einkaufsquelle ausgesucht. Als er mich sieht, macht er einen Schwenker, hockt sich neben mich. Er hält mich wohl für einen Kum-

pel. Unrasiert, schwarzer Sakko – ohne Hemd darunter, Hosenbeine und Schuhe weiß überkleckert: er hatte wohl einen Eimer Farbe umgestoßen. Abrupt stehe ich auf! Diese Gestalt stinkt beißend nach Urin.

Jetzt reicht es mir. Ich gehe hinüber zu meinem Rad und nutze es als Barriere. Durch das Rahmendreieck hindurch beobachte ich dieses schreckliche Nachtleben von Tennat Creek.

Ein Wagen hält. Ihm entsteigt ein älteres Paar. Ihr Gepäck zeigt: wohl auch Bus-Interessenten. Ich spreche es deswegen an. Den beiden hatte man ebenfalls gesagt: »Vor die News-Agency stellen und warten – so ab sechs!« Es dauert nicht lange und zwei weitere Fahrgäste finden sich ein: eine junge Frau und ein Bursche; dieser gibt sich als Kanadier zu erkennen. Daß wir uns alle fünf nicht besonders sicher fühlen, sieht man schon daran, wie nahe wir zusammenrücken. Es ist, als suchte einer beim anderen Schutz. Gemeinsam warten. Die Zeit tropft. Allmählich macht sich Ratlosigkeit breit. Wir stehen hier auf Verdacht, niemand weiß, ob wirklich ein Bus kommt. Die junge Frau gibt sich tapfer: »Ich geh' jetzt und versuche das herauszufinden!« Um nicht mit den betrunkenen Aborigines in Konflikt zu kommen, meidet sie den Bürgersteig.

Bei der Davidson Street, der Abzweigung zur Dolly Pot Inn, verliere ich sie aus den Augen.

Wir müssen lange auf sie warten. Aber dann ist sie wieder da – mit Neuigkeiten. Ein funktionierendes Telefon, berichtet sie, hätte sie nicht gefunden, daraufhin sei sie zur Polizeistelle gegangen. Die Beamten hätten über Funk herumgehorcht und herausgefunden, daß ein Pioneer auf dem Weg nach Tennant Creek sei. Der Bus hat es geschafft durchzukommen.

Uns fällt ein Stein vom Herzen. Aber aus einer Stunde warten werden letztlich sechs. Und die Aborigines trinken weiter.

Was sich in jener Nacht in Tennant Creek tut, das paßt in

den kriminellen Sumpf einer Großstadt.

Bis jetzt hatte es wohl nur Streitereien gegeben. Blut war noch nicht geflossen. Jetzt aber fliegt ein junger Bursche auf den Bürgersteig – aus der Tür der saalartigen Bar beim Goldfield Hotel. Es ist ein Weißer. Er stürzt und kommt nicht wieder auf die Beine, denn die Gruppe Aborigines, die ihm folgt, hält ihn nieder. Zu viert knieen sie auf ihm, während ihm ein fünfter das Portemonnaie aus der Gesäßtasche zieht.

Raub auf offener Straße! Und wir alle sind Zeugen. Jetzt lassen sie den Burschen los. Er rappelt sich hoch und schreit wie um Hilfe in die Runde: »I am robbed!« – »Man hat mich ausgeraubt.« Dann brüllt er die Schwarzen an: »Dirty pigs!« Das hätte er nicht tun sollen – nicht bei dieser Übermacht. Auch wir konnten ihm nicht helfen, denn allein in unmittelbarer Nähe von uns hätten wir zwei Dutzend Aborigines als Gegner gehabt.

Den ersten Schlag kann er noch abwehren. Er versucht zu fliehen, aber die Schwarzen sind schneller. Schon in der Mitte der Fahrbahn haben sie ihn eingeholt. Man stellt ihm ein Bein. Er überschlägt sich, rollt auf den Rasenstreifen, kommt noch einmal hoch. Doch viele Hunde sind des Hasen Tod. Beim Bridgetown Tyre Service, Ecke Davidson Street, ist seine Flucht zu Ende. Dort schlagen sie ihn endgültig zusammen.

Die Frau hat den Kopf an die Brust ihres Mannes gelegt und weint. Er beruhigt sie, streichelt sie. Wir alle rücken noch ein Stückchen näher zusammen. Schon wieder ein Zwischenfall. Dieses Mal unweit von Nick's Fun Parlour. Was drüben in dem Gerangel passiert, das können wir nicht genau erkennen. Aber dann liegt dort – vom Lichtschein der Straßenbeleuchtung nur halb erfaßt – eine Gestalt. Sie bewegt sich nicht mehr! Die Schwarzen zerstreuen sich.

Der Kanadier und ich, wir schauen uns an: »Könnte tot sein!« Wenige Minuten später Sirenengeheul, von der südlichen Parterson Street her nähert sich ein Krankenwagen.

Jemand hatte das Geschehen wohl vom Fenster aus beobachtet und Alarm geschlagen.
Als der Wagen hält, kann man den Schriftzug lesen: *St. John Ambulance.* Fahrer und Beifahrer springen heraus. Sie beugen sich über die Gestalt, drehen sich langsam um. Plötzlich werden ihre Bewegungen schneller, mit wenigen Schritten sind sie wieder am Wagen. Hier geht es wohl um Leben oder Tod. Der Verletzte bekommt noch an Ort und Stelle eine Bluttransfusion. Eine gute Viertelstunde verarzten sie ihn, ehe sie ihn vorsichtig auf die Trage legen und diese dann in den Wagen schieben. Entgegen der Fahrtrichtung rast die Ambulanz zurück.
Wir fünf schweigen uns an. Was gäbe es da zu sagen? Tennant Creek zu nächtlicher Stunde, das ist eine Horror-Vision. Der Bus kommt. Gott sei Dank! Tiefliegende Scheinwerfer, dann dumpfes Motorgeräusch. Das ist unser Pioneer. Wir alle haben in diesem Augenblick wohl das Gefühl von Schiffbrüchigen, die ein Rettungsboot nahen sehen.
Was der Fahrer schon an schwieriger Strecke hinter sich hatte, das können wir nur ahnen. Daß er so mürrisch ist, muß man ihm deshalb nachsehen. Er öffnet die Gepäckluke: »Soll das Bike mit?«
Zur Antwort neige ich es, und er hilft mir, es im Bauch des Busses zu verstauen. »Das macht zwanzig Dollar extra!« Er sagt das barsch, aber doch wie im Scherz. Und dann passiert es – buchstäblich zwischen uns!
Von links hatte sich eine junge Aborigines genähert – gelbes Kleid, barfüßig und offensichtlich etwas angetrunken. Genau auf unserer Höhe trifft sie mit einem anderen Farbigen zusammen – keinem hiesigen Eingeborenen, wohl einem Asiaten. Was der Mann zu der Frau sagt, ist nicht zu verstehen, aber sie dreht sich um und ruft mit schriller Stimme etwas zu ihren Leuten zurück. Dann geht alles sehr schnell. Der erste, der von den Männern heran ist, versetzt dem vielleicht Dreißigjährigen einen Schlag vor die Brust. Jetzt ist der zweite heran. Ich werde diesen Faustschlag nie

vergessen. Es hebt den Mann regelrecht von den Füßen. Seine Arme fliegen hoch und er kracht rücklings auf die offene Gepäckluke. So fürchterlich war dieser Schlag, daß er mit dem Oberkörper bis in den Gepäckraum rutscht.
Wir alle und auch der Busfahrer sind wie erstarrt. Mit einer müden Bewegung rollt sich der junge Mann auf den Bauch. Er rutscht, kriecht von der Gepäckluke und versucht sich aufzurichten. Aus seinen Mundwinkeln fließt Blut. Er kommt unsicher hoch, knickt mit den Beinen wieder ein. In diesem Augenblick holt der Aborigines aus. Er will zutreten! Aber die Frau sagt etwas zu ihm und macht eine Handbewegung: »Gut! Das reicht, der hat genug!«
»Los! Los!« Der Busfahrer breitet beide Arme aus, als wollte er uns beschützen. Gepäckluken, Tür zu! Der Motor heult auf. Ruckartig fährt der Bus an. Wir sind in Sicherheit.
Es herrscht minutenlanges Schweigen. Die Scheinwerfer beleuchten eine Seenplatte – nächtliche Geisterfahrt durch eine ertrunkene Landschaft. Tennant Creek ist zu einer Insel geworden, einer Insel im doppelten Sinne.
Es ist der Kanadier, der als erster zu sprechen beginnt, und was er sagt, das ist kein Kompliment für Tennant Creek: »Ich bin viel herumgekommen, ich habe schon viel gesehen – aber noch nie eine so rechtlose Stadt wie diese!«

Zwischen Wüste und Regenwald

Bis zur Kreuzung Three Ways sind es nur wenige Fahrminuten, als wir dort eintreffen, ist der Teufel los. »Wo bleibt der Australian? Wo ist der Greyhound? Wißt ihr etwas? Fährst du weiter nach Darwin?« bestürmen die Leute den Busfahrer. Der macht eine ›wortabschneidende‹ Handbewegung: »All other busses are ›dead‹!« – »Alle Busse sind ›tot‹!« »Wer von euch will, der kann mit rüber nach Mount Isa kommen!«

Aber die Wartenden möchten alle nach Süden, nach Alice, oder nach Norden, nach Darwin. Aus dieser Richtung sollte seit den Abendstunden ein Bus hier stehen. Wie die anderen, so war auch er nie angekommen.

Tür zu, weiter geht es. Diese Nachtfahrt hat gewisse Ähnlichkeit mit der Fahrt im Lkw zum Ayers Rock. So weit die Scheinwerfer reichen, reflektiert Wasser ihr Licht.

Die erste Detour!

Spätestens hier wäre meine Fahrt mit dem Rad zu Ende gewesen. Der Motor heult auf, doch der Bus wird immer langsamer. Er beginnt zu schlingern. Wenn wir jetzt steckenblieben, dann würde mein Gedanke von der Weiterreise per Hubschrauber noch Wirklichkeit werden. Aber der Fahrer schafft es. Auch die nächste, noch viel längere Schlammstrecke packt er.

»That's it!« – »Das war's!« Mit diesen Worten setzt er sich wieder gerade. Er hatte – Zeichen der großen Anspannung

– in ganz verkrampfter Haltung den Bus durch die Detours gesteuert. Barkly Roadhouse! Noch immer sind wir nicht auf dem Trockenen. Langsam wird es draußen hell. Nun folgt ein elend einsames Straßenstück – auf 270 Kilometern nicht einmal eine Tankstelle. Mit Erreichen der Ausläufer des Barkly Tafellandes haben wir es dann geschafft. Hier fließt das Wasser über zahllose Bäche in Richtung Georgine River ab. Das Überschwemmungsgebiet ist zu Ende.

Noch ein Stop: Camooweal – und nun endlich Mount Isa. Alle sind übernächtigt. Schon daran, wie langsam der Fahrer aus dem Sitz hochkommt, sieht man, wie geschafft er ist. Mit »Many thanks«, und ohne die zwanzig Dollar für das Rad bezahlen zu müssen verabschiede ich mich von ihm. Noch ein »Good Luck!« für den Kanadier und ein »Good bye!« zu den anderen. Jetzt gilt es erst einmal den versäumten Schlaf nachzuholen. Wenig später baue ich meine Stoffhütte am Rand des Caravan Parks auf.

Mount Isa! Nicht die Stadt lohnt, sondern der Berg. Pyrite, Silber-, Zink- und Kupfererz – dazu die geologischen Besonderheiten eines alten Vulkans. Nach mehrstündiger Klettertour liefere ich auf dem Postamt einige Kilogramm Gestein ab – Sammlerschätze vom Mount Isa. Gut, daß es dafür den Seeweg gibt, per Luftfracht kostete es das Fünffache.

Ich stecke die nächsten Etappen ab: Cloncurry, Julia Creek, Richmond. Die Orte liegen bis zu 140 Kilometer voneinander entfernt. Glaubte ich Australien schon recht klein geworden, jetzt streckt es sich wieder.

So hatte ich das Land eigentlich nur südlich von Adelaide und in der Flinders Range kennengelernt. Was mir da jetzt zu schaffen macht, das sind die Berge der ›Godkin Range‹. Richtige Pässe gibt es hier! Ein Pritschenwagen überholt mich, hält. Der Fahrer steigt aus und macht auf der Ladefläche Platz für mein Rad. Als ich heran bin, deutet er an: »Drauf damit!« Ich lehne dankend ab. Das war ihm wohl noch nie passiert. Er hält sich am Außenspiegel fest und

Termitenbauten. Die Vorfahren der jetzigen Bewohner fraßen im Outback die Masten der Telegrafenlinien – selbst die mit Schutzanstrich.

schaut mich zweifelnd an: »Mit einem solch bepackten Rad durch die Berge – und dann lehnt der Kerl einen ›Lift‹ ab! Der muß verrückt sein!« Und genau so formuliert er es: »You must be crazy!« Als er mich dann überholt, hupt er nicht einmal. Er ist wohl sauer.

Jetzt erkenne ich das Land langsam wieder: roter Sand, Busch, Termitenhügel, dazu 38 Grad im Schatten – und verdammt einsam.

Die erste Milepost: eine Entfernungsangabe, dazu die Buchstaben MR für ›Main Road‹, Hauptverkehrsweg, eingekerbt in den Stamm eines alten Eukalyptus. Ich kannte diese ›lebenden Meilensteine‹ bisher nur von Abbildungen. Vermessungsrelikte dieser Art sind selten geworden.

Obwohl ich die überschweren Road-Trains jetzt los bin (auf dem Barkly-Flinders Highway dürfen nur noch einige wenige fahren – und diese von Polizeiwagen eskortiert –)

zähle ich doch innerhalb kurzer Zeit 20 tote Rinder am Straßenrand. Selbst die üblichen Trucks fordern hier ihren Blutzoll. Immer wieder radle ich durch Schwaden von Aasgeruch.
Etwas hatte sich nun verändert: Selbst bei geringen Steigungen bricht mir der Schweiß aus. Dann noch ein Indiz: das Salz pappt. Der Grund: die stark erhöhte Luftfeuchtigkeit. Das ist der erste Gruß aus den Tropen.
Aber am nächsten Morgen ist alles wieder beim alten. Der Wind hat auf Süd zurückgedreht. Trocken und heiß weht er aus der Simpson-Wüste heran. Doch zwei so verschiedene Luftmassen, das kann nicht gutgehen. Schon bilden sich die ersten Gewitterwolken. Ich bin heilfroh, schließlich in Cloncurry ein geschütztes Plätzchen für mein Zelt zu finden. Wie eine Schlinge legen sich die Unwetter um die Stadt. Einer der Bewohner fragt mich am nächsten Morgen: »Na, wie war das heute Nacht im Zelt?« »Laut!« antworte ich.
»Hast du das gesehen? Das war doch ein richtiges Osterfeuerwerk!« Dieser Mann hatte Humor.
Die Nächste Etappe: 135 Kilometer bis nach Julia Creek. Kaum liegt Cloncurry hinter mir, da hat mich die Einsamkeit wieder. Eine kleine Abwechslung: das Schild *»Crocodile Dandy Bar«*. Es weist nach Süden. Schade, daß diese Bar so weit abseits liegt. Mehr als einen Tag bräuchte ich, um sie zu erreichen. Vielleicht ist es das tropische Pendant zu Barrow Creek. Die Münchhausen-Story von dem Mann, dem ein Krokodil ein Bein abbiß, der sich aber auf dem verbliebenen meilenweit durch den Busch schleppte, fällt mir wieder ein. Aber doch mit beiden Füßen im Leben stehend, heiratete er – zumindest im Film – eine amerikanische Journalistin.
Das Land wird flacher und jetzt auch grüner – Nordfriesland auf australisch. Eine Unmenge Grashüpfer sonnen sich hier auf der Straße. Sie versuchen, vor dem heranrollenden Rad zu fliehen – fliegen auf und überschlagen sich

Ein Meilenposten in der roten Grenzenlosigkeit

bei der Landung. Wo ›Grashoopers‹ sind, da fehlen nicht die Black Kites.[54] Häufig wie bei uns die Krähen, sammeln diese Greifvögel eifrig den Asphalt ab – reiche Beute für sie.
Oorindi! Das zerschossene Schild zeigt wohl in Richtung einer Farm. Sähe ich sie, es wäre das erste Haus für heute. Ich werde noch 80 Kilometer warten müssen. Nanu, ein Schmetterling: schwarzsamten, mit weißen ›Augen‹ auf den Flügeln – fast Handteller groß. Schon wieder ein Gruß aus den Tropen? Wenn ich weiterhin so gut vorankomme, dann gehe ich in einer Woche im Regenwald bei Cairns spazieren!
Seltsam. Das Land ist auf 100 Kilometer so flach und so grün wie ein Fußballplatz, und trotzdem ließe sich hier nirgendwo ein Zelt aufstellen. Ein Schritt von der Straße, und schon bleibt man in schmierigem Lehm stecken. Auch in diesem Gebiet muß es sintflutartig geregnet haben. Da kann man nur weiterradeln – von Ort zu Ort.

Julia Creek! Ein Nest ohne Vergangenheit, Ohne Zukunft. Der Hunger treibt mich hinüber zur *Tropicana Coffee Lounge*. Was für ein Name! »Closed!« – »Geschlossen!« Und wie es aussieht, hätte ich da drinnen auch kaum mehr als Kartoffelchips bekommen.
Ich radle zurück zum Ortseingang. Dort gibt es eine Tankstelle. Das Angebot klingt nicht schlecht: »Chicken with rice, salad and veg.« – »Huhn auf Reis mit Salat und Gemüse!« Als ich das Essen vorgesetzt bekomme, bin ich schon vom Anblick enttäuscht – das zweite Mal dann beim Kosten. Ich sammle die Knochen am Tellerrand und ordne sie dort strahlenförmig. Die Bedienung sollte kapieren: das ist ein Protest!
Das nächste Erlebnis: der Caravan Park. Die Einladung an der Zufahrt: »Hier leben keine Fremden, nur Freunde, die du noch nicht kennst«, hätte man sich sparen sollen. Auf dem Gelände wohnen ›stationär‹ einige Aborigines, dazu eine Gruppe Männer, die ganz gut ins Trödlermilieu paßten. Und die sanitären Anlagen versiegelte man bei uns sofort – wegen Seuchengefahr.
Für fünf Dollar darf ich in einen Wohnwagen einziehen – demoliert von den Fenstern bis zur Tür. Mit ›langen Zähnen‹ versuche ich, mir darin ein Nachtlager einzurichten – möglichst wenig berühren, schon gar nicht die Matratze. Gäbe es eine Alternative, ich verdrückte mich wieder.
Zunächst bin ich mir nicht sicher, ob ich hier überhaupt etwas unbeaufsichtigt zurücklassen sollte; aber ich habe es ja mit ›Freunden‹ zu tun, und so wage ich es.
Etwa einen Kilometer weit zurück liegt die Top Bar. Was an dieser top, spitze, ist, das wollte ich mir gerne anschauen. In der geöffneten Tür liegt ein Hund. Weil er mir nicht aus dem Weg geht, muß ich ihn übersteigen. Was für ein trister Laden! Das Dutzend Gäste besteht je etwa zur Hälfte aus Aborigines und aus Weißen. Unter den Eingeborenen befindet sich ein uralter Mann. Der Barhocker ist die Endstation seines Lebens. Dieser Anblick tut weh! Offensichtlich bin

ich zu spät gekommen. Die Bedienung schaltet – bis auf eine Lampe – die Beleuchtung aus: »Seven p.m. – closing!« – »19 Uhr, Feierabend!« Das ist ein halber Rausschmiß. Einer der Aborigines kauft noch einen Karton Bierdosen – die Nachtration.
Draußen verteilen sich die Leute. Ich schaue dem Alten nach. Wankend übersteigt er den durchhängenden Drahtzaun vor den Bahngleisen und verschwindet dann in der Dunkelheit. Auf dem Rückweg zum Caravan Park treffe ich noch einmal drei der Jugendlichen aus der Bar. Einer von ihnen wirft mit einer leeren Flasche, der zweite leuchtet mir mit seiner Taschenlampe ins Gesicht. Rotznasen! Ich ziele zurück, blende ihn. Meine Halogenlampe ist seiner Funzel überlegen. Er gibt das Provozieren auf.
In der Nacht gewittert es wieder, es gießt in Strömen. So unwohl ich mich in meiner Behausung fühle, so froh bin ich nun doch, jetzt nicht irgendwo draußen im Lehm zu stekken. Um ein paar trübe Erfahrungen reicher, radle ich am nächsten Morgen weiter. Hoffentlich ist Richmond nicht ein Double von diesem Julia Creek.
Die Straße ist noch voller Pfützen. Bald wird es aber so warm, daß der Asphalt zu dampfen beginnt. Sieh mal da! Diese Gestalt kenne ich doch! Es ist der weißhaarige Alte aus der Top Bar, der mir da entgegenkommt – mit dem Gang eines müden Gaules, die Hosenbeine bis zu den Knien wassergetränkt, die Schuhe Lehmverschmiert. Ich spreche ihn an: »Have you been on the road all night?« – »Warst du die ganze Nacht draußen?« Er sagt mir, daß er nach Richmond möchte. Aber nicht nur, daß es bis dorthin so um 145 Kilometer sind, er läuft auch in die verkehrte Richtung – zurück nach Julia Creek. Wahrscheinlich hatte er nachts ein Nickerchen am Straßenrand gemacht und dann beim Weitergehen die Richtung verwechselt. Aber er läßt sich nicht belehren, also radle ich weiter. Und noch eine weitere Bekanntschaft mache ich an diesem Tag – sozusagen auf Distanz. Seit Cloncurry folgt die Eisenbahnlinie dem High-

way, eine Strecke zwar, auf der ich während der ganzen Woche keinen einzigen Zug verkehren sehe, aber nun begegnet mir ein ›gelber Frosch‹ eine Draisine. Der Fahrer schwenkt den Arm – begrüßt den einsamen Radler. Ich winke zurück. Was macht der Mann? Hier gibt es doch nur Geisterbahnhöfe: Nella, Nonda, Maxwelton. Aber in den Morgenstunden rollt er auf seinen vier Speichenrädern nach Osten, allabendlich kommt er wieder zurück.

Die Strecke zieht sich, ein leeres Fließband, endlos und langweilig. Nur einmal wechselt die Landschaft ihre Farbe: Auf ein paar Kilometern leuchtet sie in tiefem Rot. Das ist eine Pionierpflanze, die hier auf Salzschlamm wächst. Der Himmel gefällt mir überhaupt nicht. Erst an den Vortagen hatte es Gewitter gegeben – jetzt schon wieder? Erneut beginnt das Spiel des Gehetztwerdens, des Davon-Radelns. Bis ich es schließlich nicht mehr schaffe.

Es ist eine teuflische Situation. Das Gebiet vor Richmond ist so eben, daß selbst ein am Boden kauernder Mensch noch den höchsten Punkt darstellt. Als ich erkenne, daß ich keine Fluchtchance mehr habe, treffe ich Notmaßnahmen: Ich deponiere das Rad am Straßenrand – und davon weit abgesetzt, wasserdicht verpackt, die ›eisenhaltige‹ Kameraausrüstung – die sonstigen Wertsachen am Körper, unterfüttere ich Regenjacke nebst Kapuze mit einem Handtuch – gegen Hagelschlag. Dann hocke ich mich in den lehmigen Sand.

Man brauchte gar nicht selbst vom Blitz getroffen werden, es reichte ein Einschlag in der Nähe. Wasser ist ein guter Leiter. Ich sehe die bleigraue Wand kommen. Als mich das Unwetter überrollt, bin ich eigentlich nur noch ein Häuflein Elend. Der Hagel bleibt, Gott sei Dank, aus, aber schon nach wenigen Minuten ist das Erdreich so aufgeweicht, daß ich mit dem Hintern einzusinken beginne. Ich spreche zu den Blitzen, als könnte ich sie beeinflussen: »Da drüben ist die Bahnlinie! Schlagt dort ein, aber laßt mich bitte in Ruhe – und auch mein Fahrrad!«

Daß es dann schon vorbei ist, begreife ich gar nicht so

schnell, denn es kracht und poltert noch immer, aber als der Regen nachläßt, gibt eine Zikade Entwarnung. Feiner als jedes Meßgerät ortet das Tier: Gefahr vorbei! Die Natur ist ein Lehrmeister. Meine Hose werfe ich an Ort und Stelle weg. Ich wasche mich im Wasser, das in den Vertiefungen der Straße zusammenläuft, ziehe mich um und fahre mit einem Gefühl – halb Freude, halb Wut, weiter. Auf der langen Geraden, die vor mir liegt, könnte ich hineinsausen nach Richmond, aber ich lasse mir Zeit. Denn der Ort bietet den Anblick einer Festung, die unter ›schwerem Beschuß‹ liegt. Dort im Osten haben sich die Gewitter noch nicht ausgetobt.

Auch dieses Richmond ist ein kleines Dorf ›von gestern‹. Aus dem Theater hat man eine Milchbar gemacht. Bei dieser sind inzwischen die Fenster eingeschlagen. Jetzt sucht das ganze einen neuen Besitzer. »For Sale!« – »Zu verkaufen«, steht an der Hauswand. Es geht bergab mit der Kultur.

Einen Platz zum Zelten finde ich in Sichtweite eines hohen Antennenmasten. Hier fühle ich mich vor Gewittern sicher- ,*den* können die Blitze gar nicht verfehlen.

Am nächsten Morgen entdecke ich einen Geländeabbruch. Dort geht es hinunter auf den Grund des ehemaligen Urmeeres. Über dem Abhang verstreut glänzen Glasscherben. Ein Dump![55] Trotz des schmierigen Erdreichs beginne ich zu suchen. An Plätzen wie diesen liegt die Vergangenheit des weißen Australiens. Wer Belegstücke aus der Pionierzeit sucht, der buddelt an solchen Stellen. Sammler wissen das. Auf Anhieb finde ich eine Bronzeplatte, Gewehrhülsen, Glasstöpsel. Als Souvenir nehme ich einen kleinen Napf mit. Seine Aufschrift: *James Colonial.*

Lebensmittel tanken an der Caltex – und weiter geht es. Da fällt mir ein: Was haben wir heute überhaupt für ein Datum? Schon im Hinausgehen, drehe ich mich noch einmal um: »Sorry, what date do we have today?« Die Frau stutzt: »The twenty-ninth – no the twenty-seventh.« – Der 29.

oder der 27.«. Sie weiß es selbst nicht genau.
Sie Straße läuft hinunter auf den ›Meeresboden‹. Hier brach vor Urzeiten – von Norden her – die See ins Land, überflutete es, verdunstete und ließ die riesigen Salzseen zurück. Ich hebe einen Stein auf. Er ist rauhflächig und kreisrund. So sind Fossilien ummantelt. Ich könnte den Stein zerschlagen und ihm sein Geheimnis entreißen. Aber er birgt es nun schon seit 60 Millionen Jahren. Soll er es weiter wahren.
Walter's Creek – ein Bach, gesäumt von einem Galeriewald aus Eukalyptusbäumen. Eine Gruppe von neun Emus flüchtet vor mir. Diese Vogelart hatte ich hier gar nicht erwartet. Erneut Schmetterlinge: leuchtend in sattem Gelb, metallischem Blau. Kein Zweifel, die Wüste liegt nun endgültig hinter mir. Der Mann im ›gelben Frosch‹ begegnet mir wieder. Wie immer, so hat er auch heute den blauen Wasserbehälter neben sich stehen. Zur Abwechslung schwenkt er einmal diesen statt der Hand: »Hallo!«
Ich antworte auf die gleiche Art: mit einem grünen Stoffbeutel: »Hallo! Nett, dich wieder zu sehen!« Es sah ganz so aus, als will er heute nach Hughende, fehlte nur noch, daß ich ihn dort am Abend in einer Bar treffe. Das Klopfgeräusch der Draisine verliert sich. Der gelbe Frosch wird zum winzigen Punkt. Bis zum Abend noch ein Dutzend Horizonte, durchkreuzt von einem Strich, der Straße, aber dann rolle ich auch mit meinem Rad hinunter ins ›Herz des Farmlandes von Queensland‹. Das also ist Hughende, die Stadt, die sicherlich schon mehr Rinder gesehen hat als Menschen.
Zelt aufbauen, das Angebot einer Dusche nutzen und dann ein Stückchen typische Urbanität suchen.
Die Tür der Bar wird durch einen großen Stein offengehalten – eine Einladung für geflügelte Ameisen, Nachtfalter, Heuschrecken. Hughende ist eigentlich nur ein großes Dorf, die typisch australische Natur nicht weit. Die Kanten der plastikbezogenen Barhocker sind durchgescheuert, die Typen darauf zum Malen. Der neben mir hat ein Loch in

seinem Lederhut mit einem Flicken unterlegt. Eine große Sicherheitsnadel ersetzt den Nähzwirn. Das Hemd hatte einmal Ärmel. Wie ihr Rest zeigt, wurden sie mit einem Messer abgeschnitten. Ein schräger Blick nach unten: Desert-Boots, daneben ein Paar Badelatschen – mit Füßen darin, in den Farben des Outbacks. Noch ein Stück weiter hohe Schnürschuhe – die Senkel geknotet.

Die Männer trinken XXXX Castlemain, Forster's Lager oder Cairns Draught.[56] Sie bezahlen mit einem Schein, lassen das Wechselgeld liegen und lösen es nach und nach in weitere Biere ein. Man fragt sich, ob die nachher alle zu Fuß nach Hause gehen werden. Aber verläßt einer von ihnen den Raum, dann hört man wenig später den Motor eines Toyota oder Nissan anspringen. Die Straßen Hughendes sind breit. Auf ihnen kann man dreißig Rinder nebeneinander vorantreiben.

Mein Barbesuch endet mit einer kleinen Einlage. Über dem Flinders River stehen Nachtgewitter – und jetzt hat es eingeschlagen, ganz in der Nähe. Es kracht fürchterlich, das Licht verlischt. Ein paar Zigarettenstummel glühen auf – dann das Flämmchen eines Feuerzeuges. Die Bardame stellt einen Behälter mit Kerzen auf die Theke – der stand irgendwo griffbereit. »Notbeleuchtung! Bedient euch!«

Die Straße nennt sich Kennedy Developmental Road, sie beginnt als Piste, endet als richtiger Highway und führt von Hughende durch die Great Dividing Range hinauf nach Cairns – eine landschaftlich großartige Strecke. So hatte ich es geplant. Aber als ich mich nach ihrem Zustand erkundige, winkt man ab: Nicht mit einem Bike, schon gar nicht jetzt. Im Norden sähe es ganz schlimm aus – bei Cairns seien bereits Straßen gesperrt!

»Regen?« erkundige ich mich.

»Heavy rain. Monsun«, gibt man mir zur Antwort.

Monsun! Die Regenzeit müßte eigentlich zu Ende sein. Aber zu dem Jahrhundertwetter das dieses Land heimsucht, gehört, daß auch der Tropenregen von der Norm abweicht.

Er hat hier mit großer zeitlicher Verspätung eingesetzt und dauert nun wohl bis in den Mai.
»Wenn du an die Küste willst, dann bleib auf dem Flinders Highway«, empfiehlt man mir. Dann könnte ich die nächsten 400 Kilometer im gleichen Gang fahren, aber naß, das würde ich trotzdem.
Ich plane um, stecke neue Ziele ab: Pentland, Charters Towers, Townsville. Doch von der geplanten Etappe schaffe ich nur ein kurzes Stück. Mein treuer Drahtesel, jetzt, nach fast 8000 Kilometern beginnt er zu bocken. Erst reißt der linke Schaltzug. Als ich den rechten kontrolliere, sehe ich, daß auch dieser nur noch an einem Drahtfaden hängt. Mühe macht eine Versteifung des vorderen Gepäckträgers. Nicht mehr lange, und es gäbe Bruch. Das Herumbasteln nimmt so viel Zeit in Anspruch, daß ich mich schon jetzt nach einem Plätzchen für mein Zelt umschaue. Die Weiterfahrt lohnt kaum noch.
Ein Friedhof! Links der Straße ist Buschland, von dort schimmern deutlich Grabsteine und Kreuze herüber. Auch eine Wasserfläche ist zu sehen, ein Billabong.[57] Zelten am Rande eines Friedhofes: Das wäre doch einmal etwas anderes!
Weiter im Osten sind ein paar Häuser zu erkennen, vielleicht gibt es dort ein Geschäft. Um dies zu erkunden, fahre ich erst hinüber.
Das ist Prairie, eine Siedlung aus der Zeit der großen Viehauftriebe. Sie hält wohl einen Jahrhundertschlaf. Unter dem Drehbalkenkreuz, das den Zugang zum Bahnhof bildet, wie auch zwischen den Gleisen, wächst kniehohes Gras. Wann ist hier wohl der letzte Reisende ausgestiegen? An der Holzwand der Station kein Fahrplan, dafür ein paar Hinweise: Züge halten »on flag«, »auf Zeichen«, am Mittwoch hat Charlie Dienst, man möchte – falls gebraucht – das Licht wieder ausschalten. Außerdem wird ein Mörder gesucht. Auf sein Ergreifen stehen 50000 Dollar Belohnung. Dann das Hotel – nur einen Steinwurf weit entfernt. Viel

altes Holz, viel Wellblech. Es ist so niedrig, sein Dach so weit vorgezogen, das es aussieht, als habe man das Haus unten ein Stück abgesägt. Bei diesem Anblick entscheide ich mich spontan gegen das Friedhofs-Camp und für diese Pionierherberge.
Hunde, Katzen, Kinder! Ein Mädchen meldet nach hinten: »Da kommt jemand!« Ich werfe einen neugierigen Blick durch den Raum. Es sieht ganz so aus, als hätte die Bar von Barrow Creek eine Schwester: Schlangen und Spinnen in Spiritus, auf der Kasse eine Kuhglocke, daneben mehrere Sammelbüchsen: »For cripples Children« – »für behinderte Kinder«, »For Bush-Children's Health« – »für das Gesundheitswesen im Busch«, »For the Royal Legacy«, »Für Soldaten und ihre Familien«. Dazu auf einem Bord altes Gerät, ein rostiges Schermesser, eine Büste: König Georg IV., ferner ein Sammelsurium bis hin zu Vitamin D Tabletten. In der rechten hinteren Ecke steht eine Rock-Ola Musikbox, über der Eingangstür – unerreichbar hoch – ein TV. An der Wand daneben lehnt ein abgebrochener Billardstock. Er dient wohl zum Drücken der Einschalttaste. In der Mitte des Raumes hängt von der Decke ein schwarzes Unterhemd herab – und an diesem mit einer Wäscheklammer befestigt ein Schlüpfer.
Ich bin mit dem Schauen noch nicht fertig, da kommt die Chefin – eine Frau um fünfzig, auf's Jahrzehnt geschätzt. Sie legt den Kopf in den Nacken, zieht das zweite Augenlid hoch, schaut mich (jetzt mit beiden Augen) an, lächelt und zeigt dabei eine Reihe Goldplomben: »Ein Zimmer?« Sie kratzt sich am Hinterkopf.
»Ein Bett«, ergänze ich und meine damit ›single‹!
Sie geht wieder. Soll ich ihr nun folgen? Ich tue es einfach. Ein dunkler Durchgang. Links Zählerkasten, Sicherungen, die freiliegenden Kabel durch Spinngewebe überbrückt – die Patina eines halben Jahrhunderts. Auf der Rückseite des Hauses ist das Dach besonders lang; es überspannt noch eine Art Baracke, die Küche. Der Zwischenraum ist mit

allerlei Gerümpel verstellt – zum Teil durchaus Antiquitäten, selbst ein altes Klavier befindet sich darunter. Nur: Der Pianist hat wohl nicht mit den Fingern sondern mit einem Hammer darauf gespielt.
Hier befinden sich die Türen zu den Zimmern. Lediglich eine von ihnen ist noch zugänglich. Die Frau wickelt die Schnur vom Riegel. Nicht dieser, sondern die Kordel ist der Verschluß. Dann zieht sie die Tür auf, schaut und schweigt eine Weile – so, als sähe sie das Zimmer selbst zum ersten Mal. Und als sei ihr das jetzt spontan eingefallen sagt sie plötzlich: »Twelve Dollar!« Zwölf Dollar! Auch bei »fünfzig« hätte ich »it's okay« gesagt. Eine Nacht in diesem Holzhotel, die konnte man sich doch nicht entgehen lassen. Die Frau ist schon wieder weg. Erkennen kann ich nur wenig. Unter dem Dachvorbau herrscht Dämmerlicht, das Fenster des Zimmers ist verhangen. Ich taste nach dem Lichtschalter. Aber dort, wo dieser normalerweise sitzt, befindet sich keiner. Ein Ruck am Vorhang. Der schwere Stoff bewegt sich nur widerwillig. Gleitschiene und Ringe sind verrostet. Kurz entschlossen ramme ich mein Finnenmesser in die Wand und ›drapiere‹ ihn.
Aha! Das ganze Zimmer – einschließlich der Decke – ist mit grüner Ölfarbe gestrichen. Ein Schrank, zwei Metalliegen, ein Ecktisch, ein blecherner Lampenschirm – sogar mit einer Glühbirne. Mit den Augen verfolge ich das Stromkabel: Von der Decke herab verschwindet es hinter dem Schrank; und dort befindet sich auch der Lichtschalter. Darauf soll einer kommen. Probesitzen auf der rechten Liege: sofort quietscht die Drahtfederung laut auf – gegenüber die gleichen Töne.
Ich versuche das Fenster zu öffnen – vergeblich. Alle beweglichen Teile scheinen mit der Wand verwachsen zu sein. Da bleibt nur der Luftaustausch durch die geöffnete Tür. Man wird mich des Nachts schon nicht mit der Liege davontragen.
Nun hole ich mein Rad und richte mich in der ›grünen

Grotte‹ häuslich ein – dann ein Besuch in der Bar. Dort hat die Frau wohl schon auf mich gewartet: »Essen?« Eier mit Schinken könnte ich haben, Chips und vielleicht auch etwas Gemüse: »Muß mal seh'n!«
Die »Küche« fällt mir ein. Ich nehme mir vor: »Du ißt es trotzdem mit Appetit!« Sie bringt mir zuerst den Kaffee – in einer großen Porzellantasse mit Goldrand, Dekor Anemonenblüten. Während ich die ersten Tagebuchnotizen mache, schaue ich auf die beiden Uhren. Sie hängen nebeneinander. Als ich von der Straße hereinkam, zeigten sie 45 Minuten Unterschied. Dieser hat sich vergrößert. Jetzt sehe ich: bei der einen hakt der Sekundenzeiger, er zuckt auf der Stelle. Das Essen! Eine Riesenportion und fast liebevoll arrangiert. Als die Frau sieht, daß ich die leere Tasse umdrehe und nach der Manufaktur schaue, es ist Liling China, bemerkt sie:
»Das ist doch besser als Silber in einem richtigen Hotel! Oder?« Ich nicke: »I like that!« Dieses »ich mag das« war durchaus ein Kompliment. Eigentlich, so denke ich, bist du hier schon auf deine Kosten gekommen. Dieses Hotel ist ein echter Zufallstreffer. Aber es sollte bald noch mehr Seiten meines Tagebuches füllen.
Es ist dunkel geworden. In der Bar des Hotels versammeln sich die männlichen Einwohner von Prairie: der Bahnhofsvorsteher Charlie, der Tankwart von der Ampol-Station und ein dritter. Hinter der Theke steht wieder die ›Chefin‹ – beide Augen mühsam geöffnet. Sie schimpft auf die jungen Frauen. Sagt etwas von »…können nur Pudding anrühren!« Ich frage den neben mir Sitzenden: »Wie alt ist dieses Hotel eigentlich?« Der Mann gibt die Frage an Charlie weiter. Auf dem gleichen Weg kommt die Antwort zurück – eine Art grobe Schätzung. Es sei älter als er!
Nun beratschlagen alle drei: Wie alt? Achtzig Jahre? Nein, neunzig! Charlie meldet sich wieder: »Das Hotel stand schon, als man das Gleis legte; und das war vor 102 Jahren. Die Männer damals…« Was er noch sagt, geht in einem

lauten, anhaltenden Dröhnen unter. Durch die geöffnete Tür weht der Wind einen Schwall Dunggeruch herein. Das war ein Konvoi Cattle-Trains.
Man hat sich inzwischen auf 110 Jahre geeinigt. Für Holz und Wellblech ist dies ein langes Leben. So sieht es hier auch überall aus. Zöge man – nur vorsichtig – an der Kordel des Springrollos, es löste sich eine Staubwolke und mit ihr der brüchige Stoff.
Draußen hält ein Wagen – noch ein Gast.
Der Mann bestellt ein Bier und sagt dann etwas zu der Chefin, was ich nicht verstehen kann. Sie greift unter die Theke und reicht ihm ein blaues Buch. »Sieht aus wie eine Bibel«, wundere ich mich. Liest jemand an so einem verrückten Ort die Heilige Schrift? Der Mann beginnt zu blättern, zieht einen Kuli hervor und notiert sich etwas in die Handfläche. Ich schaue zweimal hin. Tatsächlich! Nach und nach schreibt er sich die Innenseite der Hand voll. Jetzt trinkt er sein Bier aus, reicht das Buch zurück und geht wieder.
Das interessiert mich nun doch. »Was hat der eben gemacht?« frage ich. Die Frau hält mir das Buch entgegen: Australian Oxford Dictionary, also ein Wörterbuch, eine Art australischer Duden. »Der wollte 'nen Brief schreiben, und wußte die Worte nicht.«
Ich lächle, möchte lachen – aber daraus wird nur ein Grinsen. Ja meine Gesichtszüge entgleisen mir völlig. Letztlich muß ich wohl nur noch blöd dreinschaun.
In der Tür ist ein Schatten aufgetaucht – rehbraun, etwas hellere Bauchseite. Das Känguruh hockt auf Hinterbeinen und Schwanz – in typischer Haltung. Es schaut in die Bar herein, wie jemand der sich vergewissern möchte, ob das Hineingehen lohnt. Ich bin völlig nüchtern! In der Tür des Hotels von Prairie hockt ein Känguruh – ein richtiges Roo aus Fleisch und Blut!
Auch die Männer drehen sich jetzt um. Sie lachen laut auf, schauen dann aber wieder in Richtung Zapfhahn. Ein paar

Sprünge, und das Tier ist mitten im Raum. Es reckt sich, als wollte es Witterung aufnehmen – noch zwei Sätze, erneutes Wittern – jetzt hinauf zu dem Wildschweingebiß, das über der Musikbox an der Wand hängt. Und weg ist es – durch die hintere Tür.

Die anderen haben das Känguruh gar nicht weiter beachtet. Ich rutsche vom Barhocker, mache Fingerübungen. Nein, ich träume nicht! »Das war ›Sera‹«, meldet sich jetzt die Frau, »sie kam gerade aus der Stadt zurück!«

»Woher?« Meine Stimme klingt wohl irgendwie hohl.

»Aus Townsville! Sie schaut sich gerne Städte an. Sera ist gern unterwegs, wenn wir wegfahren, dann stecken wir sie in einen großen Beutel und hängen diesen an einen Haken ans Wagendach. Während der Fahrt schaukelt der so sehr, daß das Roo denkt, es spränge durch den Busch.« Dann wird sie ernsthafter: »Sera hat man die Mutter weggeschossen. Wir haben es großgezogen. Sie kommt jeden Abend rein und holt sich ihr Futter.« Jetzt macht alles Sinn. Das Holzhotel von Prairie, wie die Bar von Barrow Creek, so ist auch es ein Kuriositäten-Kabinett.

Nach dem bereits Erlebten, konnte mein Aufenthalt in Prairie gar nicht normal enden. Es beginnt schon vor dem Frühstück. Ich möchte mich in dem Toilettenhäuschen hinter dem Hotel waschen, da sehe ich einen Wagen steh'n – halb verdeckt durch ausrangiertes Gerät. Es ist ein Toyota Landcruiser – eigentlich nichts Besonderes, schauten da nicht aus dem Fenster des Führerhauses zwei blutverschmierte Lederstiefel – mit Beinen darin – und so unbeweglich, als sei schon vor Stunden die Totenstarre eingetreten.

Man muß sich diesen ersten Blick in den Tag einmal vorstellen. Ich starre auf die Stiefel: »Nun bewegt euch doch!« Aber da tut sich nichts! Ich mache ein paar zögernde Schritte auf den Wagen zu, schlage einen Bogen. Auch das Auto ist seitlich ganz blutverschmiert. So viel Blut kann aus einem menschlichen Körper gar nicht fließen! Jetzt sehe ich die Ladung: 20 oder 30 Känguruhs, kopf- und schwanzlos, aufgeschnitten, ausgewaidet. Ich gehe auf die Beifahrerseite, recke den Hals: Da schläft eine Gestalt – längs über den Sitzen, das Gesicht mit einem Hut bedeckt. Auf dem Armaturenbrett liegt ein Gewehr mit Zielfernrohr. Links steckt eine Styroporplatte mit Munition.

Wahrscheinlich war ich nicht leise genug. Erst bewegt sich eine Hand, dann der Hut. Der Mann zieht die Beine ins Führerhaus, stützt sich auf die Ellenbogen, richtet sich auf.

»Sorry! Guten Morgen! Die blutigen Stiefel, das sah ein bißchen komisch aus!«

Er fährt sich mit den Fingern durchs Haar, kneift die Augen: »Hat sich gelohnt! Da hinten, das bringt 200 ›bugs‹!«[58]

»Damit?« Ich hatte eigentlich auf den Richtscheinwerfer gezeigt, aber er mißversteht das. Er tätschelt das Gewehr, nimmt eine Patrone aus der Platte und hält sie mir entgegen. Das sieht nach Bleispitze aus.

»Wenn du damit triffst, dann bläst es dem Roo das Gehirn raus! Manchmal fliegt auch der ganze Kopf weg!«

»Und was macht ihr damit?«

»Kommen ins Kühlhaus!«

Ich wollte wissen was, aber gebe mir nun die Antwort selbst: »Hundefutter natürlich!« Ob mir jetzt noch das Frühstück schmecken wird, weiß ich nicht. Ein dürftiges »Thanks«, aber auch das ist noch zu viel für so viel Rohheit.

»Ißt du hier unter dem Dach?« erkundigt sich die Chefin. »Ja natürlich!« Was hat sie denn heute an? Das sieht wirklich komisch aus – mehr Badehandtuch als Kleid.

Sie hält das Gewickle über der Brust zusammen, mit einem Griff, halb in den Stoff, halb in die Haut. Da bleibt ihr zwangsläufig nur noch eine Hand zum Arbeiten. Nun winkelt sie den freien Arm an und schiebt mit einer lässigen Bewegung die Schulsachen ihres Sohnes vom Tisch. Bücher, Hefte, Stifte: Alles fliegt auf die Erde. Mich kann hier gar nichts mehr überraschen – so auch nicht diese Art einen Tisch abzuräumen.

Die Frau lacht kurz auf. Jetzt sieht man alles Gold in ihrem Mund: »...könnte hier ein bißchen ordentlicher aussehen. Muß aber nicht, oder?«
Diese Frage galt nicht mir. Das war Selbstkritik auf australisch.
Nun brutzelt sie für mich – dabei Kleidersatz und Haut fest im Griff. Das Frühstück fällt dann genau so reichhaltig aus wie das Essen am Vortag. Wieder gibt es Ham and Eggs. Sie serviert es mir ›einarmig‹. »Schreibst du schon wieder Tagebuch?« Das hatte sie bereits gestern Abend bemerkt. »Ja, über dieses Hotel! Da gibt's doch einiges zu schreiben! ...ist für mich das erste dieser Art.«
Sie schaut mich an – nur mit einem ganz geöffneten Auge, lächelt, zeigt etwas Gold – ein Outback-Original. Ohne diese Frau fehlte dem Hotel das i-Tüpfelchen!
Ich bin wieder auf Strecke, verarbeite gedanklich noch das Erlebte: der ›Briefschreiber‹, das Känguruh in der Bar, der Lichtschalter hinter dem Schrank. Doch schon folgt ein weiteres Stück Australien, wie man es nur noch durch Zufall trifft. Etwa 45 Kilometer östlich von Prairie liegt Torrens Creek, wie alle Orte entlang dieser Strecke entstanden aus einem Rastplatz der Viehtreiber.
Schon seit der Mount Godkin Range führe ich im Gepäck wieder allerhand Mineralien und interessantes Gestein mit. Die Sammelstücke werden immer mehr und drücken. Jetzt kann ich die Last loswerden. Dort drüben am Straßenrand liegt ein Postamt. Damit hatte ich in diesem Nest gar nicht gerechnet. Die Tür ist weit geöffnet. »Ring for Service!« – »Für Bedienung läuten!« Eine Glocke steht parat. Stöpselstrippen zum Koppeln der Telefongespräche, die dazugehörenden Klingeln (wie bei alten Weckern), eine englische Tellerwaage, ein Bord mit amtlichen Unterlagen – kurz: ein Postamt von gestern.
Auf mein Bimmeln hin erscheinen zwei Personen – Mann und Frau, dem Alter nach Rentnerpaar im ehrenamtlichen Postdienst.

Überall in Australien, das weiß ich, erhält man auf diesen Postämtern sogenannte Postpaks, stabile Faltkartons. Einen solchen brauche ich für meine Steine. Zum Einwickeln nehme ich dann nicht mehr benötigte Wäsche. Das ganze soll auf dem Seeweg nach Deutschland gehen – des billigen Tarifs wegen. Eigentlich hatte ich das alles in gut verständlichem – und wohl auch fehlerfreiem – Englisch gesagt. Aber die beiden schauen mich an, als hätte ich puren Stuß geredet.

»Rocks to Germany! By Sea?« Er blickt seine Frau an, sie ihn. »Das sind keine einfache ›Steine‹, das ist was Besonderes!« »Hm!« Ein Postpak, das hätte man nicht. »Sorry!«

Nun, ohne einen solchen Karton komme ich nicht weiter. Ich würde mit dem Versand wohl bis Charters Towers warten müssen – also dann noch einmal 200 Kilometer mit dieser Zusatzfracht. Ich will die Sammelstücke schon wieder zusammenraffen, da meint die Frau: »Warte mal! Ich habe ein Päckchen bekommen, vielleicht ist der Karton noch da.«

Und sie findet ihn. Er ist noch fast unversehrt, nur die Anschrift muß überklebt werden. Mit einem ›Dankeschön‹ beginne ich zu packen. Was dann folgt, paßte gut in den Komödien-Stadl.

Der Mann greift nach einem der Blauen Bücher und beginnt darin zu blättern. »By Sea, to Germany?« Aus seinem Gesicht spricht die Ratlosigkeit. Das Buch ist zu Ende, fündig war er nicht geworden. Jetzt unterstützt ihn seine Frau: »Du mußt da suchen!« Er nimmt einen anderen blauen Band vom Bord.

»Geben sie mir doch einmal die Zollerklärung – zum Ausfüllen«, unterbreche ich sein Suchen.

»Customs Form?« Der Mann schaut mich nachdenklich an – aber seine Frau antwortet für ihn: »Haben wir nicht!« Jetzt ergänzt er: »Müßte ich bestellen!« Ein Auslandspaket ohne Zollerklärung abschicken? Das geriete in die Mühle der Behörden. Also wäre die ganze Prozedur umsonst. In Char-

ters Towers, da gäbe es ein richtiges Postamt.
»Weißt du was«, meldet sich der Mann wieder, »schreib' mir mal alles auf einen Zettel!« Er reicht mir ein Stück Papier. »Ich fordere das Formblatt an und übertrage das dann. Aber…?« «…das geht ja nicht! Du mußt ja die Zollerklärung persönlich unterschreiben. Nein! Wir machen das so: Du gibst mir mit deiner Unterschrift eine Vollmacht, daß ich das machen darf – das Übertragen!« Diese Vollmacht gebe ich ihm.
Damit ist zwar das Problem ›Customs Form‹ gelöst – aber noch lange nicht die Frage der Gebühren. Und daran scheitern sie – beide.
Nach vielem vergeblichen Blättern stellt er das Päckchen abrupt auf die Waage. Der Teller schlägt hart auf. Steine, so eng gepackt, sind nun einmal schwer. Er bestätigt das: »Pretty heavy!« »Looks like!« – »Sieht so aus!« kommentiere ich. Er legt die Gewichte auf die andere Waagschale, das heißt, er baut sie auf, denn es handelt sich um konisch geformte Stücke. Übereinandergestellt ergeben sie eine kleine Pyramide. Der eiserne Turm wächst. Die Waagschale mit dem Steinpaket rührt sich nicht.
»Pretty heavy«, wiederholt er. Ich staune selbst. Und das hatte ich alles im Radgepäck? Endlich kommen die Schalen ins Gleichgewicht. Aber was soll das ganze Wiegen, frage ich mich, wenn er den Tarif nicht weiß? Der Postmeister blickt zur Waage, als wollte er sagen: »Stimmt genau!« Aber was überlegt er so lange? Nun nimmt er mit schnellem Griff ein paar der Gewichte herunter und wendet sich an mich: »Ich hab's etwas leichter gemacht! Bist du mit 15 Dollar zufrieden?«
Ich denke ich höre nicht gut. Mein: »Okay, okay!« muß sehr erstaunt klingen. Ich bezahle, bitte noch um einen Poststempel ins Tagebuch und bedanke mich herzlich für den Service. Das Lachen kann ich mir gerade noch verkneifen, bis ich wieder draußen auf der Straße bin. Aber ich glaube, wir teilen uns den Spaß. Die beiden da drinnen amüsieren

sich jetzt wohl genauso sehr über den verrückten Deutschen, der aus dem australischen Busch Steine nach Hause schickt.
Die Straße steigt nun langsam an. Vor mir liegen die Berge der Great Dividing Range. Farmland wechselt wieder in Busch, letztlich sogar in dichten Nadelwald. Hundert Kilometer sind es bis nach Pentland – ein Nacht-Stop, dann weitere 100 bis nach Charters Towers.
Manchmal unterbreche ich auf diesen einsamen Etappen die Fahrt, streife durch den Busch – auf der Suche nach Fotomotiven, nach Schätzen – aber auch, um meine Knochen einmal anders zu bewegen.
Ich störe einen Dingo, der an einer verendeten Kuh aast, werde von Blauzungen-Echsen angezischt, entdecke Harlekin-Käfer und stöbere einen Schwarm Ibisse auf, die in einer Grassenke nach Heuschrecken suchen. Einmal betätige ich mich sogar als Prospektor. Der kleine Bachlauf ist eine Quarzrinne. Quarz und Gold sind in der Natur oft Nachbarn. Doch fündig werde ich nicht. Was da zwischen den Steinen immer wieder blinkt, das ist nur Glimmer.
Mehrere hundert Kilometer ohne einmal naß zu werden, das muß den Wettergöttern als zu viel erscheinen. Vor Charters Towers erwischt es mich dann wieder. Aber jetzt ist es ein angenehmer Regen. Er hat fast Badewasser-Temperatur. Das ist Tropen-Regen! Ich komme in den Bereich des Monsuns.
Charters Towers. Diese Stadt gefällt mir auf Anhieb. Sie könnte ebenso gut in Westaustralien liegen, in der Goldenen Meile bei Kalgoorlie. Das Rathaus, die Handelsbank, das Postamt – alles Prunkbauten aus der Zeit der Jahrhunderwende. Da glänzen die Fassaden noch wie das Gold, das man hier einst fand.
Inzwischen sucht man hier wieder. Ich sitze im Excelsior. Die Bedienung in der Bar empfiehlt mir einen Gesprächspartner: »Setz dich zu John!« meint die Frau, »der ist so einsam!« John ist Farmer, hier aus der Gegend – und war

selbst schon häufig auf Goldsuche – mit einem Detektor, wie er sagt. Aber das Ding piepste fast überall: »Zu viel Metall im Boden. Da bin ich bei meinen Rindern geblieben.« Er winkt ab: »Nichts mit dem Glück! Die machen das jetzt ganz anders – legen dicke Folien aus, schichten das gemahlene Gestein darauf und lassen den Goldstaub vom Regen auswaschen. An der tiefsten Stelle sammelt er sich dann an. Du solltest mal sehen, was da nach einem solchen Regen zusammenkommt!« Er zeigt nach draußen. Dort sieht man vor Wasser in der Luft nicht die gegenüberliegende Tankstelle. Monsun.
Ich hatte aus den Bergen einen kleinen Zweig mitgebracht – schwarze Rinde, silbergrünes Laub. Diese Baumart ist wunderschön, aber mir unbekannt. John kann mir dabei sicherlich weiterhelfen. Ich hole den Zweig, der noch am Rad klemmt. Der Farmer betrachtet ihn sich eine Weile, dann meint er: »Nun, das ist ein Baum, wenn du den fällen willst, dann fliegt dir die Axt ins Gesicht.« Jetzt weiß ich es.
Ich hatte mir das Excelsior als Bleibe ausgesucht, weil der Monsun nun Zelten unmöglich machte. Schon durch die hohe Luftfeuchtigkeit wurde meine Ausrüstung immer unbrauchbarer, zum Schluß schimmelt sogar die Wäsche. Außerdem wußte ich seit Prairie: Wenn du das unverfälschte Australien suchst, dann gehe in die alten Hotels, die Holzbauten aus der Pionierzeit. Und dies tue ich – hier, wie später in Ingham, in Inisfail, in Cairns. Und immer lohnt es sich. Da gibt es fensterlose ›Verliese‹ ab 10 Dollar, Zimmer in verarmtem Jugendstil ab 12. Dazu Waschmaschinen, Trockenmöglichkeiten für die Ausrüstung, diebstahlsichere Plätze für mein Rad: Bügelräume, Rotary-Clubzimmer oder Balustraden, die man ohne Schlüssel nur über die eiserne, aber hochgeklappte, Feuerleiter hätte entern können. Außerdem andere Annehmlichkeiten wie preiswertes, gutes Essen. Dann all die Typen in der Bar! Was sie trugen entsprach zwar der Kleiderordnung, aber sie engte die Phantasie nicht ein. Da hieß es lediglich: »Ohne Schuhe

»Frühstückszimmer« eines Pionier-Hotels

Ein Outback-WC

kein Bier!« oder etwa: »Männer ohne Hemden werden nicht bedient, Frauen ohne Rock nicht beschützt!«
Das Geld kommt grundsätzlich vor dem Trinken auf den Tresen. Pump gibt's generell nicht. Hinweise wie: »Wir haben ein spezielles Abkommen mit unserem Bankmanager: Er verkauft kein Bier, und wir geben keinen Kredit«, waren deutlich genug. All diese Sprüche wurden durch zotige Witze und andere ›Poesie‹ ergänzt. Einmal notiere ich mir den Text eines Gedichtes:

»When I'm born I'm black
When I'm grown up I'm black
When I'm sick I'm black
When I go into the sun I'm black
When I die I'm black
And you White Man
When you are born you are pink
When you grow up you are white
When you are sick you are green
When you go into the sun you turn red
When you are cold you turn blue
When you die you go purple
And you have the bloody cheek to call me coloured!«
»Bei meiner Geburt bin ich schwarz,
als Erwachsener bin ich schwarz,
wenn ich krank bin, bin ich schwarz,
wenn ich in die Sonne gehe, bin ich schwarz,
wenn ich sterbe bin ich schwarz.
Aber du weißer Mann:
Bei deiner Geburt bist du rosa,
wenn du heranwächst bist du weiß,
wirst du krank, dann bist du grün,
gehst du in die Sonne, so wirst du rot,
wenn du frierst, dann läufst du blau an,
wenn du stirbst, dann wirst du violett.
Und du hast die verdammte Unverschämtheit,
mich einen Farbigen zu nennen!

Dieser Text könnte von einem Aborigines stammen, aber er war wohl nur als Persiflage gemeint.
Mit Verlassen von Charters Towers glaubte ich, daß die Maschen der Zivilisation nun langsam enger würden, waren es doch nur noch etwa 150 Kilometer bis nach Townsville. Doch ich irrte. Als ich mich wegen allzu heftigen Regens in Macrossan unterstellen möchte, warte ich vergeblich auf die ersten Häuser des Ortes. Er existiert nur noch auf der Karte. Ähnlich ist es mit Mingela. Dort gibt es weniger Türen, als Finger an einer Hand. Da hat der dort wohnende Polizist wenig zu tun. Die Öffnungszeit seiner Station beträgt ganze fünf Stunden in der Woche. Eilige Fälle müssen da wohl mitunter etwas warten. Nun windet sich der Highway durch die Felslandschaft, er schlängelt sich wie ein Landsträßchen. Die Brücke über den Reid River. Eigentlich suche ich nur wieder einen Regenschutz. Aber der Mann, der hier schon mit seinem Wohnanhänger parkt, winkt mich zu sich: »Hallo Radfahrer! Komm rein auf eine Tasse Kaffee!« Das war kein Englisch von der Themse, kein australisches, kein amerikanisches, das klang eher nach: »Mariechen, nu komm doch mal rieber!«
»Sigi«, stellt sich der vielleicht Sechzigjährige vor.
»Und ich Christian«, antworte ich gleich in Deutsch.
Großes Erstaunen, so etwas wie Wiedersehensfreude. Aber dieser Sigi ist auch so eine Schicksalsfigur – ein bißchen Baron, ein bißchen Bob. Seit dem Krieg ist er aus Ostpreußen fort. Auf der Suche nach einer neuen Heimat schlug er einen Bogen um den Erdball. Seine vorletzte Station: Arabien – Truckfahrer in der Wüste. Seine letzte: eine Brücke in Brisbane. Er war an der Baustelle beschäftigt, verunglückte, wurde zum Invaliden.
Das brächte ihm jetzt viele Vorteile, überspielt er die Tatsache, daß er letztlich ein Krüppel ist. Bei den Ausgaben fürs Auto spare er 100 Dollar im Jahr. Bus und Bahn kosteten ihn nur 45 Cent per Dollar, die Medikamente bekäme er in der Apotheke kostenlos, und auch den Strom hätte er billiger –

wenn er irgendwo wohnte.
Ja, wenn! Sigi haust hier in diesem Anhänger – an Straßenrändern, denn da kostet es nichts. Was den Strom betrifft, so ist er autark. Im Kofferraum seines Pkw tuckert ein Diesel. Leider muß er häufig den Standort wechseln. Das Wohnen am Highway wird von der Polizei nicht geduldet.
Das also ist das Ergebnis von 45 Jahren harter Arbeit: ein schmuddeliger Wohnwagen, Invalidität, dazu noch immer irgendwie heimatlos. Dies alles geht mir durch den Kopf, als Sigi mir heißes Wasser reicht und eine Dose Maxwell-Kaffee hinstellt. Jetzt kramt er nach etwas: einer Kassette. »Gefunden!« Er hält sie mir entgegen: »Das ist etwas für dich!«
Und dann tönt es aus dem Radio: »Oh wie ist es am Rhein so schön…« Er hatte es mitgeschnitten. Besonders im Süden bringen sie manchmal deutschsprachige Sendungen – für die Auswanderer, vielleicht auch für die Touristen.
Die Sonne kommt wieder durch. Ich verabschiede mich. »Okay! Danke! Mach's gut Sigi!« Dabei spüre ich selbst, wie blöd das klingt. Aber was sollte ich diesem ›ostpreußischen Beduinen‹ sonst mit auf den Weg geben?
Waidston, Manton, Woodstock. Wieder keine Ortsschilder – aber wenigstens ein paar rostige Wellblechdächer. Noch immer hält sich die Zivilisation zurück. Der Berg, der jetzt rechts der Straße so mächtig aus der Ebene aufragt, das ist Mt. Elliot – mit seinen vorgelagerten Sümpfen ein besonders schönes Fleckchen Natur. Da kann ich von der langweiligen Zielgeraden noch einmal abweichen, in dem Nationalpark etwas herumstöbern und dann die Fahrt über Ayr und die Küstenstraße fortsetzen. Doch es sollte anders kommen. Der gut 1200 Meter hohe Bergrücken verschwindet binnen weniger Minuten. Regenwolken fließen über seinen Gipfel, um seine Flanken senken sie sich herab wie ein graues Tuch. Auch die Nebenstraße, die ich eben noch befahren wollte, ist plötzlich dicht. Aus ist es mit der Fotopirsch auf Brolgas,[59] Löffler und Sumpfschildkröten. Ich

schnüre den Regenschutz am Gepäck enger, setze den Südwester auf – auch wenn das, ansonsten nur mit Turnhose und Leinenschuhen bekleidet, recht komisch aussieht – und radle weiter. Immer wieder schaue ich dabei nach Osten. das sieht unheimlich aus. Dieser Himmel gefällt mir gar nicht. Ich warte auf den ersten Blitz, den ersten Donnerschlag; aber nichts tut sich. Ja es regnet nicht einmal. Es bleibt bei dieser stummen Drohung.
Aber auf einmal ist alles Wetter Nebensache. In meinem Kopf rumort es! Noch dreißig Kilometer, dann endet der Flinders Highway. Schließlich noch ein Stückchen Küstenstraße und ich habe Townsville, die Cleveland Bay und damit den Pazifik erreicht. Meine Beinbewegungen werden zu den Kolbenstößen eines Zweitakters. Da läuft ein Motor, der scheinbar durch nichts mehr zu stoppen ist. Die ersten Reklameschilder, Autoverkehr, Ampeln, lange Häuserzeilen. ich sehe alles, nehme alles wahr und doch wiederum nicht.
Townsville! Ohne Stadtplan zirkle ich durch die Straßen. Nicht mein Orientierungssinn gibt mir die Richtung vor, sondern es ist, als röche ich das Ziel. Und dann endet die Straße – irgendeine, irgendwo. Ich stehe am Wasser. Der australische Kontinent ist durchquert – auf einer 8000 Kilometer langen Linie, von Perth am Indischen Ozean nach Townsville am Pazifik. Der Windkanal Nullarbor Ebene, die mörderische Hitze, die Trinkwasser-Probleme, die Ängste vor den Naturgewalten – all diese schlimmen Erinnerungen verblassen. Jetzt wo es geschafft ist, überspringt die Psyche das Negative.

Von einem Taifun verschont

Das eigentliche Ziel ist erreicht, und wenn ich nun trotzdem weiterradle, so hat das etwas von einer Ehrenrunde, die ein Sportler nach seinem Sieg dreht. Aber es gab für diese Zusatztour durchaus einen triftigen Grund:
Nördlich von Townsville beginnt ein anderes Australien. Der tropische Regenwald Queensland ist das Pendant zur Wüste, zum sonnendurchglühten Outback. Den ersten Vorboten bin ich bereits begegnet: Farnen, Seerosen, schillernden Schmetterlingen. Mit jedem Kilometer, den ich nun weiter nach Norden komme, verändert sich die Landschaft. Der Bruce Highway ist gesäumt von einer grünen Wand, den Zuckerrohrpflanzungen, Ananas- und Bananenplantagen. Aber bald reicht auch der Regenwald bis an den Rand der Straße: seltsame Baumgestalten, Lianen, Palmen die aus dichtem Unterholz zum Licht streben – eine exotische Welt. Vor mir, auf dem Asphalt, die erste Python – Autoräder wurden ihr zum Verhängnis. Dann laut lärmende Regenbogen-Papageien, ›Wrens‹,[60] mit ihrem typischem Schwirrflug – eine Kolonie ›Flying Foxes‹,[61] Schmetterlinge mit Flügeln wie aus Brüsseler Spitze oder aus glänzender Metallfolie.
Bei meiner Annäherung platschen Sumpfschildkröten Ins Wasser. Sie ruhten auf einem halbversunkenen Baumstamm. Staunend erlebe ich die Wunderwelt des Regenwaldes. Ja, selbst der Monsun gehört zu dieser Naturkulisse. Die tiefhängenden Regenwolken verheddern sich an den

Bergflanken. Sturzregen von solcher Heftigkeit gehen nieder, daß man annehmen könnte, die Wolken öffneten sich mittels Reißverschluß. Bricht zwischen den Güssen die Sonne durch, so beginnt der Regenwald zu dampfen. Während dieser Stunden radle ich wie in einem Treibhaus. Man hatte mir prophezeit: »Wenn du weiter nach Norden kommst, dann wird dir der Schweiß vom Kopf über Arme und Besteck ins Essen laufen!« In der Tat: Meine Radtour ist jetzt ein Wechsel zwischen Wassertreten und Saunagang. Die Straße steigt steil an, wird zum Paßweg. Das sind die Berge der Cardwell Range. Als Belohnung für das schweißtreibende Kraxeln rechne ich oben mit weiten Ausblicken über Regenwald, Lagunenlandschaft und über Hinchinbrook Island. Aber das Bild das sich mir dann vom Paß herab bietet, kenne ich bereits. Genauso geisterhaft war der Mt. Elliot vor meinen Blicken verschwunden. Die vom Pazifik hereindrängenden Wolken gleichen einer grauen Flut. Sie ziehen nicht heran, sie fließen, ›überschwemmen‹ Hinchinbrook Island, die Mangrovensümpfe, letztlich auch den Paß, auf dem ich stehe.
Laut brummend taucht aus den Wolkennebeln ein Truck auf. Der Fahrer steuert das schwere Gefährt in die Parkbucht, hält, um die Außenspiegel zu säubern. Als er mich sieht, ruft er mir zu: »Paß bloß auf, daß es dich nicht mitsamt deinem Rad von der Straße bläst!«
»Blow off!« Davonfliegen, wegwehen, hatte er gesagt. Ich möchte noch zurückfragen: »Ist denn Sturm angesagt?« aber er hat die Fenster schon wieder hochgekurbelt und fährt langsam an.
Der nächste Regenguß! Er muß aus Wolkenschichten kommen, die sich über der hier auf dem Boden aufliegenden türmten. Dieses Wetter sah gar nicht nach fliegen aus – eher nach schwimmen. Wasserpatschend erreiche ich die ersten Häuser von Cardwell, einem kleinen Dorf etwa 200 Kilometer südlich von Cairns. Ich möchte eine Positionsmeldung nach Hause schicken: »...habe den tropischen Regenwald

Bei uns schon seit vielen Millionen Jahren ausgestorben, im Regenwald Queenslands noch zu finden: Baumfarne.

»Flying Foxes«, Füchse mit dem Flugbild eines Vampirs.

erreicht!« Unter dem Dachüberstand des Postamtes wische ich mir mit den Händen die Nässe vom Körper, presse das Wasser aus der Turnhose und wringe die Leinenschuhe aus. Ich will nicht unbedingt eine Wasserspur durch den Raum ziehen. Aber kaum habe ich das Postamt betreten, da bleibe ich stehen, als sei ich gegen ein Hindernis geprallt.

Rechts neben dem Schalter ist eine Karte ausgestellt: »Cyclone Tracking Maf, Severe Cyclone Aivu!« Ich gehe ein paar Schritte näher heran: »Karte zur Markierung des Zugweges eines Taifuns! Betrifft schwerer Taifun Aivu!« Auch ohne das ich die Punkte und Daten auf dem Gitternetz gleich genau interpretiere, wird mir klar: Vom Pazifik her naht ein tropischer Wirbelsturm.

Der Postbeamte sieht meinen halb fragenden, halb erschrockenen Blick. »Wußtest du das nicht? Im Radio und im TV kommen doch laufend Sondermeldungen!« »Nein«, antworte ich verblüfft, »...war ahnungslos,... bin mit dem Bike unterwegs, habe vor zwei Wochen das letzte Mal eine Zeitung gelesen!« Der Beamte deutet auf das Radio, dreht es etwas lauter: »Da, hör einmal hin!« *»Warnung! Betrifft Tropischen Wirbelsturm Aivu, Position...«* Flugzeuge hatten die neue Position des Taifuns übermittelt. Er befindet sich noch außerhalb der Reichweite der Küsten-Radarstationen. *»Druck 980 hp, Windgeschwindigkeit 150 km/h, Zugrichtung Südwest«,* kommt es aus dem Lautsprecher – und dann: *»Alarm für die Küste Nord-Queensland zwischen Port Douglas und Mackay!«*

Der Postbeamte hat mitgeschrieben und überträgt die durchgegebenen Daten auf die Karte: »Für die Leute hier,« erklärt er, »das gehört zum Alarmsystem!« Verband man die Positionspunkte, durch einen Strich, so wurde deutlich: Der Taifun hatte sich das Gebiet von Cardwell zum Ziel gewählt.

Inzwischen waren weitere Postkunden hereingekommen. Einer der Männer hatte draußen mein Rad gesehen und spricht mich an: »Gehört das dir?« Ich nicke. »Dann such dir

mal schnell eine feste Unterkunft,« gibt er mir den Rat »und nicht zu nahe am Wasser. Der drückt eine Menge vor sich her – vielleicht fünf Meter!«
Natürlich, wer möchte schon bei einem nahenden Taifun im Zelt schlafen oder auch nur in einem hölzernen Hotel. Die Positionsmeldung ist Nebensache geworden, ich mache mich sofort auf die Suche nach einer sturmfesten Bleibe. Schließlich entscheide ich mich für die Kookaburra Backpacker Inn. Auch dort schütteln die Leute über mich den Kopf: »Von See her nähert sich ein Taifun, und da fährt einer mit dem Rad spazieren!« Aber was sollte ich ihnen antworten? Wer in diesen Stunden in Cardwell nicht damit beschäftigt ist, sein Eigentum zu sichern, der sitzt vor dem Radio oder dem TV. Inzwischen wird der Taifun vom Küstenradar erfaßt. Nun kommt eine Meldung, die die Menschen befreit aufatmen läßt. Es scheint zur Charakteristik tropischer Wirbelstürme zu gehören, daß sie beliebig, sogar abrupt ihre Zugrichtung ändern. Auch Aivu schien es sich überlegt zu haben. Noch vor wenigen Stunden auf Südwestkurs, machte er plötzlich kehrt und zog jetzt wieder hinaus in den Pazifikraum. Die Gefahr scheint vorüber. Aber dann folgt die Schreckensmeldung: »Aivu kommt zurück!« Nur ganze drei Stunden blieb der Taifun auf Nordkurs, dann machte er erneut kehrt.
»Druck auf 940 hp gefallen, Windgeschwindigkeit 230 km/h, Zugrichtung Südwest«, verliest der Sprecher und dann folgt der schlimme Satz: *»Aivu ranks with Tracy!«* – *«Aivu* hat jetzt die Stärke von Tracy!« Der Taifun Tracy, das weiß jeder Australier, hatte Weihnachten 1974 die Stadt Darwin dem Erdboden gleichgemacht. Nun konnten die Bürger Cardwells eigentlich nur noch beten.
Immer wieder werden Survival-Tips, Ratschläge zum Überleben, durchgegeben. Man soll den sichersten Raum im Haus aufsuchen – vorzugsweise Badezimmer oder eine Toilette. Eine Matratze sei der beste Kopfschutz gegen herunterfallende Trümmer.

Verbandszeug und ein Transistor-Radio zum Empfang der Meldungen sind bereitzuhalten. Weg von allen elektrischen Anlagen! Die Namen der Bereiche werden verlesen, in denen nun Evakuierungsmaßnahmen anlaufen. Für alle Rettungseinheiten und für die Armee gilt die höchste Alarmstufe. Man bangt, man wartet auf Aivu!
Aber dann geschieht etwas, so, als habe das Beten der Menschen hier wirklich geholfen. Der Taifun dreht nach Süden ab, rauscht an Cardwell, Ingham und an Townsville vorbei – ehe er erneut einen Haken schlägt, jetzt nach Westen. Clive, die Besitzerin von Kookaburra, sagt am nächsten Morgen – und sie faltet dabei wirklich die Hände: »Wir müssen Gott danken, daß er uns verschont hat!« Was sich aber am 4. April gegen 11 Uhr, als Aivu südlich von Townsville landeinwärts drehte, bei den Orten Ayr und Bowen abspielte, das faßt das Townsville Bulletin in seiner Schlagzeile mit drei Worten zusammen: »Death and Destruction« – »Tod und Zerstörung!«
Aivu »stirbt« schließlich in der Nähe von Charters Towers. Aber so, als hätte er noch nicht genug Elend über die Menschen in der Burdekin Region gebracht, wirft er nun alles Wasser ab, das er mit seinem Wolkenwirbel ins Land getragen hatte. Innerhalb von 24 Stunden fallen 500 Millimeter Niederschlag. So viel Wasser macht selbst die trockenste Wüste zum Meer. Farmhäuser versinken in den Fluten, Vieh ersäuft, Straßen und Brücken werden weggeschwemmt, weggerissen. Australien hat sein Katastrophenjahr.
Ich sitze in Cardwell vor dem TV, sehe diese schrecklichen Bilder und werde ganz still. Da war wieder der Satz: »You must be born under a lucky star!« Nicht nur, daß Aivu in letzter Minute seinen Kurs änderte und das Gebiet von Cardwell verschonte, die Busfahrt aus dem Hochwassergebiet im Nordterritorium hatte mir einen Zeitvorsprung gebracht. Diesem verdanke ich es letztlich, daß ich auf dem Flinders Highway nicht mitten in die Katastrophe hineinra-

delte. Ahnungslos wäre ich dem Taifun entgegengefahren – 200 km/h Windgeschwindigkeit und dann ein halber Meter Niederschlag – welche Chance blieb da einem Radler? Ich hatte allen Grund, an meinen guten Stern zu glauben.
Ein paar geknickte Palmwedel, heruntergeschüttelte Kokosnüsse, ein etwas unordentlich aussehender Strand – diese Anzeichen ließen kaum ahnen, daß ein schwerer Taifun das Gebiet nur ganz knapp verfehlt hatte.
Wieder sattle ich das Rad – und weiter geht es auf dem Bruce Highway nach Norden. Erneut zieht mich der Regenwald in seinen Bann. Wo es das Gelände erlaubt, versuche ich es mit einer Pirsch, auch wenn sich dafür manchmal nur ein Bachlauf eignet. Immer wieder werde ich dabei von heftigsten Regengüssen eingedeckt; aber das Reich der Schmetterlinge und Schlangen ist für mich trotzdem ein Stück totaler Faszination.
Nach langer Bummelfahrt erreiche ich endlich Cairns, radle noch weiter in Richtung Port Douglas, kehre schließlich um und nehme wieder Kurs nach Süden. Ich spüre ganz deutlich, daß dieses Kreuzen auf der Küstenstraße ein Hinauszögern des Abschieds ist. Ich möchte nicht wahrhaben, daß ein Abenteuer zu Ende geht. Aber letztlich setze ich doch Schlußpunkte – mit einigen Unternehmungen, die ich mir sehr bewußt aussuche.
Je weiter man auf das Barriere-Riff hinausfährt, das hatte man mir gesagt, desto klarer würde das Wasser des Pazifiks, desto artenreicher die Fauna. Dort fehlen die negativen Auswirkungen der Küstenschiffahrt, die Wassertrübung durch die Flüsse, die Umwelteinflüsse durch Siedlungen und Städte. So wähle ich ein Schiff, das über Cap Tribulation, Tongue-Gruppe und Angincourt das östliche Ende des Riffs ansteuert. Dort befinde ich mich dann im Reich der Korallen, jener Unterwasser-Märchenwelt, die mit ihren Farben und Formen schon nichts Irdisches mehr an sich hat. Da fehlt jeder Vergleich.
Der zweite Trip führt in die entgegengesetzte Richtung – in

die Berge der nördlichen Great Dividing Range.
Als der Buschmann Christie Palmerston 1882 im Regierungsauftrag die Möglichkeit für den Bau eines Verkehrsweges zu den Zinn-Minen am Wild River erkunden sollte, kabelte er nach seiner Rückkehr aus dem Regenwald: »No chance of road! Twenty Days without rations! Living on roots principally! Nineteen Days rain without intermission!« – »Keine Chance für den Bau einer Straße, 20 Tage ohne Verpflegung, hauptsächlich von Wurzeln ernährt, 19 Tage Dauerregen!« Trotzdem: Etwa 10 Jahre später rollte der erste Zug in den Urwaldbahnhof Kuranda. Über gewagte Brückenkonstruktionen, durch 15 Tunnel und über 98 Kurven kletterte die Bahnstraße bergan. Man nannte ihren Bau einen Engineering Feat, eine technische Heldentat. Die Fahrt über diese Urwaldstrecke – noch dazu in einem Eisenbahnwagen Modell 1915 – ist ein selten gewordenes Erlebnis. Wieder in Cairns, folge ich dann dem Tip eines Einheimischen: »Fahr mit Barry, das ist ein alter Skipper«, empfiehlt er mir, »der macht das gut!« Gemeint war ein Boots-Trip durch die Mangrovensümpfe.
Und Barry Davies kennt sie wie seine Westentasche. Er sieht den Seeadler, bevor man ihn selbst entdeckt, weiß wo Crocs[62] lauern oder sich sonnen und gibt nebenbei Biologie-Unterricht. Barry hat das Boot gerade wieder aus dem enggewundenen Skeleton Creek herausbugsiert, da zeigt er nach vorn: »Gleich kommen wir zu Moodies Cabin und seiner Ark!« Ein Blockhaus und einer Arche – mitten in diesen Krokodilgewässern? Ich wundere mich. Barry beginnt zu erzählen: »Dieser Moodie kam 1960 von irgendwo aus Kanada. Mehr verriet er nicht, und er zog gleich hier in die Mangrovensümpfe. Das sprach sich bis nach Sydney herum. Die ersten Reporter kamen, um den verrückten Kerl zu sehen. Einer von ihnen traf ihn gerade dabei an, wie er schwimmend Holz von Admirality Island hinüber zu seiner Hütte brachte. Er wollte sich ein Schiff bauen – kein Boot, ein richtiges Schiff. Der war total ver-

Die Hütte von »Moody«, dem wahren Crocodile Dundee.

Auftauchendes Krokodil in den Gewässern der Mangrovensümpfe

rückt – aus Mangrovenholz schwimmt so etwas gar nicht. Man fand ihn dann eines Tages tot neben seiner begonnenen Arche liegen. Wie oder wodurch er gestorben war, das wurde nie bekannt. Aber bald sprach sich herum, daß er über 80000 Dollar hinterlassen hatte – die liegen hier in Cairns auf der Bank – warten noch auf einen Erben. Die Botschaft hat in Kanada nachgeforscht – bis jetzt vergeblich.«

Drüben wird der hölzerne Nachlaß Moodies sichtbar – kein Blockhaus, eher eine größere Hundehütte, davor die Reste eines Schiffsrumpfes. Unglaublich, daß unter solchen Bedingungen hier einst ein Mensch lebte.

Barry stoppt den Motor, läßt das Boot treiben. Etwa 20 Meter vor uns ist ein Krokodil aufgetaucht. Das Tier mußte wissen, daß es nicht bejagt wird, sonst ließe es sich unsere Nähe nicht gefallen. Langsam taucht es wieder weg. Wenig später zeigt sich vor den Mangrovenwurzeln ein zweites – jetzt fast in voller Länge. Ich stelle mir vor, wie dieser Moodie hier herumschwamm. Er befand sich dabei doch stets in höchster Lebensgefahr. So war es wohl dieser verrückte Kanadier, der eigentlich den Namen Crocodile Dundy verdiente.

Wie das Unterwasser-Erlebnis Barriere Riff und die Fahrt mit der Kuranda-Bahn, so hatte sich auch der Trip mit Barry gelohnt. Nun stand mir nur noch ein allerletztes Erlebnis bevor.

Beim zuständigen Ranger hole ich mir die Genehmigung zum Zelten auf einer Vorinsel des Riffs. Das Permit gilt für drei Tage. Und noch einmal tauche ich ein in die Wunderwelt des Regenwaldes. Fotopirsch zwischen Urwaldbäumen, Lianen, Palmen, Korallensammeln, leben von Kokosnüssen – wie einst die Besatzung der Endavour.[63] So etwas wie ein Jugendtraum geht in Erfüllung.

Mein Zelt, es ist das einzige auf der Insel, steht an der Südspitze – nur dort ist das Campieren erlaubt. Schon beim Aufstellen bin ich stutzig geworden. Die unzähligen gerun-

Leben von Kokosnüssen, Camp auf einer Vorinsel des Großen Barriere Riffs.

deten Holzstückchen, die hier herumliegen, sind der Beweis dafür, daß dieser flache Teil der Insel ab und zu von einer hochgehenden See überrollt wird.
Während der zweiten Nacht reißt es mich aus dem Schlaf! Da läuft keine sanfte Dünung mehr am Strand aus, da brechen sich Wellen. Immer lauter wird das Geräusch, schließlich klingt es wie dumpfes Donnern. Der Wind hat aufgefrischt, das Zelt beginnt sich zu blähen. Es ist drei Uhr morgens. Hastig baue ich mein Camp ab, packe. Nicht noch eine Katastrophe! Als dann die Flut ihren höchsten Stand erreicht sehe ich, daß nur noch wenige Schritte bis zum Wasser fehlten. Das nächtliche Erlebnis hat Schockwirkung. Freiwillig verzichte ich auf die dritte Nacht à la Robinson. Als am Nachmittag die Lawrence Kavanagh, eine kleine Fähre, anlegt, schiffe ich mich wieder ein. Mit einem Fahrrad zurück von einer Koralleninsel? Ich bin es gewohnt, daß die Leute über mich den Kopf schütteln.

Endstation Cairns. Wilhelm Tell, Mozart Cafe, Schwarzwald Inn, Alpenmusik, Nougatkugeln, deutsche Küche – einen ähnlichen Service für andere Nationalitäten: Die Tropenstadt hofiert den Massentourismus. Aber ich möchte meine Reise nicht mit Bildern von einem verfälschten Australien beenden. So gehe ich hinaus an den Stadtrand. Dort liegen die Schlafbäume der Vögel, dort beginnt der Regenwald. Jetzt, bei Einbruch der Dunkelheit, lärmen sich Tausende von Papageien und Kakadus in den Schlaf. Dies ist auch die Zeit der Fliegenden Füchse. In Schwärmen, wie bei uns die Krähen, lösen sie sich aus dem bereits nachtschwarzen Regenwald. Ihr lautloser Flug, ihre Fledermaus-Silhouette, hat etwas Vampirhaftes. Sie ziehen hinunter an die Küste – zu ihren Futterbäumen. Genau so lautlos kehren sie dann vor Sonnenaufgang wieder zurück. Als Nachtgestalten scheuen sie das Tageslicht.
Auf dem Rückweg zu meiner Unterkunft habe ich noch immer diesen Flug der Vampire vor Augen, als ich plötzlich wie angewurzelt stehen bleibe. Fast wäre ich auf eine Hand getreten. Der Schwarze, der vor mir kauert, schaut mir von unten ins Gesicht. Ich aber starre auf diese Hand – eine Hand, deren Finger gespreizt sind wie die der Hautflügler, die ich soeben noch beobachtete – und die sich nun ganz langsam schließen. Irgendjemand hatte eine kaum angerauchte Zigarette weggeworfen. Von den Füßen der Passanten zertreten, hat der Regen den Tabak breiig aufgeweicht. Die Finger des Aborigines schieben nun diese nassen Tabakkrümel zu einem Häuflein zusammen, pressen das Wasser heraus und nehmen es auf. Irritiert schaue ich weg. Ein paar Straßenzüge weiter liegen die Nobelherbergen der Reichen: das Sheraton, das Hilton, das Pacific International – dahinter im Hafenbecken dümpeln Luxusjachten. Australien hat mir noch einmal zwei seiner vielen Gesichter gezeigt.

Rückweg im Zeitraffer

»To Darwin, please. – One way, and this is my luggage!« Ich deute auf das Rad, die Packtaschen, Rucksack und Gepäckrolle. Nach Darwin, einfache Fahrt! Ein Zurück würde es nicht geben. Hier in Cairns, im tropischen Regenwald Nord-Queenslands, endet damit eine Reise, die sich in ihrer Art für mich wohl nicht wiederholen wird.

Das Bus-Ticket in der Tasche, gehe ich noch einmal hinunter ans Wasser. In Sichtweite des Hafens beginnen die Mangrovensümpfe. Weiter im Osten endet das Land als Cape Grafton! Dahinter liegt das Große Barriere Riff. Weiter rechts Admirality Island – wo einst dieser seltsame Moodie wohnte. Im Westen dann die aufsteigenden Berghänge des Regenwaldes, das Revier der Baumschlangen und der schillernden Schmetterlinge. Ein Rundblick zum stummen Abschied.

Wenig später sitze ich im Bus. Darwin liegt verdammt weit entfernt. Bis zu seinem Flughafen sind es 2953 Kilometer.

Regenwald, Zuckerrohrplantagen, Lagunen. Ich kenne die Straße, diese Natur aus der Sicht des Radlers. Innisfall, dann Cardwell. Der Taifun Aivu hatte es sich überlegt und den Ort verschont. Umsteigen in Townsville. Vor den Fenstern des Busses läuft ein Film ab, ein Stummfilm: Australien im Zeitraffer.

Charters Towers. Das alte Excelsior, schräg gegenüber die Caltex-Tankstelle. Dort hatte ich den Reifendruck des Rades wieder auf 4,5 bar gebracht.

Es wird Nacht und wieder Tag. Die Berge der Great Dividing Range liegen bereits hinter uns. Jetzt folgen Busch, Steppe, Weideland. Ein kurzer Rüttelschlaf: Australien zeigt sein Outback-Gesicht – roter Sand, Termitenhügel, verstreut wachsende Eukalyptusbäume. Wie steril das alles wirkt, sitzt man in einer solchen Blechhülse. Kein Piepen, kein Rascheln – nicht das Zischen der Lizards, das Flöten der Magpies, nicht der Geruch feuchter, dampfender Erde, nicht die flimmernde Hitze über den in der Sonnenglut gebackenen Felsen.
Australien aus der Sicht eines Aquarium-Betrachters. Nur das Brummen des Motors und das klebrige Geräusch rollender Reifen auf heißem Asphalt ist zu hören. Selbst die Pestilence Supremo, die Buschfliegen, vermisse ich in diesem Augenblick.
Cloncurry. Eine Hecke aus Bougainvillea – da stand mein Zelt, ringsum heftige Gewitter. Ein schönes Osterfeuerwerk hatte sie der Mann am nächsten Morgen genannt. Die Bergwellen der Godkin Range. Mount Isa. Noch einmal umsteigen. Die Straße streckt sich, verjüngt sich am Horizont zum Punkt. Eine baumlose Ebene – grenzenlos, über Stunden kein Wechsel – Landschaft wie ein leeres Fließband.
Barkly – dann die Weggabelung Tri-Way. Sieh an, das Hochwasser hat sich verlaufen. Eine zweite Nacht auf Rädern – endlich Darwin.
Halb tot, halb lebendig wanke ich aus dem Bus. 3000 Kilometer Fahrt und nur ein wenig Rüttelschlaf. Kein Wunder, im Zimmer der Jugendherberge falle ich in eine Art Narkose.
Wieder unter den Lebenden, mache ich noch einen Rundgang durch die Stadt – kein Abschied, eher Neugierde. Nun zum letzten Mal packen, das Bike satteln. Noch einmal habe ich den Stuart Highway unter den Rädern. Führe ich jetzt immer geradeaus, ich käme in das schreckliche Tennant Creek, nach Alice, nach Coober Pedy. Bob und der Baron fallen mir wieder ein.

»Airport« Das Schild zeigt nach links. Es lenkt auch meine Gedanken wieder in die richtige Richtung.
Check-in, Gepäckabgabe, die üblichen Formalitäten. Dann die letzten Schritte auf dem roten Kontinent. Unsere Boeing startet nach Osten, zieht steil in die Höhe. Dort unten liegt Arnhemland – ausgefranst und doch gesäumt vom Wasser der Arafura See. Vielleicht lebt auf Groote Eylandt noch jener Aborigines, der alltäglich die Flugzeuge auf Darwin zu und wieder abfliegen sah, bis er – so beeindruckt von diesen – ein Lied schrieb. Er nannte es *Mamukilyikarrku-wuruma*, und schon dieses Wort klingt wie fernes Düsengebrumme.

»Laßt mich dieses Lied niederbringen
als ›mein‹ Flugzeug!
Dort oben fliegt ein anderes, hoch oben –
dort noch eins.
Hoch oben folgen sie einander.
Sie bewegen sich schnell,
verschwinden brummend in der Ferne.
Dort fliegt ein anderes, hoch oben –
dort noch eins.
Glänzende Flugzeuge an den Himmel gemalt
Laßt uns nach Bumara gehen, sagen sie zueinander.
Da ein anderes. hoch oben…!«

Die Maschinc drcht ab, nimmt Kurs Nordwest. Ihre Nase zeigt jetzt Richtung Singapur. Ich setze den Kopfhörer auf und drücke den Programmschalter. Kanal 11: Da ist er, John Williamson. Wie oft hatte ich diese Stimme an den Tankstellen aus den Fenstern der Trucks gehört? »Galleries Of Pink Gahlahs«, »Back At The Isa«, »Raining On The Rock«. Er sang von den Tagen im Outback – staubig und heiß wie die Hölle, von Mulgas, Spinifex und Hawks[64] – vom Wedgetail, der hoch oben in den Lüften segelt, zu weit entfernt, um mit ihm sprechen zu können.
Ich rutsche im Sitz etwas tiefer, mache es mir bequem. Es ist Ausdruck des Wohlbefindens, einer Zufriedenheit, die

ganz tief aus meinem Innern kommt – aus einer Seele, die viele Nächte mit dem Sternentuch des Wüstenhimmels zugedeckt wurde.

Glossar

1	pain, with the lot	›Einfach‹ oder ›mit allem‹ – bezieht sich auf den Belag eines Burgers
2	Mathilda	Hier ironische Anspielung auf das Lied ›Waltzing Mathilda‹
3	Rock	Landesweit übliche Kurzform für Ayers Rock
4	Shire of Gnowangerup	Westaustralischer Landkreis
5	Gum-tree	Eukalyptusart
6	scrambled eggs	Rührei
7	Roo	Australische Kurzform für Känguruh
8	Wedgetail	Keilschwanz- oder Habichtsadler
9	diluviales Gold	Freiliegendes, durch Erosionskräfte ausgewaschenes Gold
10	Karawanen, Straßenbreite	Da Kamele nicht rückwärts schreiten können, benötigte man zum Wenden einer Karawane besonders breite Straßen
11	Ghan	Kameltreiber, abgeleitet von Afghane
12	Damper	Das selbstgebackene Brot der Goldsucher und Buschgänger – bestehend aus Mehl, Treibmittel, Salz und Wasser
13	Tinned Dog	›Hund in Dosen‹, allgemein für Dosenfleisch
14	Detour	Umleitung, Behelfspiste
15	Forster Lager	Biersorte
16	On-shore, Off-shore-Effekt	Der landeinwärts wehende und der seewärts wehende Wind, diese Umkehr der Windrichtung entsteht durch die unterschiedliche Erwärmung/ Abkühlung von Meer und Landmasse
17	Morsealphabet	Der Buchtext lautet: »Hier meldet sich Eucla!«
18	Brontosaurus	Saurier aus dem Trias
19	Lizards	Echsen (Sammelbegriff)
20	Wombat	Beutelbär, bärenartiger Pflanzenfresser, lebt in Erdhöhlen

[21] Agriculture Departement Check Point	Kontrollstelle an inneraustralischen Grenzen. Es soll vermieden werden, daß mit bestimmten Lebensmitteln (z. B. Zitrusfrüchten) Pflanzenkrankheiten von einem Staat in den anderen verschleppt werden.
[22] Pies	Pasteten, Teigtaschen mit Fleischfüllung, auch Obstkuchen
[23] Permit	Erlaubnisschein zum Betreten besonders geschützter Gebiete
[24] Magpie	Elsterngroßer Vogel, bekannt für sein virtuoses Flöten
[25] Goanna	Reptil, erreicht 2 Meter Länge
[26] Yantaringa, Ambleside	Die von deutschen Einwanderern gegründete Siedlung Hahndorf sollte zunächst in Yantaringa umbenannt werden. Von 1917 bis 1935 mußte es sich Ambleside nennen.
[27] Fahrenheit	Maßeinheit für Temperatur; 0 Grad F entsprechen 17,8 Grad Celsius; 100 Grad F sind +37,8 Grad Celsius
[28] Outback	Der australische Busch, die Wüste, kurz: alles Land jenseits der dichteren Besiedlung
[29] Gondwanaland	Urkontinent, bei seinen ›Zerbrechen‹ entstand u. a. die Landscholle Australien
[30] Dream-time	Traumzeit, Schöpfungsphase – eine Mythologie der Ureinwohner
[31] die Ghan	Zug, benannt nach den Ghans
[32] RAA	Automobilclub
[33] H.S.	Homestead, in Landkarten Abkürzung für Farm
[34] Dr. Murkes gesammeltes Schweigen	Erzählung von H. Böll, Dr. M. sammelte die stummen Enden von Tonbändern
[35] Feuer eines Opals	Bei Opalen spielt die Farbe des Leuchtens (Irisierens) wertmäßig eine Rolle. Die Wertstufen: 1 – rotes Feuer, 2 – grünes, 3 – (am billigsten) blaues Feuer
[36] Dugout	von ›dig‹, graben – die unterirdischen Behausungen der Opalminer
[37] Olympic Australis	Der bisher größte gefundene Opal – sein Gewicht: 3,5 Kilogramm
[38] Noodling	Das auf den Abraumhalden geduldete Suchen nach Opalsplittern
[39] Cut	Geländeanschnitt zur Überprüfung der geologischen Schichtung

40	Anzag-Day	Gedenktag an die Niederlage australischer Truppen in der Türkei (1915)
41	Floodway	Trockenfluß, der bei Wasserführung eine Straße/Piste überschwemmt
42	Mall	Einkaufszentrum
43	Ghost-gum	Eukalyptus mit auffallend weißer Rinde
44	Driller	Jemand der nach Wasser bohrt
45	Fencer	Einer der Drahtzäune zieht
46	Stockman	Australischer Cowboy
47	Desert-boots	Wüstenstiefel, hochschaftige Slipper
48	School of the Air	Schulunterricht per Funk, bzw. die Institution
49	Grader, Lory	Raupe, Lastwagen
50	Regenbogenschlange	Tier aus der Traumzeit
51	Bingozahlen	Bei den zitierten Texten handelt es sich um Wortspiele des Sprechers; etwa: Vier und Drei – 43 Kaffeebohnen in einer Tasse Kaffee, es ist die Vier – weg vom Fußboden, Tigermannschaft – Achtzehn, Rentenalter – Fünfundsechzig. Einen gewissen Sinn machen sie nur in der englischen Sprache, da sie dann einen Reim ergeben.
52	YMCA	Young Men Christian Association, Christlicher Verein Junger Männer
53	ANZ-Bank	Australisch-neuseeländisches Geldinstitut
54	Black Kites	Greifvögel, ähnlich unseren Bussarden
55	Dump	Müllkippe – hier aus der Pionierzeit; jede Farm hatte ihren Dump.
56	Cairns Draught, XXXX	Biersorten, XXXX-Chastlemain wird kurz Four-X genannt
57	Billabong	Wassergefüllte Senke, alte Flußschleife
58	Bugs	Slang für Dollars
59	Brolgas	Kranichartige Vögel
60	Wren	Zaunkönig
61	Flying Foxes	Fliegende Füchse, Flugbild ähnlich dem einer Fledermaus, Spannweite ca. ein Meter
62	Crocs	Australische Kurzform für Krokodile
63	Endavour	Das Expeditionsschiff von Kapitän Cook
64	Mulga, Spinifex, Hawks	Akazienart, typische Grassorte im Outback, Falken

Infos für Insider

Niemand wird eine Australienreise unternehmen, ohne sich vorher anhand einschlägiger Literatur über das Land zu informieren. Es sprengte auch den Rahmen eines Abenteuerreports das zu wiederholen, was in Reiseführern steht, zumal diese bei einem Umfang von bis zu 800 Seiten den dieses Buches bei weitem übertreffen.
Die nachstehenden Informationen und Tips beschränken sich deshalb auf das, was in anderen Publikationen nicht oder weniger deutlich gesagt wird. Das besondere Informationsbedürfnis von Radlern wurde dabei berücksichtigt.

VISUM

Es gilt üblicherweise 3 Monate. Plant man einen längeren Aufenthalt in Australien, sollte man dies im Antrag plausibel begründen, um so dem Verdacht der illegalen Arbeitsaufnahme vorzubeugen. Australien legt keinen Wert auf ›Gäste‹, die dem Staat zur Last fallen könnten. Bei Verdachtsmomenten – wer keinen Beruf, keinen Arbeitsgeber nennen kann – ist nicht ausgeschlossen, daß ein Nachweis über geregelte Einkünfte/Finanzen erbracht werden muß.

FLUG

Die Preise der einzelnen Gesellschaften schwanken zwischen 2100 und 3400 DM. Dabei kann die billigste Fluggesellschaft letztlich doch zu teuersten werden. Die Tarife für Übergepäck betragen bis zu 110 DM pro Kilogramm. Damit kann der Radtransport teurer kommen als der eigentliche Flug. Andererseits gibt es jedoch auch Fluggesellschaften, die ein Rad ›durchwinken‹. Ein Gewohnheitsrecht kann aus diesem Entgegenkommen nicht abgeleitet werden! So lange also die Frage des Übergepäcks nicht geklärt ist, sind Flugtarife allein wenig aussagekräftig. Ferner ist von Bedeutung, welchen Zielflughafen die Maschine anfliegt. Landet sie etwa in Darwin, soll aber wegen des dort herrschenden Monsuns die Tour weiter im Süden beginnen, so zehren die Folgekosten u. U. den Vorteil des ›Billig-Tickets‹ wieder auf.
Flugverbindungen und Preisangebote kann man sich von *Travel Overland*, Barerstraße 73, 8000 München 40 (Büros auch in anderen Städten) nennen lassen. Die Frage des Übergepäcks sollte man direkt mit der Fluggesellschaft klären.
Für den, der sich das Rad in Australien kaufen möchte, gilt: von zu Hause wenigstens den ›zugerittenen‹ Sattel mitnehmen! Wer es am Ende der Reise nicht verlustreich verschleudern möchte, kann dann noch immer den Versuch ›per Luft‹ machen. Eine letzte Möglichkeit bestünde per Seefracht. Diese kostet etwa 500 DM. Auskünfte erteilen die internationalen Speditionen in den Seehäfen Bremen und Hamburg, die ihrerseits Kontore in australischen Häfen unterhalten.

INLANDREISEN

Von den drei Möglichkeiten, Flugzeug, Bahn, Bus, ist die

letztgenannte die weitaus preiswerteste. Busse transportieren zwar Fahrräder, aber das Koffergepäck der anderen Reisenden hat Vorrang. Reicht der Stauraum nicht aus, wird das Rad als ›Frachtgut‹ deklariert und kommt mit einem anderen Bus nach. Je nach Distanz kann so eine Wartezeit bis zu zwei Tagen entstehen. Busfahrer weisen Räder auch dann ab, wenn durch sie die Gefahr der Beschädigung/Verschmutzung anderer Gepäckstücke besteht.

GELD

Von der immer wieder empfohlenen Mitnahme von US-Dollar wird abgeraten. US-Dollarnoten sind beliebte Fälscherobjekte. Werden auf dem Geldmarkt Fälschungen bekannt, nimmt kaum noch eine australische Bank die entsprechenden Noten an. So galt z. B. 1989 die 100-Dollarnote als ›gesperrt‹. Wer solches Geld eintauschen möchte, muß mit einer Wartezeit (bis zu zwei Wochen) rechnen, denn die Noten werden zur Echtheitsprüfung an die Zentralbank geschickt. Zu empfehlen sind dagegen Reiseschecks in AU-Dollar und Kreditkarten. Bei letzteren ist zu beachten, daß die einzelnen Karten bestimmten Banken ›zugeordnet‹ sind. So akzeptiert die eine Bank Mastercard, die andere dagegen Visa oder Diners. Es kann also durchaus sein, daß man an einem Ort nicht zu Geld kommt, weil in diesem die ›richtige‹ Bank fehlt. Ansonsten können Rechnungen problemlos mit Kreditkarten beglichen werden. Euroschecks werden nicht akzeptiert.

UNTERKUNFT

Der Abenteurer schläft im Busch, allenfalls in einem alten, hölzernen Hotel aus der Pionierzeit. In letzteren gibt es Zimmer ab 10 Dollar – und wie dieser Reisebericht zeigt –

eine Menge zu erleben. Alles andere ist nicht das echte Australien, das gilt von der Jugendherberge bis zum Nobelhotel.
Freies Zelten ist problemlos. Liegt ein Anwesen in der Nähe sollte man jedoch fragen. Betritt man Weideland sind Schafgatter wieder zu schließen – oder geöffnet zu lassen, wenn man sie so vorfand. Lagerfeuer sind zwar romantisch aber nicht unproblematisch. Trotz allgemeiner Windstille können thermikbedingt plötzlich sturmartige Böen auftreten. Auch extreme ›Windsprünge‹ sind möglich. Bei anhaltender Dürre gilt in manchen Gebieten der ›Feuerbann‹ *(Total Fire Ban)*. Der Grad der Buschfeuergefahr wird in Schutzgebieten durch Tafeln angezeigt (low, medium, high, very high). Gilt der ›Feuerbann‹, dann ist jegliches offene Feuer untersagt!

LEBENSMITTEL, TRINKWASSER

Außerhalb der Städte ist die Lebensmittelversorgung eingeschränkt. Dies gilt besonders für das Outback. Die an jeder Tankstelle erhältliche ›Chips‹, ›Burgers‹ etc. reichen zwar für ein Völlegefühl, sie sind jedoch eine ›lähmend eintönige‹ und ernährungsphysiologisch einseitige Kost. Das Angebot bei Brot, Wurstwaren, Käse und Gemüse erreicht nur in größeren Städten den europäischen Standard. Die größte Distanz zwischen zwei – und dann noch spärlich sortierten – Lebensmittelgeschäften betrug mehr als 1000 Kilometer (Nullarbor-Route). Ein selbstgemischtes Müsli – einschließlich Traubenzucker und Trockenmilchpulver – fällt wenig ins Gewicht, ist auch bei hohen Temperaturen haltbar und läßt sich mit Wasser zu wertvollen Mahlzeiten aufbereiten.
Wichtig! Wegen des hohen Feuchtigkeitsverlustes (Schwitzen) ist die tägliche Aufnahme von Mineralsalzen (Tabletten) notwendig.
Der Wasserbedarf eines Radlers ist bei Wüstentemperatu-

ren mit etwa 10 Liter pro Tag anzusetzen. Leistungsbedingt kann ein Bedarf von über 15 Litern entstehen. Versorgungsstellen außerhalb der Siedlungen sind Tanks (am Straßenrand), Viehtränken (die großen ausgebaggerten Reservoirs sind an den aufgeworfenen Erdwällen erkenntlich), Tankstellen, Baustellen etc. Limonaden und gesüßte Säfte sollte man meiden, sie erhöhen den Durst.
Bei der Wasserentnahme in der Natur sind Entkeimungstabletten oder Filter einzusetzen. Verwendet wurden »MICROPUR« und der »KATADYN«. Für den Wassertransport eignen sich am besten Stoffbeutel. Aus Gründen der Handhabung und der Gewichtsverteilung sollte deren einzelnes Volumen 2 Liter nicht überschreiten. Dichtungsringe sollte man einkleben, da sie oft leicht herausfallen.
Wer sich Australien erradelt wird schnell begreifen: Wasser ist Leben!

STRASSENVERHÄLTNISSE

Die Hauptverkehrswege sind asphaltiert. Der Belag ist mitunter rauh, erreicht aber nicht die Grobkörnigkeit irländischer Straßen. Unangenehm sind die bis zu 50 Kilometer langen Baustellen. Die in diesen Bereichen angelegten Behelfspisten (Detours) sind nach Regenfällen verschlammt und dann für Radler ein großes Hindernis. Auf Naturpisten (Tracks) aber auch auf Nebenstrecken im Outback ist mit locker-sandigen Partien zu rechnen, die ein zeitweiliges Schieben des Rades unumgänglich machen. Ist später die Weiterfahrt auf festem Belag zu erwarten, sollte man den Reifendruck nicht erniedrigen, da der für die Leichtläufigkeit und wegen des Gewichtsproblems notwendige Druck von ca. 4 bar (bei Mountain Bikes) mit Muskelkraft nicht wieder aufgepumpt werden kann (ggf. Spezialpumpe mitnehmen). Sieht es nach Regen aus, sollte man unbedingt auf befestigten Straßen bleiben. Ein einziger Regenguß reicht aus, um Sandwege in Schlammpisten zu verwandeln. Der australische Sand ist eher ein ›erdiges Lehmgemisch‹, das in nassem Zustand selbst Autos ›stoppt‹.

SONNE, WIND UND WETTER

Kein Australienführer ohne Klimatabellen. Vergessen Sie diese! Tabellen zeigen immer nur langjährig ermittelte Durchschnittswerte. Das aktuelle australische Wetter ist anders! Angebliche Höchsttemperaturen können tage-, ja wochenlang, überschritten werden. Im Sommer sind im Outback Temperaturen von über 40°C keine Seltenheit. Ähnlich verhält es sich mit den Niederschlägen. Für das im Bereich des Monsun liegende Darwin wird der Monat Januar als der regenreichste (max. 391 mm Niederschlag) vermerkt. Dagegen meldete die Stadt im März 1989 schon um die Monatsmitte 504 mm. Ebenso falsch ist die Angabe, daß der Monsun bis Ende März währt. Während dieser Tour war er am 20. April noch voll im Gang und ein Ende nicht abzusehen.
Solche ›Unwägbarkeiten‹ können zum Umplanen einer Tour zwingen. Nach übereinstimmenden Auskünften von in dieser Region lebenden Australiern hat sich die Monsunzeit in den letzten Jahren um etwa einen Monat verschoben. Demgegenüber zeigen langjährige Erfahrungen: Dürreperioden im Süden (Gebiet um Penong) aber auch im Nordosten, daß Niederschläge oft nur auf dem Papier stehen.
Für den Radler sollte als Faustregel gelten: den Norden des Landes von Anfang Dezember bis Ende April meiden (Tropenregen) und das Outback von Januar bis März (Sommerhitze).

Wind

Das Kapitel ›Der 1000 Kilometer Windkanal‹ ist hier sicherlich ein abschreckendes Beispiel, es enthält aber auch

bereits Hinweise auf das ›Verhalten‹ des Windes. Da die Richtung und Stärke des Windes nicht nur von der Lage des Hoch/Tiefdruckgebietes sondern auch von der Intensität der Sonneneinstrahlung abhängig ist, kann ein Verschieben der Fahrzeiten von Vorteil sein. Immer wenn mit Gegenwind zu rechnen ist, sollte man möglichst früh starten, da sich dieser erst ›aufbaut‹.
Lohnend ist der Blick in die Tageszeitung. Die Vorhersagen sind meist nach Gebieten geordnet. Beim ›Lesen‹ der Wetterkarte ist zu bedenken, daß auf der südlichen Erdhalbkugel die Winde umgekehrt als bei uns wehen – also z.B. im Tief ›rechtsdrehend‹. Ansonsten: Farmer sind durchaus ›Meteorologen‹.

Sandstürme, Gewitter
Die in diesem Buch beschriebenen ›Willy-Willies‹ (Sand/Staubwirbel) sind zwar äußerst unangenehm, sie vermögen auch einen Radler aus dem Stand umzuwerfen, trotzdem sind sie keine unmittelbare Gefahr. Man sieht sie kommen und kann den meisten durch eine Änderung der Fahrgeschwindigkeit ausweichen. Gelingt dies einmal nicht, empfiehlt es sich anzuhalten, um eine Sturzgefahr zu vermeiden. Größere Wirbel ›versetzen‹ einen Radler durchaus um die volle Straßenbreite; auf Straßen mit Autoverkehr ist deshalb an solchen ›Thermiktagen‹ besondere Vorsicht geboten.
Sand- oder Staubstürme sind vielfach die Vorboten oder Begleiterscheinungen von Gewittern. Die aus Gewitterstürmen abfließende Kaltluft wird zum Sturm, der in unmittelbarer Gewitternähe als ›Böenwalze‹ Orkanstärke erreichen kann. Mit Schäden am Zelt ist zu rechnen. Der mehlfeine Staub durchdringt mühelos Reißverschlüsse und durchsetzt die gesamte Ausrüstung. Bei einem nahenden Gewitter das Zelt aufzubauen, ist in offener, schutzloser Landschaft schon deshalb problematisch, weil mit heftigsten Regenfäl-

len und in deren Folge mit Schlammbildung oder gar Fluten zu rechnen ist. In einem solchen Fall sollte man – abgesetzt von allem Metallischem (dazu gehört auch die Kamera) – das Unwetter über sich ergehen lassen. Da immer mit Hagelschlag gerechnet werden muß, ist Kopf-, Schulter- und Rückenschutz notwendig (›unterfüttern‹ der Regenjacke mit anderen Bekleidungsstücken, Handtüchern o. ä.). Wer als Radler gezwungen wird mangels Schutzmöglichkeit ein Gewitter im Outback zu ›durchleben‹, dürfte sich seiner ganzen ›Unbedeutsamkeit‹ bewußt werden und er lernt vielleicht sogar wieder das Beten.

Sonne

Das erhöhte Hautkrebsrisiko in Australien ist nicht wegzudiskutieren. Jeder muß selbst entscheiden, ob und wieviel er seinen Körper der intensiven Sonneneinstrahlung aussetzt. Unabdingbar ist ein Kopfschutz, Handschutz wird empfohlen, ebenso eine Lichtschutzbrille. Diese wehrt im Augenbereich auch die Buschfliegen ab. Ansonsten ist zu bedenken, daß die Sonne in Australien mittags im Norden steht.

TIERE, GEFAHREN

Australien ist Schlangenland. Vor den Küsten schwimmen Haie, es gibt Skorpione, Giftspinnen, tödlich giftige Quallen und in den Flußmündungen des Regenwaldes lauern die gefährlichen Salzwasserkrokodile.

All dies sollte man nicht überbewerten. Doch sind Warnschilder unbedingt zu beachten. In Rangerstationen sind oft Bildtafeln von Giftschlangen aufgehängt. Lehrtafeln vertreibt die: »Gould League, Victoria, Prahran 3181, P. O. Box 446«, auch findet man in den Buchhandlungen einen Bildband über die giftigen Tiere des Landes.

Im Ungang mit der Natur gilt immer: Umsicht bedeutet Sicherheit! Die handzahmen Koalas sollte man nicht auf den Arm nehmen, klammern sich die Tiere an, so dringen ihre etwa 5 cm langen Krallen mühelos ins Fleisch.

RAD UND AUSRÜSTUNG

Gleich zur Typenfrage die Feststellung: jedes Rad ist nur so gut wie sein Fahrer!
Diese Tour wurde mit einem Leichtmetall-Mountain-Bike durchgeführt. Jedes andere Modell wäre ebenso geeignet gewesen. Das Rad war ausgerüstet mit einem zweiten Gepäckträger, einem ›Alltagslenker‹ und einem speziellen Lenkervorbau. Typische Mountain-Bike-Lenker sind zwar in schwierigem Gelände von Vorteil, für Langstreckenfahrten jedoch weniger geeignet. Der gegabelte Vorbau (MTS-100) ermöglichte das Anhängen mehrerer Wassersäcke, das Einhaken von Gurten und die Befestigung zusätzlicher Halterungen.
Die Gepäckzuladung betrug bei gefüllten Wassertanks 45 Kilogramm. Mit 20 kg Last war der Vorderradgepäckträger überladen, Bruch konnte nur durch das Anbringen einer zusätzlichen Versteifung verhindert werden. Gleichzeitig war die Manövrierfähigkeit eingeschränkt. Standsicherheit wurde mit einem stabilen Zweifußständer *(Hebie)* erreicht. Es wurden Reifen mit Laufkamm verwendet (Swallow). Dadurch reduzierte sich der Rollwiderstand, ebenso das Laufgeräusch. Die Reifen waren nach 8500 km Fahrt noch intakt! (Sie befinden sich noch immer auf dem Rad!) Der Reifendruck wurde auf 4 bis 4,5 bar gehalten (regelmäßige Checks an den Tankstellen). Speichenbruch kam nicht vor. Kette, Zahnkränze und Schaltzüge zeigten die übliche, zu erwartende Abnutzung. Beim Kettenwechsel (2 mal) konnte jeweils nur der kleinste hintere Zahnkranz ausgetauscht werden, er gehörte zu den mitgeführten Ersatzteilen. Spezielle, typenbezogene Ersatzteile sind in Australien – wenn überhaupt – nur in Großstädten aufzutreiben. Es ist viel

japanische Ware auf dem Markt. Das Tretlager war am Ende der Tour verschlissen.
Pannen gab es dank der umsichtigen Fahrweise und der starken Gewichtsverlagerung nach vorn kaum. Bei Fahrten im offenen Busch, was mit Leichtgepäck möglich ist, trifft man gebietsweise auf die stacheligen Samenkapseln einer Grasart. Nadelspitz und stahlhart, durchstoßen sie jeden Mantel. Vor einer Fahrt in den Busch lohnt deshalb ein ›Probegang‹. Besonders leicht befahrbar ist Buschland mit Eisengranulat (erkenntlich an der bräunlichen Färbung); der Boden hat dann die Festigkeit eines Tennisplatzes. Die Schaltung (Shimao *Biopace,* 18 Gänge) erwies sich als ›überdimensioniert‹.
Fazit: Angesichts der Gesamtbelastung (Gepäck und Fahrer 115 Kilogramm) und der Länge der Tour (8500 Kilometer) ist insgesamt – vom Tretlager asiatischer Herkunft abgesehen – der Radtechnik ein Kompliment zu machen.
Die Ausrüstung für eine Australientour unterscheidet sich in nur wenigen Punkten von der für andere Radreisen. Das Wichtigste: ein Zelt mit guter Belüftung. Aus diesen Gründen – und wegen anderer Vorteile – benutze ich einen ›Hilleborg-Tunnel‹. Die mitgeführten Trinkwasserbeutel sollten ein Gesamtvolumen von mindestens 10 Liter haben. Staubschutz für die Kameraausrüstung ist zu empfehlen, ebenso Hitzeschutz fürs Filmmaterial. Da in Wüstengebieten trotz der hohen Tagestemperaturen mit empfindlicher Nachtkühle zu rechnen ist, kommt man nicht ohne Schlafsack aus. Ansonsten ist die Zusammenstellung der Ausrüstung von persönlichen Gesichtspunkten abhängig.
Die hier immer wieder zu lesenden Tips – auch die mitzuführenden Ersatzteile für's Rad betreffend – sind stereotype Wiederholungen. Statt dessen einmal ein Blick in einen richtigen Erste-Hilfe-Set:
Material: reißfester, wasserdichter Stoff, breite Schlaufen zum Tragen am Hosengürtel, Innenteil gefächert.
Inhalt: kleine Schere, Pinzette, kleines Skalpell, Sicherheits-

nadeln, Elastikbinde, Leukoplast, Hansaplast, (verschiedene Breiten) Mullbinden (verschiedene Breiten), Fingerschutz, Gummibinde zum Abbinden stärkerer Blutungen, Sterile Tupfer, Augenbinde, Tabletten gegen Magen- Darmstörungen, Schmerztabletten, Wundsalbe.
Rettungsdecke (Folie), Signalspiegel, Trillerpfeife.
All dies zusammen wiegt lediglich 600 bis 800 Gramm und es ist eine ›Packung‹ Sicherheit, die man auch für andere einsetzen kann.

QUELLENNACHWEIS

Conrad Stein, Handbuch Australien, Kiel 1988
Tony Wheeler, Australien, Hattorf 1987
Herbert Boltz, Märchen der australischen Ureinwohner, Frankfurt 1982
W. J. Burgh, Graeme Henderson, The last Voyage of the James Matthews, Perth 1979
Malcolm Uren, Australian Explorers, Edward John Eyre, Melbourne 1964
Annie Luur Fox, Hahndorf – A brief Look at the Town and its History, Hahndorf, South Australia 1977
Judith Stokes, Groote Eylandt Song Words, Anguru, Northern Territory 1981
Simpson & Day, Field Guide to the Birds of Australia, Victoria 1986
Queensland Railway, Cairns-Kuranda Railway – History in the making, Brisbane
Departement of Mines and Energy, Opal in South Australia
Ferner die Publikationen der Fluggesellschaft Qantas, der ›Australian Tourist Commission‹ und der ›Tourist Bords‹ – Ausgaben 1989:
Reiseführer Australien
West Coast Country
Gold Rush Country
Goldfields Traveller
Across Australia by Eyre Highway
Kangaroo Island
The Barossa Region
South Australia'a Mid North
The Flinders Ranges and the Outback
Queensland and Queensland North West
Für geographische Angaben wurden verwendet:
Karten der ›Australian Surveing and Land Information Group‹, UBD Touring Map, Around Australia Series
RAA, Regional Map Series
RAC – WA, Via Eyre Highway
Sunmap, Tourist Map
WA Departement of Tourism, Gold Rush Country
In sprachlichen Fragen erfolgte ein Rückgriff auf:
Conrad Stein, Sprachführer Australisch